16	3	2	13
5	10	11	8
9	6	7	12
4	15	14	1

Mikhail Bakhtin

O autor e a personagem na atividade estética

Tradução, posfácio e notas
Paulo Bezerra

Notas da edição russa
Serguei Botcharov

editora■34

EDITORA 34

Editora 34 Ltda.
Rua Hungria, 592 Jardim Europa CEP 01455-000
São Paulo - SP Brasil Tel/Fax (11) 3811-6777 www.editora34.com.br

Copyright © Editora 34 Ltda. (edição brasileira), 2023
Tradução @ Paulo Bezerra, 2023
Copyright © Mikhail Bakhtin
Published by arrangement with Elena Vladimirovna Ermilova
and Serguey Georgevich Bocharov. All rights reserved.

A FOTOCÓPIA DE QUALQUER FOLHA DESTE LIVRO É ILEGAL E CONFIGURA UMA
APROPRIAÇÃO INDEVIDA DOS DIREITOS INTELECTUAIS E PATRIMONIAIS DO AUTOR.

Capa, projeto gráfico e editoração eletrônica:
Franciosi & Malta Produção Gráfica

Revisão:
Danilo Hora, Beatriz de Freitas Moreira

1ª Edição - 2023

CIP - Brasil. Catalogação-na-Fonte
(Sindicato Nacional dos Editores de Livros, RJ, Brasil)

Bakhtin, Mikhail (1895-1975)

B142a   O autor e a personagem na atividade
estética / Mikhail Bakhtin; tradução, posfácio
e notas de Paulo Bezerra; notas da edição russa
de Serguei Botcharov. — São Paulo: Editora 34,
2023 (1ª Edição).
312 p.

ISBN 978-65-5525-147-0

1. Teoria literária. 2. Linguística.
3. Filosofia da linguagem. I. Bezerra, Paulo.
II. Botcharov, Serguei. III. Título.

CDD - 410

O autor e a personagem na atividade estética

Nota à edição russa 7

Introdução 13

I. A relação entre o autor e a personagem 45

II. A forma espacial da personagem 67
    1. O excedente da visão estética 67
    2. A imagem externa 72
    3. O vivenciamento
       das fronteiras externas do homem 83
    4. A imagem externa da ação 91
    5. O corpo como valor: o corpo interior 96
    6. O corpo exterior 117
    7. O todo espacial da personagem
       e do seu mundo 152

III. O todo temporal da personagem.
    A questão do homem interior — da alma 161
    1. A personagem e sua integridade
       na obra de arte 161
    2. A relação volitivo-emocional com
       a clareza interior do homem.
       O problema da morte (da morte
       por dentro e da morte por fora) 163

3. O ritmo... 175
4. A alma 197

IV. O todo semântico da personagem 205
   1. O ato e o autoinforme-confissão 206
   2. A autobiografia e a biografia.......................... 218
   3. A personagem lírica e o autor 238
   4. O caráter como interação
      personagem-autor.. 244
   5. O tipo como forma de interação
      personagem-autor.. 255
   6. A hagiografia 258

V. O problema do autor 261
   1. O problema da personagem......................... 261
   2. O conteúdo, a forma, o material.................... 266
   3. A substituição do contexto axiológico do
      autor pelo contexto literário do material..... 269
   4. A tradição e o estilo.. 277

Posfácio, *Paulo Bezerra*.............................. 286

Sobre o autor 307
Sobre o tradutor... 309

Nota à edição russa

Serguei Botcharov

O trabalho aqui publicado foi conservado no arquivo de Mikhail Bakhtin de forma incompleta: falta o manuscrito do primeiro capítulo (breves informações sobre ele se encontram no início do capítulo "O problema do autor"); não se conhece o título dado pelo autor ao capítulo (foi o organizador que o deu para esta edição). Ainda assim, as partes fundamentais conservadas dão uma ideia integral e completa sobre esse grande trabalho de Bakhtin.[1]

O trabalho foi escrito na primeira metade ou em meados dos anos 1920 e ficou sem conclusão. No manuscrito, depois do capítulo "O problema do autor", foi escrito o título do capítulo seguinte em projeto, "O problema do autor e da personagem na literatura russa", após o qual o manuscrito foi interrompido. É possível que o trabalho com o texto tenha sido realizado ainda durante a permanência do autor em Vítebsk (1920-1924). No dia 20 de fevereiro de 1921 Bakhtin escreveu de Vítebsk ao seu velho amigo, o filósofo M. I. Kagan: "Ultimamente venho trabalhando quase ex-

---

[1] Esta nota de Serguei Botcharov foi redigida para a primeira edição de *O autor e a personagem na atividade estética*, em 1979, dentro da coletânea *Estética da criação verbal*. Em 2003 os organizadores do tomo I das *Obras reunidas* de Bakhtin incluíram no livro um texto recém-descoberto do autor, que no presente volume recebeu o título de "Introdução", aqui pela primeira vez vertido ao português. (N. do T.)

clusivamente com a estética da criação literária". O conteúdo do trabalho está intimamente ligado a dois trabalhos de Bakhtin dos anos 1920: *O problema do conteúdo, do material e da forma na criação artística verbal* (1924) e *Problemas da obra de Dostoiévski* (1929). A tese essencial do texto de 1924 — a necessidade de a estética da obra de ficção literária basear-se em uma filosofia geral da estética (cf. *Questões de literatura e de estética*) — é idêntica à posição do autor no presente trabalho. Pode-se afirmar que nesse trabalho inicial de Bakhtin a estética da criação literária se abre rumo a uma filosofia da estética.

Aqui, "autor" e "personagem" são concebidos em termos de uma filosofia geral da estética. Para Mikhail Bakhtin, importa antes de tudo a relação indissolúvel entre personagem e autor como participantes do "acontecimento estético", importa a sua correlação no *acontecimento* e sua interação no ato estético. A categoria de *acontecimento* — uma das categorias centrais na estética de Bakhtin — ganha seu estofo original, bakhtiniano, no contexto da interpretação ampla, pode-se dizer universal, que o autor faz do diálogo como acontecimento decisivo da comunicação humana; nesse mesmo sentido, no livro sobre Dostoiévski, a totalidade última do romance polifônico é concebida como *acontecimento* da interação entre consciências isônomas, que não se prestam à "interpretação usual, centrada no enredo e na pragmática" (*Problemas da poética de Dostoiévski*, Moscou, 1972, p. 9).

O acontecimento estético não se fecha no âmbito de uma obra de arte; no trabalho sobre o autor e a personagem é essencial essa ampla concepção da atividade estética, bem como a ênfase sobre a sua índole *axiológica*. A personagem e seu mundo constituem o "centro axiológico" da atividade estética, possuem a sua realidade independente e "elástica", não podem ser simplesmente "criados" pelo ativismo criador do autor, como não podem tornar-se apenas objeto ou mate-

Serguei Botcharov

rial para ele. O trabalho faz uma crítica a semelhante redução dos *valores* vitais ao *material*, redução na qual se dá a "perda da personagem"; o ativismo do autor sem personagem, centrado no material, transforma-se em mera atividade técnica. A polêmica filosófica com a "estética material", desenvolvida no referido artigo de 1924 (e que visa de modo mais imediato ao "método formal"), perpassa o trabalho sobre o autor e a personagem (de modo mais aberto no capítulo "O problema do autor").[2]

Se a teoria formalista da arte perde a personagem, então as concepções de "empatia", que influenciaram a estética em fins do século XIX e início do século XX ao conceberem a atividade estética como "empatia" com o objeto (com o "herói") como vivenciamento do processo de sua autoexpressão, perdem o autor pleno; em ambos os casos destrói-se o acontecimento artístico.

São profundas as ligações do trabalho ora publicado com o livro de Bakhtin sobre Dostoiévski. Entretanto, podemos observar que, na concepção bakhtiniana, a relação do autor com a personagem no romance polifônico de Dostoiévski é caracterizada por uma espécie de contradição com as condições gerais da atividade estética descritas no presente trabalho; é a essa peculiaridade que o autor vincula a novidade decisiva do romance de Dostoiévski, do "novo modelo artístico de mundo" por ele criado. O herói de Dostoiévski resiste de modo empenhado ao ativismo conclusivo do autor, e o autor renuncia ao seu privilégio estético, ao "excedente" autoral principal. (Veja-se a observação sobre "o herói não redimido de Dostoiévski" na presente edição.)

No trabalho sobre o autor e a personagem é formulada uma série de conceitos fundamentais da estética de Bakhtin,

---

[2] "Método formal" é o emprego mais usual em russo da corrente conhecida no Ocidente como "formalismo", com a qual Bakhtin polemiza quando fala de "estética material" ou "estética do material". (N. do T.)

Nota à edição russa

tais como o de *extralocalização* (*vnienakhodímost*) e o de *excedente* de visão e de conhecimento, vinculado ao primeiro, o conceito de *horizonte* do herói e o de seu *ambiente*. Esses termos "funcionam" ativamente nas obras escritas por Bakhtin em diferentes anos. Se no presente trabalho o assunto gira em torno da distância do *eu* e do *outro* no acontecimento real da comunicação, do autor e da personagem no "acontecimento estético", no trabalho tardio ("A ciência da literatura hoje: resposta a uma pergunta da revista *Novi Mir*") trata-se da distância do leitor e do pesquisador contemporâneos em relação a épocas e culturas distantes. Essa unidade do enfoque daquilo que ocorre entre dois indivíduos e no âmbito da história da cultura, consolidada pela unidade dos conceitos da análise, é uma peculiaridade expressiva do pensamento de Bakhtin. De modo análogo, a situação espaçocorporal, estudada nesse trabalho, serve para explicar a situação espiritual da correlação entre autor e personagem no mundo de Dostoiévski, quando Bakhtin afirma que, "ao objetivar um pensamento, uma ideia, uma vivência, [Dostoiévski] nunca o faz pelas costas", "pelas costas do homem nunca se denuncia a sua cara"; veja-se ainda a observação segundo a qual "a morte por dentro" não pode ser observada, como não se pode ver a própria nuca no espelho. As situações mais genéricas descritas neste trabalho inicial servirão posteriormente ao autor de instrumento de análise dos fenômenos da linguagem, da literatura e da cultura (o motivo do espelho ressurge com especial frequência). Nos "Fragmentos dos anos 1970-1971", o autor renova explicitamente as suas reflexões sobre os temas de seu trabalho inicial.

Bakhtin não preparou pessoalmente essa obra para publicação, o que se reflete no próprio texto: algumas teses são expostas em forma não desenvolvida, em algumas passagens até sumária. Algumas palavras do manuscrito não puderam ser decodificadas. Os capítulos que se conservaram são aqui publicados na íntegra pela primeira vez.

O autor e a personagem na atividade estética

Introdução

O autor e a personagem são questões determinadas pelo tempo de vida do pesquisador, bem como pelo estado meramente casual dos materiais, e esse momento,[1] que traz certa estabilidade[2] arquitetônica, é de natureza puramente estética. Assim é o mapa histórico-geográfico do mundo de Dante[3] com os seus coincidentes centros geográfico, astro-

[1] Trata-se do momento do condicionamento do trabalho investigativo ao tempo de vida do pesquisador. O contexto do emprego do termo "momento" é uma correlação das partes do todo. O "momento" é destacado apenas qualitativamente ou é um elemento dinamicamente integrante do conjunto, incluindo tanto o processo como a ação, o acontecimento que se realiza como um conjunto; ao entrar na composição do conjunto, o elemento perde o seu ser independente do referido conjunto e em sua determinidade se torna dependente das inter-relações no interior do conjunto. Esse emprego do termo "momento" remonta a Hegel. (N. da E.) [Alternei o emprego de "momento" e "elemento" como sinônimos no processo de composição quando considerei mais adequado à clareza da análise bakhtiniana. (N. do T.)]

[2] A estabilidade inerente à arquitetônica. É a definição de "arquitetônica" como uma estrutura de tipo especial do conjunto, em cujo centro se encontra o homem. (N. da E.)

[3] Em *A Divina Comédia* de Dante, no centro do universo encontra-se a Terra imóvel (o globo terrestre), cercada de fora por nove "céus" (esferas celestes). Além da nona esfera celeste, fora do tempo e do espaço, começa o Empíreo (o Paraíso terrestre). No centro habitado do hemisfério norte, a Terra (toda a terra firme se concentra no hemisfério norte),

nômico e histórico de acontecimentos axiológicos;[4] a Terra, Jerusalém e o episódio da redenção. A rigor, a geografia desconhece distância e proximidade, o aqui e o lá, carece de uma escala axiológica absoluta da mensuração no interior do conjunto escolhido (a Terra), ao passo que a história desconhece o passado, o presente e o futuro, a duração e a brevidade, o antigo e o recente como momentos absolutamente únicos e irreversíveis; o próprio tempo da história é irreversível, evidentemente, mas no interior todas as relações são fortuitas e relativas (e reversíveis), posto que não há um centro de valores absoluto. Sempre ocorre alguma estetização[5] da história e da geografia.

encontra-se Jerusalém, e no centro do inabitável hemisfério sul (coberto de água) projeta-se a montanha do Purgatório, em cujo cume se encontra o Paraíso terrestre.

[4] Centros de acontecimentos axiológicos porque sua definição como centros é indissociável da realização de *atos de avaliação*. Neste caso, o "axiológico" precisa o significado da definição de episódico. (N. da E.)

[5] "Estético" ("sentido estético", "estetização", "estetizado", etc.). O conceito de "estético" em *O autor e a personagem na atividade estética* deriva da concepção bakhtiniana geral de estética e especialmente da *Estética da criação verbal*; como definição derivada, ele requer um esclarecimento particular. Em primeiro lugar, o conceito de "estético" tem um sentido rigoroso e sistemático e ocupa um lugar na estrutura da ideia filosófico-científica bakhtiniana de transformação do pensamento filosófico e científico tradicional da Idade Moderna, embora neste caso a concepção tradicional de sistema ou de "ciência rigorosa" não se aplique a *O autor e a personagem...* nem a *Por uma filosofia do ato*. Em segundo, o leque de variantes de significação do termo "estético" ("estetização", "estetizado"), encontrado nas duas primeiras páginas de *O autor e a personagem...*, contrapõe-se rigorosamente não apenas ao "livre" emprego desse termo como às vezes até ao seu emprego terminológico na filosofia e nas ciências humanas atuais... No conjunto de sua obra, Bakhtin mostra o caráter estético de todas as categorias humanas, quer das categorias da vida real, quer das categorias científicas. (N. da E.)

Do ponto de vista físico-matemático, o espaço e o tempo da vida do homem são apenas segmentos insignificantes — o termo "insignificante" é pronunciado com entonação e assim ganha um sentido estético — de um tempo e espaço único e infinito e, claro, só isso lhes garante a univocidade de sentidos e precisão no juízo teórico, mas do interior da vida humana eles ganham um centro de valores único, em face do qual encarnam, enchem-se de sangue e carne, começam a ver-se um ao outro e a ressoar responsavelmente. O tempo artístico e o espaço,[6] que é irreversível e solidamente arquitetônico, combinado com o reduzido tempo da vida, ganha uma tonalidade volitivo-emocional e incorpora a eternidade, a extratemporalidade, as fronteiras, a infinitude, o todo e a parte como tais; para o filósofo, todas essas palavras têm um peso axiológico, ou seja, são estetizadas. É evidente que aqui não falamos do ordenamento do conteúdo, mas precisamente do ordenamento formal do conjunto temporal e espacial, não só do elemento fabular como também do empírico-formal. Tanto o tempo interior da fábula[7] quanto o tempo exterior de sua transmissão, o espaço interior da visão e o espaço exterior da representação têm peso axiológico como entorno e horizonte, como fluxo da vida do homem mortal. Se o homem não fosse mortal, seriam extintos o tom voliti-

---

[6] Nessa passagem, Bakhtin está tratando do cronotopo, conceito no qual espaço e tempo formam uma só unidade e por essa razão ele coloca os dois no singular e assim eu traduzi. Contudo, pela norma gramatical da língua portuguesa, o sujeito composto pelos dois núcleos tempo e espaço deveria estar exposto no plural. Como, porém, trata-se de um conceito indiviso para Bakhtin, mantive a sua concordância verbo-nominal para preservar a unidade semântica desse conceito, que aqui ainda está em esboço, pois o autor só o definiria de forma completa mais de uma década depois em *As formas do tempo e do cronotopo no romance*, volume II de sua *Teoria do romance*. (N. do T.)

[7] Note-se que o termo "fábula" é aqui empregado no sentido de enredo, de relato ficcional. (N. do T.)

Introdução

vo-emocional desse fluxo, desses antes e depois, ainda e já, agora e naquele tempo, sempre e nunca, peso e significação do ritmo sonoro. Destrua-se um momento da vida do homem mortal e se extinguirá a luz axiológica de todos os momentos rítmicos e formais. Aqui, evidentemente, não se trata da duração matematicamente definida da vida do homem (fixada em setenta anos na Bíblia); poderia ser qualquer uma; importa apenas que existem os termos, os limites da vida e do horizonte — nascimento e morte —, e só a existência desses termos e de tudo o que eles determinam cria o colorido volitivo-emocional do fluxo do tempo da vida limitada e do espaço — reflexo do esforço e da tensão do homem mortal; e tanto a eternidade como a infinidade ganham sentido axiológico[8] apenas em sua correlacionalidade com a vida determinada.

Passemos agora ao ordenamento do sentido. A arquitetônica,[9] como uma lógica disposição intuitivo-conceptiva ne-

---

[8] Bakhtin chama de "axiológica" qualquer vivência intencional de alguma significação concreta do ser-acontecimento. Neste sentido, é "axiológica" toda e qualquer "realidade moral", aquele "mundo histórico da vida", no qual criamos, adquirimos conhecimento, contemplamos, vivemos e morremos. Por isso, é quase um oximoro o "peso axiológico" — um paradoxo lógico não construído, uma condição da possibilidade de qualquer "ato", de qualquer reação responsiva motivada em algum acontecimento. Aquilo que é "axiológico" move de fato a percepção, o entendimento e o ato, e vice-versa: o ato — prático-vital (moral), cognitivo, artístico, religioso, político não se move no vazio nem em algum meio neutro, mas num meio axiológico-real (num meio ideológico...). Pode-se dizer que, na linguagem do Bakhtin jovem, o "axiológico" é a factuidade concreta, pluriqualitativa e "irremediável" do mundo vital na diversidade de todos os campos e níveis da experiência humana. (N. da E.)

[9] Kant entende por arquitetônica a arte da construção do sistema de todos os conhecimentos humanos (*Crítica da razão pura*)... A estrutura do sistema como um conjunto racionalmente construído é concebida em analogia com um organismo vivo, sendo o lugar do "construtor" ocupado pela razão humana, que é por natureza arquitetônica; então, Kant consi-

cessária e um vínculo das partes concretas e únicas e dos elementos destinados a um conjunto inacabado, só é possível em torno de um homem definido — o herói. Um pensamento, um problema, um tema não podem servir de base à arquitetônica, pois eles mesmos carecem de um conjunto arquitetônico concreto para chegar a algum acabamento; no pensamento está alicerçada a energia da infinitude extraespacial-extratemporal, em relação à qual todo o concreto é fortuito; ela pode facultar apenas o direcionamento do modo de ver o concreto, mas um direcionamento infinito, incapaz de *concluir* o conjunto. Nem o conjunto prosaico discursivo de um trabalho científico está condicionado à essência de sua ideia basilar; está, pois, condicionado a elementos absolutamente fortuitos em relação a essa essência e, antes de tudo, ao horizonte consciente ou inconscientemente limitado do autor, uma vez que até um sistema só externamente fechado e concluído é aberto e infinito interiormente, posto que a unidade do conhecimento sempre é prescrita. Desse ponto de vista, seria interessante examinar uma obra como a *Crítica da razão pura* de Kant, e nela definir a origem dos elementos do acabamento; sem grande trabalho poderíamos nos convencer de que eles são de índole estética e inclusive antropomórfica, pois Kant acreditava na possibilidade de um siste-

---

dera todos os conhecimentos como pertencentes a um possível sistema. Em Bakhtin, a arquitetônica é a arquitetônica concreta do *mundo vivenciável* — mundo do ato ou mundo da visão estética; o centro concreto ("centro da procedência" dos valores e dos atos) desse mundo é o homem vivenciante e a estrutura de tal mundo é determinada a partir do homem vivenciante... Em fins do século XIX, o termo "arquitetônica" era empregado principalmente no campo da teoria da arte, às vezes na filosofia, na geologia e na biologia, e chegou a ser uma teoria da arquitetura como arte. Mas posteriormente tornou-se mais conciso, aprofundou-se e ampliou-se até chegar a conceito teórico: passou a designar o plano construtivo da obra literária ou da concepção musical — um sistema ou estrutura do conjunto. (N. da E.)

Introdução

ma fechado, de uma tabela fechada de categorias. O desmembramento espaçotemporal e a disposição das partes de um conjunto discursivo, até mesmo de um tão elementar como a dedução, a premissa, a conclusão, etc., refletem não o próprio momento, mas o processo temporal do fluxo do pensamento humano, se bem que um processo psicologicamente não casual, mas estetizado, rítmico. A arquitetônica do conjunto discursivo em prosa está mais próxima da arquitetônica musical, posto que o poético incorpora um número excessivo de elementos espaciais e visíveis. A prosa, para se concluir e tomar a forma de uma obra acabada, deve empregar o processo estetizado do indivíduo criador — seu autor —, refletir em si mesma a imagem do *acontecimento* acabado de sua criação, visto que do interior do seu sentido puro, abstraído do autor, não pode encontrar nenhum elemento de conclusão e arquitetonicamente ordenador. Dispensa explicação especial o fato de que o material sensorial que preenche a ordem espaçotemporal, o esquema do acontecimento interior — do enredo e da composição externa da obra, o ritmo externo e interno, a forma interna e a externa também são ordenadas apenas em torno do centro axiológico do homem, revestem esse mesmo centro e seu mundo.

Quanto ao sentido ético, falamos em linhas gerais, pois aqui não podemos concretizar esse elemento sem antecipar o subsequente, e o elucidamos ao tratar da distinção entre o acontecimento ético e o estético: fechar o acontecimento ético com seu sentido ainda a sobrevir e sempre aberto e ordená-lo arquitetonicamente só é possível transferindo o centro axiológico do pré-dado para o dado presente[10] do homem, seu partícipe.

---

[10] "Pré-dado" é minha tradução do termo bakhtiniano *zádannost*, que aqui especifico como pré-realidade, o qual se completa com o termo-par *zádanni*, ou seja, dado ou realidade dada e atual, realidade presente

Esclareçamos tudo o que afirmamos sobre a função arquitetônica do centro axiológico do homem no conjunto artístico com base na análise de um exemplo concreto. Esta análise destacará apenas aqueles elementos de que aqui necessitamos e abstrairá todo os outros, ainda que estes sejam, por vezes, essenciais para o conjunto da impressão artística, com o fim de, na medida do possível, não antecipar o que sobrevém: peço levar em conta essa índole especial e às vezes até aproximativa (que não esgota o conjunto artístico) da nossa análise.

Detenho-me na seguinte peça lírica de Púchkin, "Separação", de 1830:

Rumo à costa da pátria distante
Tu deixavas o torrão natal...[11]

Nessa peça lírica há duas personagens: precisamente o "herói[12] lírico" — neste caso, o autor objetivado —, e "ela"

---

do herói-personagem, do tempo da ação ou de um episódio interno da obra de arte. (N. do T.)

[11] Existem três variantes destes dois primeiros versos do poema de Púchkin: esta e a terceira variante citadas por Bakhtin foram registradas por Pável Ánnenkov, contemporâneo do poeta e organizador de suas obras publicadas em 1855; a segunda variante citada por Bakhtin é a da versão oficial de "Separação". (N. do T.)

[12] Costumo traduzir o termo *guerói*, amplamente empregado pelos russos, como "personagem", e não como "herói", por considerar "herói" ultrapassado e frequentemente inadequado à análise literária, sobretudo de prosa, salvo nos casos de herói épico e herói trágico. Mas, como no presente texto predomina o espírito da análise de um poema de Púchkin efetuada por Bakhtin, resolvi usar "herói" e "heroína" líricos para evitar ambiguidades nas referências ao herói e à heroína como personagens masculina e feminina. Ademais, desde que o mestre Antonio Candido publicou em 1964 o livro *A personagem de ficção*, o antigo emprego generalizado do termo "herói" tornou-se antiquado e passou-se a empregar personagem

— provavelmente Ríznitch[13] — e, por conseguinte, duas diretrizes volitivo-emocionais objetivas, dois contextos axiológicos, dois pontos de vista únicos para o referencial e o ordenamento dos elementos axiológicos do ser. A unidade do conjunto lírico é restabelecida pelo fato de que o contexto axiológico da heroína é englobado e afirmado pelo contexto do herói, comunga com ele enquanto elemento deste, e ambos os contextos, por sua vez, são englobados pelo contexto formal único — precisamente estético — como contexto *ativo* axiologicamente afirmativo do autor e do leitor. Antecipando o que, digamos, mais ou menos se segue: a situação em que se encontra o sujeito estético — o leitor e o autor, *criadores da forma*, de onde decorre o ativismo artístico e formador dos dois —, pode ser determinada — como a *extralocalização temporal, espacial e semântica* — por absolutamente todos os elementos do campo arquitetônico interno da visão artística, justo o que pela primeira vez torna possível que toda a arquitetônica axiológica, temporal, espacial e semântica seja englobada por um ativismo único igualmente afirmativo. A compenetração estética (*Einfühlung*) — visão dos objetos e das personagens por dentro — realiza-se ativamente desse ponto extralocalizado, no qual o material obtido pela compenetração, junto com o material da visão e da escuta externas, unifica-se e enforma-se num conjunto arquitetônico único e concreto. A extralocalização é a condição necessária para juntar num contexto estético-formal e axiológico único os diferentes contextos que se formam em torno de várias personagens (o que ocorre particularmente na epopeia).

no feminino. A reflexão de Bakhtin também contempla a prosa, mas ainda assim mantive os termos "herói" e "heroína". (N. do T.)

[13] Amália Ríznitch, jovem de vinte anos, esposa de um negociante de Odessa, por quem Púchkin esteve loucamente apaixonado depois de mudar-se para Odessa no início de junho de 1823. (N. da E.)

Em nossa peça, todos os elementos concretos do conjunto arquitetônico agregam-se a dois centros axiológicos — o herói e a heroína, sendo que o primeiro círculo engloba o segundo, é mais amplo que este, e ambos são igualmente agregados — como um acontecimento único — pelo ativismo formador do autor-leitor; desse modo, verificam-se três contextos axiológicos que se interpenetram e, por conseguinte, também em três direções deve realizar-se a entonação de praticamente cada palavra dessa peça: a entonação real da heroína, a entonação também real do herói e a entonação formal do autor-leitor (na execução real da peça, a tarefa do executante é encontrar uma entonação de efeito igual aos dessas três direções entonacionais). Verifiquemos, pois, a disposição dos elementos concretos únicos na arquitetônica:

Rumo à costa da pátria distante
Tu deixavas a alheia terra.

A "costa da pátria" está situada no contexto do espaço tempo-axiológico da vida da heroína; para ela, em seu tom volitivo-emocional a *pátria* se torna o possível horizonte espacial: esse é um momento do acontecimento de sua vida. Ao mesmo tempo, em correlação com a pátria, a "alheia terra" se torna um certo conjunto espacial como momento do destino da heroína. Seu movimento em direção à pátria — "tu deixavas" — tem um tom mais direcionado ao herói no contexto do seu *destino*: voltando-se para ela seria melhor dizer "retornava", visto que ela está indo rumo à pátria. No destino do herói e da heroína condensa-se a lonjura — epíteto de "longínquo" —, e eles ficarão longe um do outro.

Nesta variante registrada por Ánnenkov predomina o contexto axiológico do herói:

Rumo à costa do estrangeiro distante
Tu deixavas o torrão natal.

Introdução

Aqui, a alheia terra — a Itália —, e o torrão natal — a Rússia —, estão axiologicamente definidos em relação ao herói:

> Na hora inolvidável, hora tristonha,
> Um longo pranto verti a teus pés.

A hora, com sua extensão temporal envolvida pela "lonjura", ganha um peso axiológico em suas séries temporais únicas e suas vidas mortais determinadas como hora da separação. Na escolha das palavras e das imagens centrais predomina o contexto axiológico do destino do herói.

> Minhas mãos arrefecendo
> Procuravam te reter então;
> Implorava manter meu lamento
> O martírio de atroz separação.

> [...]
> "Na hora do encontro — dizias —
> Sob o céu daquele azul perene
> Outra vez uniremos, querido,
> Nossos lábios em beijos ardentes."

> E lá, longe, onde a celeste abóbada
> Rutila em seu brilho cerúleo
> Onde as águas cochilam sob escolhos
> Tu caíste em teu sono último.
> Os teus sofrimentos, o teu encanto,
> Sumiram na cinerária urna —
> E com eles o beijo do encontro...
> Mas eu o espero; a promessa foi tua...

Doravante não deterei a atenção do leitor em algo de compreensão tão elementar: é claro que todos os elementos desse conjunto, tanto os expressos diretamente quanto os não expressos, tornam-se *axiológicos* e são ordenados apenas em correlação com um dos protagonistas ou com o homem em geral, como o destino deste.

Passemos a outros elementos mais substanciais desse conjunto. A natureza também compartilha desse conjunto--acontecimento, é animada e incorporada a essa realidade humana em dois sentidos: em primeiro lugar, como entorno e plano do episódio do encontro desejado e prometido do herói com a heroína na terceira estrofe (os beijos sob um céu daquele azul cerúleo) e o entorno do episódio da morte real dela nas estrofes 4 e 5 ("lá onde a celeste abóbada rutila... tu caíste em teu sono último"), sendo que no primeiro caso esse plano reforça a alegria do encontro, é consonante com ela, já no segundo está em contraste com a dor da morte da heroína, o que é uma incorporação puramente *fabular* da natureza; em segundo: o movimento do humano-acontecimento e a vida são imediatamente inseridos nela, na natureza: a *abóbada celeste* é o abrigo do homem; são metáforas: *rutila* e as águas *cochilam* sob escolhos — os escolhos escondem o sono das águas, o céu é de um *azul perene* —, a eternidade do céu correlaciona-se axiologicamente com a vida determinada do homem, sendo que só as metáforas *brilham*, *cochilam*, têm caráter antropomórfico; as outras: *abóboda celeste* e *azul perene* apenas incorporam a natureza à vida do homem. Essa segunda direção da vivificação da natureza independe da vivificação imediato-fabular.

Agora é necessário nos determos nos seguintes elementos: na forma espacial interna, no ritmo interno do desdobramento do acontecimento (o tempo artístico interno), no ritmo externo, na estrutura entonacional e, por último, no tema.

No texto de Púchkin encontramos três imagens dramático-escultural-pictóricas: a imagem da separação (as mãos enrijecendo, que o tentavam reter... tu dizias), a imagem do encontro prometido (a reunião dos lábios em beijos ardentes

Introdução

sob o céu azul) e por último a imagem da morte (a natureza e a urna cinerária, onde *sumiram* a beleza e os sofrimentos dela): essas três imagens aspiram a um acabamento puramente figurativo.

O ritmo temporário interno do acontecimento é o seguinte: a separação e o encontro prometido, a morte e o futuro encontro real. Entre o passado e o futuro dos heróis, passando pelas lembranças do presente, estabelece-se um vínculo contínuo de acontecimentos: separação — *ársis*; data prometida — tese; morte — *ársis*; ainda assim haverá encontro — tese.[14]

Passemos à estrutura entonacional. Cada expressão de uma palavra designa não apenas um objeto, não apenas evoca alguma imagem, não apenas soa como também exprime alguma resposta volitivo-emocional ao objeto designado, resposta essa que, em face da pronúncia real de uma palavra, é expressa na própria entonação dessa palavra. A imagem sonora de uma palavra não é apenas a portadora do ritmo como também é penetrada inteiramente pela entonação, sendo que durante a leitura de uma obra podem surgir conflitos entre a entonação e o ritmo. É claro que o ritmo e a entonação não são elementos heterogêneos: o ritmo também expressa o colorido volitivo-emocional do conjunto, embora seja menos concreto, mas o essencial é que ele representa uma resposta formal quase exclusivamente genuína do *autor ao conjunto* do acontecimento, ao passo que a entonação é predominantemente uma resposta da personagem ao objeto *no interior* do conjunto e, condizendo com as peculiaridades de cada objeto, é mais diferenciada e diversificada. Ainda assim, a divisão abstrata entre entonação e ritmo não coincide com outra divisão igualmente abstrata — entre resposta da persona-

---

[14] Ao caracterizar o ritmo temporal interno do acontecimento, Bakhtin emprega termos da lírica antiga para destacar a diferença entre os pontos fortes e fracos que se alternam no poema de Púchkin. (N. da E.)

gem e resposta do autor: então, a entonação pode expressar simultaneamente tanto a resposta do autor como a resposta da personagem, assim como o ritmo também pode expressar tanto uma como a outra. Assim mesmo, a resposta volitivo--emocional do autor encontra sua expressão predominantemente no ritmo; a da personagem, na entonação. Chamaremos *realista* à resposta da personagem, ou seja, a expressão da *avaliação* do objeto no próprio contexto axiológico da personagem, e a ela corresponderão a entonação realista e o ritmo realista; à resposta do autor — resposta ao objeto no próprio contexto do autor —, chamaremos *resposta formal*, à qual corresponderão a entonação formal e o ritmo formal. A entonação formal e o ritmo realista são mais raros que a entonação realista e o ritmo formal. Como veremos adiante, tanto a entonação e o ritmo, como todos os outros elementos do conjunto artístico e todos os aspectos do discurso — a imagem, o objeto e o conceito —, podem ser expressão da resposta volitivo-intencional e da avaliação.

Esclareçamos a nossa distinção. No drama a entonação costuma ser de caráter puramente realista: o *diálogo* dramático, como tal, é uma luta entre os contextos axiológicos das personagens, uma expressão do conflito entre diferentes posições volitivo-emocionais ocupadas pelas personagens em um mesmo acontecimento, uma expressão da luta entre avaliações. No discurso direto, cada participante do diálogo enuncia imediatamente em cada palavra o objeto e sua resposta ativa a ele — a entonação é vitalmente realista, o autor não é imediatamente expressado. Mas todas essas manifestas reações conflitantes das personagens são englobadas por um ritmo único (na tragédia são englobadas pelo trímetro iâmbico), que confere um tom único a todos os enunciados e os leva a uma espécie de denominador volitivo-emocional; o ritmo expressa uma resposta à resposta, uma resposta única e uniforme puramente estético-formal do autor a todas as respostas realistas e conflitantes das personagens, a todo

Introdução

o acontecimento trágico em seu conjunto, estetizando-o, exuma-o da realidade (ético-cognitiva) e o guarnece artisticamente. É claro que o trímetro iâmbico não expressa a resposta individual do autor ao acontecimento igualmente individual de uma dada tragédia; expressa o caráter mais geral da sua diretriz voltada para o que ocorre, ou seja, o caráter estético (toda tragédia, à exceção de quase todos os coros, é escrita em trímetro), como se desempenhasse a função da ribalta: de separar da vida o acontecimento estético. Como se sabe, no interior de uma determinada estrutura métrica do trímetro iâmbico são possíveis algumas variações rítmicas — desvios —, que costumam ter uma função estética, destacando e reforçando as entonações vitais das personagens, mas às vezes transmitindo o ritmo da vida espiritual do falante ao transmitir a tensão, a aceleração, o ritmo, etc. Aqui abstraímos outros elementos da tragédia, que expressam o autor e sua resposta formal (e às vezes também a não formal) de alguma maneira: em parte os coros da tragédia antiga, as partes, a escolha das imagens, o registro do som e outros elementos formais. Também abstraímos o fato de que a imagem sonora da palavra pode ter não só funções rítmicas e entonacionais, mas também puramente representativas ("registro dos sons").

Na epopeia, como no drama, o discurso direto dos heróis recebe um tom realista. No discurso dos heróis indiretamente citado pelo autor é possível o predomínio de uma resposta realista, como também é possível uma resposta formal do autor; isso porque nos discursos do herói, que refletem a sua posição axiológica, o autor pode transmitir expressando no tom da transmissão sua própria relação com tais discursos, sua posição em relação ao herói — por exemplo, de um modo irônico, surpreso, entusiástico, num tom épico profundamente tranquilo, emocionado, trágico, majestoso, etc. A descrição dos objetos e a narração dos acontecimentos na epopeia é efetuada ora sob o predomínio do ponto de vista do valor dos objetos e da narração para os heróis, do ponto de vista da sua possível relação com tais objetos e acontecimentos, ora sob o predomínio absoluto do contexto axiológico do autor, isto é, as palavras da descrição do mundo dos heróis traduzem a resposta do autor aos heróis e seu mundo. Contudo, qualquer que seja a resposta predominante, o discurso na epopeia sempre é o discurso do autor[15] e, por conseguinte, sempre expressa também uma resposta do autor, embora esse ou aquele discurso e todo um conjunto de discursos possam ser colocados *praticamente* à plena disposição do herói; nesse sentido, podemos dizer que cada discurso da epopeia, à exceção do conceito, do objeto e da imagem, traduz uma resposta à resposta, uma resposta do autor à resposta do herói, ou seja, cada conceito, imagem ou objeto vive em dois planos e é interpretado em dois contextos axiológicos — o contexto do herói e o contexto do autor. Adiante veremos que essas respostas axiológicas se encontram em diferentes universos culturais: porque a resposta, a avaliação do herói, sua diretriz volitivo-emocional são de índole ético-cognitiva vitalmente realista, o autor responde a ela e a conclui esteticamente. A vida essencial de uma obra é esse acontecimento da relação dinâmica e viva do herói com o autor.

[15] Bakhtin diz o oposto de toda essa reflexão no texto de 1941, *Epopeia e romance* (título mais tarde reformulado como *Teoria do romance* e hoje conhecido como *Teoria do romance III: O romance como gênero literário*, em tradução minha), no qual afirma que na epopeia o autor não tem ponto de vista, tudo é dado pelo lendário que sedimenta o gênero épico. Assim sendo, a posição do autor em relação ao herói é dada pelo lendário formado por lendas e mitos, o contexto axiológico do autor é o contexto desse lendário, o discurso na epopeia não é o discurso do autor, mas do contexto lendário, portanto, não há dois contextos axiológicos, um do autor e outro do herói. A meu ver, cabem essas observações, porque neste texto vemos Bakhtin como um teórico e pensador ainda em construção, assim como suas reflexões teórico-filosóficas, ou seja, vemos Bakhtin pendulando entre a filosofia e a filologia. (N. do T.)

Introdução

Na leitura viva de uma obra é possível transmitir pela voz ambas as entonações com bastante precisão quando isso evidentemente se faz necessário, claro que não em relação a cada voz particular; de qualquer forma, uma leitura puramente realista é inadmissível, pois na voz deve soar o tempo inteiro a ativa energia ético-formadora do autor.

Na lírica o autor é mais formalista, ou seja, dissolve-se artisticamente numa forma que externamente é sonora e internamente é pictórico-escultural e rítmica, de onde parece que não existe, que se dissolve no herói, ou, ao contrário, que não há herói, mas apenas autor. De fato, também neste caso herói e autor se contrapõem um ao outro e em cada palavra soa uma resposta à resposta. Nesse sentido, aqui ainda não podemos discutir a originalidade e a objetividade da lírica. Agora mesmo voltaremos à entonação estrutural da nossa peça de Púchkin. Nesta, em cada palavra soa uma dupla resposta. É preciso de uma vez por todas ter em vista que uma resposta ao objeto, sua avaliação e o próprio objeto dessa avaliação não são dados como diferentes momentos da obra e do discurso, nós é que os distinguimos por via abstrata; na realidade a avaliação penetra o objeto, e ademais a avaliação cria a imagem do objeto, é justamente a resposta estético-formal que condensa o conceito na imagem do objeto. Por acaso a nossa peça se esgota em sua primeira parte no tom da tristeza e da separação, vivenciada realisticamente? Há esses tons dorido-realísticos, mas eles foram envolvidos e abarcados por tons nada tristes que os decantam: o ritmo e a entonação — "na hora inolvidável, hora tristonha, um longo pranto verti a teus pés" — não apenas transmitem o peso dessa hora e desse pranto, mas também concomitantemente a superação desses peso e pranto, a sua decantação; em seguida a imagem plástico-pictórica do torturante adeus — "minhas mãos enrijecendo", "implorava manter meu lamento..." — não transmite absolutamente apenas o seu tormento: a resposta volitivo-emocional do tormentoso adeus real nunca pode gerar de si mesma uma imagem plástico-pictórica, para tanto essa resposta tormentosa deve por si mesma tornar-se um objeto sem nada de torturante, uma resposta esteticamente acariciante, ou seja, essa imagem é construída fora do contexto axiológico de quem efetivamente está dizendo adeus. Por fim, nas últimas estrofes — "sumiu o beijo do encontro..." — o tom da espera real e da fé do herói num próximo beijo são envolvidos por tons que nada esperam, mas que, de um modo perfeitamente acabado, tranquilizam de vez no presente, o futuro real do herói se transforma no futuro artístico para o autor — o criador da forma. Além disso, como já ressaltamos, a resposta do herói a alguns momentos envolve ela mesma a resposta da heroína, mas ainda assim o contexto axiológico do herói não atinge aí a plena independência.

Passemos agora ao tema da nossa peça.

(É necessário sempre ter em vista que as entonações realista e formal que distinguimos em parte alguma são dadas em sua forma pura, nem na vida — onde cada palavra é entoada por nós — essa entonação é puramente realista, mas sempre traz alguma mescla estética; pura é a resposta ético-cognitiva real, mas o seu enunciado destinado ao outro sempre incorpora inevitavelmente o elemento estético, toda expressão como tal já o é esteticamente. Contudo, aqui o elemento estético desempenha apenas um papel secundário, e a direção estética da resposta ocorre de forma realista. O que foi dito também se estende à resposta formal.)

Passemos, pois, ao tema da nossa peça. Em consequência da já referida peculiaridade da lírica pura, devido à coincidência quase completa entre autor e herói, é de extrema dificuldade distinguir e formular o tema como tese prosaicamente significativa ou condição ética. O conteúdo da lírica não costuma concretizar-se (assim como o da música),[16] is-

---

[16] Uma das muitas divergências de Bakhtin com Hegel, para quem era possível interpretar o conteúdo da música. (N. do T.)

so é algo como um vestígio da tensão ético-cognitiva, uma expressão total — ainda não diferenciada — de um possível pensamento e do ato, o próprio esforço intelectual e volitivo da tensão do conhecimento possível e do ato. Por isso deve se ter o máximo de cautela ao formular o tema, e toda formulação será convencional, não exprimirá adequadamente o contexto prosaico real. Aqui não temos em vista estabelecer esse contexto prosaico real, para o que teríamos de levar em conta o acontecimento biográfico (estético) do amor de Púchkin em Odessa e o seu eco no tempo posterior, considerar as elegias correlatas dos anos 1823 e 1824, outras obras dos anos 1830 e sobretudo o poema "Súplica", considerar as fontes literárias da elaboração do tema — em sua formulação ampla — do amor e da morte e preferencialmente Barry Cornwall,[17] que condicionaram o poema "Súplica", imediatamente similar pelo tema, e várias outras obras cronologicamente próximas e, por último, todo o clima biográfico e espiritual de 1830 (o casamento iminente,[18] etc.). Não há dúvida de que a ideia ética da "fidelidade" em relação ao clima biográfico ocupava uma das posições centrais na vida ético-cognitiva do autor em Bóldino[19] ("O cavaleiro pobre", "Adeus", "O visitante de pedra", etc.). Cabe salientar que para elucidar o contexto prosaico da lírica do poeta não são

[17] Barry Cornwall (1787-1874), poeta britânico. (N. do T.)

[18] Referência ao casamento de Púchkin com Natália Gontcharova, ocorrido no dia 2 de março de 1831. (N. do T.)

[19] Bóldino (hoje Grande Bóldino, local do museu dedicado a Púchkin) era um vilarejo na região de Nijni-Nóvgorod, centro da Rússia, onde ficava a casa senhorial dos antepassados do poeta. O vilarejo se tornou famoso porque ali Púchkin passou o outono de 1830, quando escreveu a parte mais importante de sua poesia lírica, concluiu o romance em versos *Ievguêni Oniéguin* e parte de sua obra dramática e prosaica, e por isso o período ficou conhecido na história da literatura russa como o "Outono em Bóldino". Hoje Nijni-Nóvgorod, situada nas margens do Volga, é um grande centro industrial. (N. do T.)

de importância essencial as suas obras líricas, onde a ideia prosaica sempre aparece nítida. Semelhante trabalho está inteiramente fora dos limites da nossa tarefa, pois nos importa apenas o momento geral da encarnação do tema lírico ao conjunto artístico, razão pela qual a nossa formulação não pode visar a ser rigorosamente fundamentada em todos os momentos. O tema encarnado — amor e morte — é tornado complexo e concretizado pelo tema particular da "promessa e sua concretização": embora a morte tenha aparecido no meio do caminho, a promessa do encontro com a amada cumprir-se-á na eternidade. Esse tema é encarnado através da imagem do "beijo do encontro": o prometido beijo do encontro ("Outra vez uniremos, querido,/ Nossos lábios em beijos ardentes"), o beijo morto ("Sumiu o beijo do encontro"), o beijo ressuscitado ("eu o espero; a promessa foi tua"); o tema é concretizado em forma de sinédoque. O tema é genuinamente ético, porém desprovido do seu dardo ético, é *fechado* pela imagem do beijo — imagem temática central. Estão indicados os elementos do episódio ético do amor e do encontro no além-túmulo com a amada e dos conexos atos éticos — a fidelidade, a purificação, etc. —, que entraram esteticamente transfigurados na lírica de Dante;[20] o acontecimento absoluto real e *iminente* decomporia no futuro real o acabamento figurado e rítmico do conjunto. A *fé* e a *esperança* reais (que até poderiam estar na alma do autor, Púchkin, e só a biografia do poeta tornaria duvidosa essa suposição; tema similar é encontrado em Jukóvski) no iminente encontro, se autor e herói fossem os mesmos (ou seja, se o autor coincidisse absolutamente com o seu herói), não poderiam gerar nada de acabado e autossuficiente além do futuro real — *contrariando* o futuro semântico, esses elementos concludentes seriam trazidos de uma diretriz volitivo-

---

[20] Bakhtin tem em vista o livro *Vita nuova*, de Dante. (N. da E.)

-emocional diferente em relação ao acontecimento em seu conjunto, diretriz essa que relacionaria esse acontecimento a seus participantes presentes, tornaria centro axiológico não o *objeto* dessa vivência e aspiração (o real encontro além-túmulo), mas as próprias vivência e aspiração ao objeto do ponto de vista do seu portador — o herói. Para nós é absolutamente dispensável saber se Púchkin realmente ganhou um beijo além-túmulo (um valor ético-histórico), é desnecessária uma fundamentação filosófica, religiosa ou ética da possibilidade e da necessidade do encontro além-túmulo e da ressurreição (a imortalidade como um postulado do amor verdadeiro), o acontecimento está integralmente concluído e resolvido, embora uma análise prosaica[21] pudesse e devesse aprofundar esse tema em termos filosófico-religiosos no devido sentido, isso porque a postulação da imortalidade pelo amor, a forma ontológica da memória eterna ("Quem não esquece não cede", "aquele dom que Deus recolhe, um coração *obstinado* não perde")[22] é um dos temas mais profundos da poesia erótica de todos os tempos (Dante, Petrarca, Novalis, Jukóvski, Solovióv, Viatcheslav Ivánov, etc.). Essa conclusão de um tema filosófico eternamente infinito, tenso, sempre aberto, e de um possível ato ético da vida é realizada pelo autor através da atribuição do acontecimento — cujo sentido prescrito é o tema — a um homem-herói[23] definido,

[21] Semelhante análise pressupõe destacar na obra de arte os elementos extraestéticos e extra-artísticos que integram necessariamente a sua estrutura. Neste caso, Bakhtin salienta a insuficiência de separar os elementos do tema e do conteúdo de uma obra devido às exigências da poética. A poética deve ser um conhecimento adequado da poesia, na medida em que é uma análise da forma. (N. da E.)

[22] Citação de dois poemas de Viatcheslav Ivánov, "Quem não esquece não cede" (1903) e "Lembrança eterna" (1912). (N. da E.)

[23] Note-se que aqui Bakhtin usa primeiro "homem-herói" e depois "herói-*homem*" para marcar a diferença entre o herói (ou personagem de ficção) e o autor-*homem* real, seu criador. (N. do T.)

sendo que esse herói-*homem* pode coincidir com o autor-*homem*, o que quase sempre acontece (o real acontecimento ético da vida serve de base como um tema a ser resolvido por via lírica), mas o herói de uma obra nunca pode coincidir com o seu autor-criador, pois caso contrário não teríamos uma obra de arte. Se a resposta do autor se dissolve na resposta do herói — visto que às vezes isso pode acontecer em termos ético-cognitivos —, ela se direciona imediatamente ao objeto e ao sentido, o autor começa a entrar no processo de conhecimento e a agir com a personagem, mas perde a visão que a conclui artisticamente; veremos que até certo ponto isso acontece com frequência. A resposta imediatamente relacionada com o objeto — e por conseguinte também a entonação do enunciado — não pode ser produtiva em termos estéticos, mas apenas em termos cognitivos e éticos, a resposta estética é uma resposta à resposta, não ao objeto e ao sentido em si mesmos, mas ao objeto e ao sentido para um homem definido, correlacionados aos valores de um dado homem. Em nossa peça, através do herói lírico encarnam-se inteiramente o tema ético-cognitivo, a fé e a esperança. A esse respeito faremos aqui apenas algumas observações prévias. Comecemos pela relação, posto que é a relação criadora que define o objeto; aqui a relação do autor com o herói lírico é pura e imediatamente estético-formal: a vivência ético-cognitiva axiologicamente colorida do herói — sua resposta concreta — é imediatamente aqui um objeto genuinamente estético, uma resposta formadora e celebrante do autor, podendo-se dizer que aqui as vivências do herói estão diretamente fundidas na imagem e no ritmo, razão pela qual parece não haver autor nem herói, mas apenas uma personagem em vivenciamento axiológico. Entretanto, como adiante veremos em detalhes, na epopeia, particularmente no romance e às vezes na lírica (Heine), a personagem e sua vivência, sua diretriz volitivo-emocional concreta em conjunto não se funde de imediato na forma estética pura, mas recebe previamente uma definição ético-cognitiva do autor, ou seja, o autor, antes de responder a esses elementos de modo imediatamente estético-formal, responde de modo ético-cognitivo, mas já em seguida no modo ético-cognitivo de uma personagem definida — em termos morais, psicológicos, sociais, filosóficos, etc. — ele a conclui de modo puramente artístico, e isso até mesmo onde a personagem é profundamente autobiográfica, cabendo observar que essa definição ético-cognitiva da personagem sempre é de caráter profundamente interessado, íntimo-pessoal; assim são os tipos, os caracteres.[24] Essa definição ético-cognitiva está tão estreita e profundamente relacionada com a subsequente enformação estética que até para uma análise abstrata elas são quase indistinguíveis, e aqui ocorre uma transição de um ponto de vista criador a outro quase imediatamente imperceptível à razão. De fato: tente-se separar o procedimento artístico-formal da apreciação moral-cognitiva na heroificação, no humor, na ironia, na sátira, separar o procedimento puramente artístico-formal de heroificação, ironização e humorização — nunca se conseguirá fazê-lo, e ademais não é essencial para a análise; aqui seu caráter conteudístico-formal inevitavelmente se justifica com uma evidência especial. Por outro lado, nessas manifestações são particularmente nítidos o papel do autor e o acontecimento vivo de sua relação com a personagem.

Uma peculiaridade da lírica pura consiste justo em que a resposta concreta do herói não é suficientemente desenvolvida nem de princípio, o autor parece concordar com seu lado ético-cognitivo sem entrar em sua análise principial, em sua apreciação e generalização, e o acabamento formal se realiza de modo suavemente fácil. Nesse sentido, a lírica se aproxima do canto imediato, onde a vivência parece cantar

---

[24] Uma análise minuciosa do "caráter" e do "tipo" como forma de relação do autor com a personagem pode ser encontrada em "O todo semântico da personagem", parte IV deste livro. (N. da E.)

a si mesma, a tristeza, e se entristece concretamente (eticamente) e canta a si mesma a um só tempo, e chora e canta o seu choro (autoconsolação estética); é claro que aqui também encontramos o desdobramento em herói e autor como ocorre em qualquer expressão, só que ele é desconhecido no bramido direto desarticulado, no grito de dor, e para compreender esse fenômeno é necessário fazer essa distinção e conscientizá-la até o fim, mas nesse caso essa relação tem apenas um caráter particular — é tranquilizante e desejada, o herói não teme nem tem vergonha de ser expressado (a lírica irônica), o autor não precisa lutar com ele, os dois parecem ter nascido num berço comum feito para eles. Cabe, contudo, afirmar que essa naturalidade da lírica tem os seus princípios: um acontecimento espiritual da lírica pode degenerar num episódio moral, mas, por outro lado, pode vir a ser falso: uma relação impensada, não sentida entre o herói e o autor, o mal-entendido entre os dois, o temor de se olharem diretamente um nos olhos do outro e esclarecer com sinceridade as suas relações ocorrem a torto e a direito na lírica, provocando tons dissonantes não dissolvidos no conjunto. Também é possível uma lírica sintética que não se feche em peças isoladas autossuficientes, são possíveis livros líricos (*Vita nuova*,[25] em parte os *Sonetos* de Petrarca,[26] fenômeno do qual se aproximam na modernidade Ivánov,[27] *Das Stundenbuch* de Rilke) e inclusive ciclos líricos. Para essa unificação de peças líricas num grande conjunto não basta a unidade do tema, mas é necessária antes de tudo a unidade do herói e sua diretriz; em outros casos é até possível falar do caráter do herói lírico. Adiante falaremos dessa questão com mais detalhes. Em

[25] O livro de Dante escrito entre 1283 e 1295. (N. da E.)

[26] *Sonetos a Laura*. (N. da E.)

[27] O poeta Viatcheslav Ivánov (1866-1949) aparece constantemente na obra de Bakhtin como um dos mais fecundos poetas da modernidade. (N. do T.)

Introdução

todo caso, no que tange à lírica pura permanece correta a nossa tese sobre a imediata relação puramente estética do autor com o herói, cuja diretriz volitivo-emocional, orientação ético-cognitiva, não tem caráter nitidamente concreto nem é principial. Assim é o herói da nossa peça em sua relação com o autor, mas por ora não podemos focalizá-lo minuciosamente: sua formulação não é principial, o autor não a aprecia nem a generaliza, apenas a afirma na beleza (aceitação lírica). Entretanto, o mesmo tema (seu aspecto ético-cognitivo) na epopeia e até na lírica poderia ser encarnado de modo diferente através de um outro herói, em outra formulação de sua relação com o autor. Lembremos que semelhante tema, ao menos perto do encaminhamento ético-cognitivo, é superado de modo inteiramente distinto e é incorporado ao ser da realidade em Liênski:[28] ("Ele cantava a separação e a tristeza, e um não-sei-quê e a lonjura nebulosa...", "A meta da nossa vida para ele era um enigma sedutor; sobre o qual quebrava a cabeça e suspeitava maravilhas". Aqui esse tema carece inteiramente de autoridade ético-cognitiva, de modo que se torna apenas um elemento da índole artística de um homem *definido*, Liênski, sustentado num tom paródico-humorístico; aqui a resposta do autor condicionou também a escolha das palavras e a entonação de toda a posição volitivo-emocional, ético-cognitiva e concreta do herói, que é apreciado e definido (quase generalizado até a condição de *tipo*) pelo autor não apenas em termos artístico-formais, mas antes de tudo ético-cognitivos, e essa definição vincula indissoluvelmente, atravessa a forma puramente estética que o conclui. A forma não é inseparável da apreciação nem nos versos de Liênski — "Para onde, onde vos afastaste" —, esta paródia de um romantismo simplório. Essa apreciação, que atravessa toda a estrutura da forma e do conteúdo do poe-

---

[28] Personagem de *Ievguêni Oniéguin*, de Púchkin. (N. do T.)

O autor e a personagem na atividade estética

ma, foi posteriormente deixada de fora também e expressa na forma direta: "Assim ele escrevia de forma obscura e indolente...". Aqui a relação do autor com o herói não é imediatamente lírica.

(Sempre se deve ter em vista o seguinte: a resposta volitivo-emocional é inseparável de seu objeto e de sua imagem, ou seja, sempre é concreto-figurada e, por outro lado, o objeto também nunca é dado em sua pura concretude indiferente, pois já pelo fato de eu ter começado a falar do objeto, chamado a atenção para ele, de o haver destacado e simplesmente o vivenciado, já assumi em relação a ele uma posição volitivo-emocional, uma diretriz; nesse sentido, a resposta volitivo-emocional do autor se manifesta também na própria escolha do herói, do tema e da fábula, na escolha das palavras para a expressão dessa fábula, na escolha e na construção das imagens, etc., e não apenas no ritmo e na entonação; de modo geral, essa entonação não é ressaltada na obra, é presumida, e na leitura visual não é expressada pela imagem sonora, embora haja um equivalente fisiológico e corporal: na expressão dos olhos, dos lábios, nas expressões faciais, na respiração e no movimento, etc., mas é claro que eles não são adequados; o mesmo é preciso dizer da diretriz volitivo-emocional e da resposta do herói, que encontra expressão em todos os momentos constituintes da obra de arte e do discurso; se destacamos a entonação, isto só ocorre porque ela expressa especialmente apenas a resposta volitivo-emocional e a tonalidade do objeto — outra função ela não tem. Em geral, todos esses elementos do discurso destacados — o objeto, a imagem, o ritmo, a entonação, etc. — são destacados apenas de modo abstrato, pois na realidade estão fundidos na unidade concreta e integral, atravessam e condicionam uns aos outros. Por isso, no diálogo dramático não só a entonação das palavras do herói expressa sua posição volitivo-emocional como também a escolha dessas palavras, suas significações e imagens concretas, mas nesse caso esses elemen-

Introdução

tos têm ainda outras funções; depois, não é só o ritmo, mas o lugar ocupado por um dado enunciado do herói no diálogo e a posição de todo o diálogo em seu conjunto, sua estruturação composicional e às vezes a sua significação concreta e as imagens que expressam não apenas a resposta do herói, mas também a resposta englobante do autor, sua diretriz voltada para o conjunto e as partes. Quando falamos de definição ético-cognitiva do herói, que antecede e condiciona a sua definição artístico-formal, não se faz necessário imaginá-lo como discursivamente acabado, ainda mais porque em relação ao conjunto do herói predomina evidentemente não o enfoque cognitivo, mas o ético, o momento filosófico-cognitivo predomina em relação ao tema e a momentos particulares do herói, à sua visão de mundo. O conjunto do herói — a sua expressão total — é de índole puramente ética (visto que em geral pode-se falar de um conjunto não estético), não é de ordem discursiva, mas volitivo-emocional: insignificância, santidade, autoridade, justeza, personalidade, amor, etc. Reiteremos que essas definições ético-cognitivas são quase indiferenciáveis das definições estético-formais. Salientemos que essa série de definições ético-cognitivas, que designam um homem concreto, em geral não são produzidas em nenhuma parte senão na arte e ainda na vida, mas também aqui a série é bastante estetizada. Quanto àquele elemento em que a definição ético-cognitiva se refere ao *conjunto* do homem e abrange-o na totalidade, ele já é um elemento estético. A definição ética designa um homem definido do ponto de vista da pré-realidade estabelecida, sendo que neste último situa-se o centro axiológico, e basta transferi-lo para o presente que a definição já será totalmente estetizada. Pode-se dizer: antes de assumir uma posição puramente estética em relação ao herói e seu mundo, o autor deve assumir uma posição puramente vital. Aqui o ritmo é um elemento semântico do objeto. Não é um elemento da obra, mas do seu objeto, do contexto real.)

Todos os elementos do conjunto artístico da nossa peça que examinamos: os elementos concretos (pátria, terra alheia, lonjura, delonga), o conjunto concreto-semântico (natureza), as imagens pictórico-esculturais (as três basilares) — o espaço interno, o ritmo temporal interno, o tempo interno —, a posição volitivo-emocional concreta do herói e do autor e os seus apropriados e entonacionais ritmo temporal externo, rima e composição externa (que aqui nos foi evidentemente impossível submeter a uma especial análise formal), e, por último, o tema — em suma, todos os elementos únicos e concretos da obra e seu ordenamento arquitetônico num acontecimento artístico único são concretizados em torno do centro axiológico homem-herói, tornando aqui o ser totalmente humanizado um acontecimento único. Tudo o que aqui é significativo é apenas um elemento do acontecimento da vida de um homem definido, de seu destino. Nesse ponto podemos concluir a análise de nossa peça.

Em nossa análise pusemos um pouco o carro adiante dos bois: não tratamos apenas do homem — centro da visão estética —, mas também da definição do herói, e abordamos inclusive as relações do autor com ele.

O homem é condição da possibilidade[29] de qualquer modo de visão estética, sendo indiferente se esta encontra ou não uma concretização definida numa obra de arte acabada, pois só nesta última surge um herói definido, cabendo ressaltar que alguns elementos podem ser estetizados mesmo que não estejam em relação direta com ele, e sim com o homem em geral, como se deu no nosso exemplo da animação imediata da natureza independentemente da fábula de sua incorporação ao acontecimento da vida de um determinado homem. O herói já não é condição da possibilidade, mas o objeto concreto do modo de visão estética, verdade que um ob-

---

[29] Nesse caso, possibilidade é o que deve cumprir por antecipação o *sujeito* da experiência para que esta se torne possível. (N. da E.)

Introdução

jeto *par excellence*,[30] pois expressa a própria essência desse objeto, se bem que é possível enfocar o homem não do ponto de vista dos valores da realidade (o *homo sapiens* da biologia, o homem do ato ético, o homem da história) e vice--versa: do ponto de vista da realidade do homem pode-se olhar para qualquer objeto e esse olhar será estético, embora não haja nele um herói propriamente dito. Assim, pois, a contemplação estética da natureza é humanizada, embora não tenha um herói definido (aliás, nem um autor definido; aqui há um autor que coincide com o contemplador, mas ele é extremamente passivo e receptivo, embora seja diferente o grau de passividade). Também é possível uma obra de arte sem um herói definidamente expresso: uma descrição da natureza, uma lírica filosófica, um aforismo estetizado, o "fragmento" para os autores românticos, etc. São amiúde frequentes obras sem herói em outras artes: quase toda a música, um ornamento, um arabesco, uma paisagem, uma *nature morte*,[31] toda a arquitetura, etc. É verdade que a fronteira entre o homem — condição do modo de visão do herói — e o objeto da visão torna-se frequentemente instável: acontece que a contemplação estética como tal tende a distinguir um determinado herói, e nesse sentido todo modo de visão contém uma tendência para o herói, uma potência de herói; é como se em todo objeto esteticamente percebido dormitasse uma determinada imagem do homem como num bloco de mármore para o escultor. Não foi apenas o elemento ético--histórico como também o puramente estético que no enfoque mitológico fez divisar uma dríade numa árvore, uma oréade numa pedra, fez ninfas brotarem das águas, ver num episódio da natureza um acontecimento da vida de participantes *definidos*. Definir inteiramente o objeto do aconteci-

---

[30] "Por excelência", em francês no original. (N. do T.)

[31] "Natureza-morta", em francês no original. (N. do T.)

mento e a diretriz volitivo-emocional do autor só é possível em relação a um herói definido. Por isso, pode-se afirmar que sem herói não há modo de visão nem obra de arte, cabendo apenas distinguir o herói real e expresso do herói potencial, que se empenharia em romper a casca de todo objeto do modo de visão artística. De fato, para esclarecer a posição axiológica do autor em relação ao conjunto estético e a cada um de seus elementos onde não há um herói definido, seria importante atualizar as potencialidades do herói assentadas no objeto do modo de visão até se chegar a uma imagem até certo ponto definida.[32] Adiante veremos que as concepções semifilosóficas, semiartísticas do mundo — como são as concepções de Nietzsche, em parte as de Schopenhauer, baseiam-se no acontecimento vivo da relação do autor com o mundo, semelhante à relação do artista com seu herói, e para compreender semelhantes concepções faz-se até certo ponto necessário um mundo antropomorfo — objeto de tal pensamento. Ainda assim, adiante diferenciaremos com rigor o herói e o homem propriamente ditos — condição do modo de visão estético —, a potencialidade do herói, posto que a estrutura do herói real é de índole absolutamente diversa e compreende toda uma série de elementos de importância primordial ignorados pelo herói potencial; além disso, o herói real está situado em um mundo em parte já estetizado pelo herói potencial e não anula o trabalho deste (como é estetizada a natureza em nosso exemplo). Prosseguindo, as definições conteudístico-formais da variedade de heróis: caráter, tipo, personagem, herói positivo, lírico e suas subdivisões quase não se estendem ao herói potencial, referindo-se predominantemente aos elementos de sua atualização no herói real. Até agora, nossa exposição esclareceu apenas as funções ge-

---

[32] Um herói arquiteto — habitante: um tsar, Deus, um homem de poder, etc., um homem-consumidor. [Registrado pelo autor no pé da página, sem sinal de adição. (N. da E.)]

rais do homem — condição do modo de visão artístico, que ocorre também onde não há um herói definido e apenas em parte antecipa as funções do herói real na obra, posto que elas de fato se atraem mutuamente e amiúde se transformam uma na outra de modo direto. O homem é o centro conteudístico-formal e axiológico do modo de visão artística, mas o herói definido até pode não se encontrar no centro de uma determinada obra de arte: ele pode inexistir totalmente, pode recuar para um segundo plano perante o tema, o que ocorre em nossa peça lírica — aqui a feição definida do herói não é essencial. Mas justamente em consequência da íntima proximidade do herói definido com o próprio princípio do modo de visão artística — a corporificação — e da relação criadora do autor, mais precisa nesse modo de visão, a análise deve começar sempre pelo herói e não pelo tema, caso contrário poderíamos facilmente perder o princípio da encarnação do tema através do herói potencial-homem, ou seja, perder o próprio centro do modo de visão artística e substituir sua arquitetônica concreta por um juízo em prosa.

Ainda cabe afirmar que a língua, já pré-encontrada em grau considerável pelo artista da palavra, é profundamente estetizada, é mitológica e antropomorfa, gravita em torno do centro axiológico — o homem —, daí por que o estetismo penetra fundo todo o nosso pensamento e o pensamento filosófico, que, mesmo em suas alturas, até hoje tem sido parcialmente humanitário, coisa que se justifica mas apenas dentro de certos limites, que são frequentemente violados; é como se a língua, ou mais precisamente o mundo da língua, tivesse seu herói potencial, que em um enunciado vital se atualiza em mim e no outro, e é só quando atualizado e separado de outras tendências que o direcionamento estético, em sua separação e em sua luta com outras tendências, começa a diferenciar-se e então entram em ação o herói e seu autor, e o acontecimento vital dessa diferenciação, da luta e das inter-relações entrelaça-se e solidifica-se numa obra de arte acabada.

Façamos um balanço resumido do presente texto.

A criação estética supera a infinitude cognitiva e ética e o pré-dado (pré-realidade) pelo fato de que relaciona todos os elementos do ser e do pré-dado (pré-realidade) semântico a um dado (realidade presente) do homem como um acontecimento da sua vida, do seu destino. O homem definido é o centro axiológico concreto da arquitetônica do objeto estético, em torno do qual se realiza a unicidade de cada objeto, sua diversidade concreta e integral (casualmente fatídica do ponto de vista do sentido), e todos os objetos e elementos no conjunto semântico temporal e espacial do acontecimento concluído da vida. Tudo o que integra o conjunto artístico se constitui num valor, porém não pré-real e em si significativo, mas realmente significativo para o homem definido em seu destino, como aquilo em relação ao que ele ocupou de fato uma posição volitivo-emocional concreta. O homem é condição da visão estética; se ele vem a ser objeto definido dessa visão — e sempre se empenha por isso —, é ele o herói de determinada obra. Cada valor concreto de uma obra de arte é interpretado em dois contextos axiológicos: no contexto do herói — contexto ético-cognitivo, vital — e no contexto concludente do autor — contexto ético-cognitivo e estético-formal —, sendo que esses dois contextos axiológicos interpenetram-se, mas o contexto do autor se empenha em envolver e fechar o contexto do herói.

A escolha do herói de um significado concreto, a estrutura de cada imagem e cada tom rítmico-intuitivo são condicionadas e penetradas pelos dois contextos axiológicos em interação. A resposta esteticamente formadora é uma resposta à resposta, uma apreciação da apreciação.

O autor e o herói se encontram na vida, entram em relações ético-cognitivas genuinamente vitais, lutam entre si — embora tenham se encontrado numa só pessoa —, e esse acontecimento de suas vidas, estribado numa relação tensamente séria e de luta, solidifica-se, no conjunto artístico, nu-

Introdução

ma relação conteudístico-formal arquitetonicamente estável, mas dinamicamente viva do autor com o herói, sumamente essencial para a compreensão da vida de uma obra. A colocação concreta dessa relação mútua nos ocupará no próximo capítulo.

I.

A relação entre o autor e a personagem

A relação arquitetonicamente estável e dinamicamente viva do autor com a personagem deve ser compreendida tanto em seu fundamento geral e principial quanto nas peculiaridades individuais de que ela se reveste nesse ou naquele autor, nessa ou naquela obra. Propomo-nos apenas a examinar esse princípio básico para depois traçarmos, de forma breve, as vias e os tipos de sua individuação e, por último, verificar as nossas conclusões, analisando a relação do autor com a personagem em obras de Dostoiévski, Púchkin e outros.

Já realçamos que cada elemento de uma obra nos é dado na resposta que o autor lhe dá, a qual engloba tanto o objeto quanto a resposta que a personagem lhe dá (uma resposta à resposta); neste sentido, o autor acentua cada particularidade e cada traço da sua personagem, cada acontecimento e cada ato de sua vida, os seus pensamentos e sentimentos, da mesma forma como na vida respondemos axiologicamente a cada manifestação daqueles que nos rodeiam; na vida, porém, essas respostas são de natureza dispersa, são precisamente respostas a manifestações particulares, e não ao todo do homem, a ele inteiro; e mesmo onde apresentamos definições acabadas de todo o homem — bondoso, mau, bom, egoísta, etc. —, essas definições traduzem a posição prático-vital que assumimos em relação a ele, não o definem tanto quanto fazem um certo prognóstico do que se deve e do que não se deve esperar dele, ou, por último, são apenas impressões fortuitas do conjunto ou de uma generalização empírica precária; na vida não nos interessa o todo do homem, mas apenas alguns de seus atos, com os quais operamos na prática, e que nos interessam de uma forma ou de outra. Como veremos adiante, onde menos podemos e conseguimos perceber esse todo de nossa personalidade é em nós mesmos. Já na obra de arte, as respostas do autor às manifestações isoladas da personagem se baseiam numa resposta única *ao todo* dessa personagem, cujas manifestações particulares são, todas elas, importantes para caracterizar esse todo como elemento da obra. É especificamente estética essa resposta ao todo da personagem, e essa resposta reúne toda avaliação e definição ético-cognitiva, dando-lhe acabamento em um todo concreto-conceitual singular e único e também semântico. Essa resposta total à personagem tem um caráter criador produtivo e principal. De modo geral, qualquer relação principal é de natureza produtiva e criadora. O que na vida, na cognição e no ato chamamos de objeto definido só ganha precisão na nossa relação com ele: é nossa relação que define o objeto e sua estrutura, e não o contrário; só onde a relação se torna aleatória de nossa parte, meio caprichosa, afastando-nos da nossa relação principal com as coisas e com o mundo, é que a precisão do objeto resiste a nós como algo estranho e independente e começa a desagregar-se, e nós mesmos ficamos sujeitos ao domínio do aleatório, perdemos a nós mesmos e perdemos também a precisão estável do mundo.

De imediato o autor não encontra para a personagem uma visão que não seja aleatória, sua resposta não se torna imediatamente produtiva e principal, e a partir do tratamento axiológico único desenvolve-se o conjunto da personagem: esta exibirá muitos trejeitos, máscaras casuais, gestos falsos e atos inesperados em função das respostas volitivo-emocionais e dos caprichos de alma do autor; através do caos de tais respostas, ela terá de inteirar-se amplamente de sua verdadeira diretriz axiológica até que sua feição finalmente se constitua em um conjunto estável e necessário. Quantos véus necessitamos tirar da face do ser mais próximo — que nela foram postos pelas nossas reações casuais e por nossas posições fortuitas na vida —, que nos parecia familiar, para que possamos ver-lhe a feição verdadeira e integral. A luta do artista por uma imagem definida da personagem é, em grau considerável, uma luta dele consigo mesmo.

Não podemos estudar imediatamente esse processo como lei psicológica; só operamos com ele à medida que está sedimentado na obra de arte, isto é, com sua história semântica ideal e sua lei semântica ideal. Sejam quais forem as causas temporais e seu fluxo psicológico, sobre esse tema podemos apenas conjecturar porque não diz respeito à estética.

O autor nos conta essa história ideal apenas na obra de arte, não na confissão do autor — se esta existe —, não em suas declarações acerca do processo de sua criação; tudo isso deve ser visto com extrema cautela tendo em vista as seguintes considerações: a resposta total, que cria o conjunto do objeto, realiza-se de forma ativa, mas não é vivida como algo definido, sua clareza reside justamente no produto que ela cria, isto é, no objeto enformado; o autor reflete a posição volitivo-emocional da personagem, e não sua própria posição em face da personagem; esta posição ele realiza, é objetivada, mas não se torna objeto de exame e de vivenciamento reflexivo; o autor cria, mas vê sua criação apenas no objeto que ele enforma, isto é, vê dessa criação apenas o produto em formação, e não o processo interno psicologicamente determinado. Também são assim todos os vivenciamentos criadores ativos: estes vivenciam o seu objeto e a si mesmos no objeto, e não no processo de seu vivenciamento; vivencia-se o trabalho criador, mas o vivenciamento não escuta nem vê a si mesmo, ele escuta e vê tão somente o produto que está sendo criado ou o objeto a que ele visa. Por isso o artista nada tem a dizer sobre o processo de sua criação, todo situado no produto criado, restando a ele apenas nos indicar a sua obra; e de fato, só aí iremos procurá-lo. (Tem-se nítida consciência dos elementos técnicos da criação, da mestria, só que mais uma vez no objeto.) Já quando o artista começa a falar de sua criação omitindo a obra criada, mas como adendo a ela, costuma substituir a relação efetivamente criadora que não viveu na alma, mas que se realizou na obra (ele não a viveu, mas a personagem viveu), por sua relação nova e mais receptiva com a obra já criada. Ao criar, o autor viveu apenas a sua personagem e lhe introduziu na imagem toda a sua relação efetivamente criadora com ela; já quando, em sua confissão de autor, como acontece em Gógol e Gontcharóv, ele começa a falar de suas personagens, enuncia sua relação atual com elas já criadas e definidas, transmite a impressão que agora elas produzem nele como imagens artísticas e a relação que ele mantém com elas como pessoas vivas e definidas do ponto de vista social, moral, etc.; elas já se tornaram independentes dele, e ele mesmo, seu criador ativo, também se tornou independente de si mesmo — do homem, do crítico, do psicólogo ou do moralista. Se levarmos em conta todos os fatores aleatórios que condicionam as declarações do autor-pessoa sobre as suas personagens — a crítica, sua verdadeira visão de mundo, que pode sofrer fortes mudanças, seus desejos e pretensões (Gógol), as razões de ordem prática, etc. —, veremos com absoluta evidência o quanto é incerto o material que deve emanar dessas declarações do autor sobre o processo de criação da personagem. Esse material tem imenso valor biográfico e pode adquirir também valor estético, mas só depois de iluminado pelo sentido artístico da obra. O autor-criador nos ajuda a compreender também o autor-pessoa, e já depois suas declarações sobre a obra ganharão significado elucidativo e complementar. As personagens criadas se desligam do processo que as criou e começam a levar uma vida autônoma no mundo, e de igual maneira isto se dá com o seu real autor-criador. É neste sentido que se deve ressaltar o caráter criativamente produtivo do autor e sua resposta total à personagem; o autor não é o agente da vivência espiritual, e sua reação não é um sentimento passivo nem uma percepção receptiva; ele é a única energia ativa e formadora, dada não na consciência psicologicamente concebida, mas em um produto cultural de significação estável, e sua reação ativa é dada na estrutura — que ela mesma condiciona — da visão ativa da personagem como um todo, na estrutura da sua imagem, no ritmo do seu aparecimento, na estrutura da entonação e na escolha dos elementos semânticos.[1]

Só depois de compreender essa resposta total e essencialmente criadora do autor à personagem, de compreender o próprio princípio da visão da personagem — princípio que a cria como um todo definido em todos os seus momentos —, pode-se pôr uma ordem rigorosa na definição da forma-conteúdo das modalidades de personagem, dar a essas modalidades um sentido unívoco e criar para elas uma classificação sistemática não aleatória. Neste sentido, reina até hoje pleno caos na estética da criação verbal e particularmente na história da literatura. A cada passo esbarramos na confusão de pontos de vista diferentes, de planos de enfoque diversos, de princípios vários de avaliação. Personagens positivas e negativas (relação do autor), personagens autobiográficas e objetivas, idealizadas e realistas, heroificação, sátira, humor, iro-

---

[1] Em toda a obra de Bakhtin, o termo "sentido" (*smisl*) é uma categoria central, ao contrário do termo "significado", ao qual ele dá pouquíssima importância, e não emprega como categoria do seu pensamento. Isto se deve ao potencial do termo "sentido", que Bakhtin interpreta sob uma ótica filosófica e dialética, e ao aspecto estático do termo "significado", visto mais de uma ótica linguística. Bakhtin adjetiva a todo instante o substantivo "sentido" (*smislovói*), o que cria dificuldade para a tradução pela ausência de adjetivo semelhante na língua portuguesa. Por essa razão, traduzi *smislovói* por "semântico", termo cognato e mais adequado em nossa língua. (N. do T.)

A relação entre o autor e a personagem

nia; herói épico, dramático, lírico, caráter, tipo, personagem, personagem de fábula, a famigerada classificação dos papéis cênicos: galã (lírico, dramático), sentencioso, simplório, etc.; todas essas classificações e definições da personagem carecem de total fundamento, não se ajustam umas às outras, além de não haver um princípio único para ajustá-las e fundamentá--las. Tais classificações ainda se cruzam acriticamente entre si. As tentativas mais sérias de empreender um enfoque principial da personagem partem dos métodos biográficos e sociológicos, mas esses métodos também carecem de uma concepção estético-formal suficientemente aprofundada do princípio estético basilar da relação entre personagem e autor, pois o substituem por relações e fatores sociais e psicológicos passivos e transgredientes[2] à consciência criadora: a personagem e o autor acabam não sendo elementos do conjunto artístico da obra, mas elementos de uma unidade da vida psicológica e social prosaicamente concebida.

Mesmo em trabalhos histórico-literários sérios e conscienciosos, o mais comum é extrair o material biográfico das obras e vice-versa, explicar dada obra pela biografia, e aí se consideram plenamente satisfatórias as justificações puramente factuais como, por exemplo, a simples coincidência entre fatos das vidas da personagem e do autor, destacam-se extratos da obra na pretensão de que tenham algum sentido, ignorando-se inteiramente o todo da personagem e o todo do autor; consequentemente, ignora-se o elemento essencial: a forma do tratamento do acontecimento, a forma do seu vivenciamento na totalidade da vida e do mundo. São particularmente absurdas comparações factuais da visão de mundo da personagem e do autor e as explicações de uma pela ou-

---

[2] Bakhtin usa esse termo derivado do *transgredior* latino, que significa, entre outras coisas, ir além, atravessar, exceder, ultrapassar, transgredir. Mantivemos o termo "transgrediente" tal qual o emprega o autor. (N. do T.)

tra: compara-se o aspecto abstrato do conteúdo de um pensamento isolado do autor com um pensamento correspondente da personagem. Desse modo, comparam-se declarações de teor político-social de Griboiédov com declarações correspondentes de Tchátski e afirma-se a identidade ou a semelhança da visão político-social de mundo dos dois; o mesmo se faz com as concepções de Tolstói e Liévin.[3] Veremos que não se pode sequer falar de concórdia propriamente teórica entre o autor e a personagem; aqui se trata de uma relação inteiramente distinta; neste caso, ignora-se em toda parte a diversidade essencial de planos do conjunto da personagem e do autor, a própria forma da relação com o pensamento e até mesmo com o conjunto teórico da visão de mundo. Começa-se até a discutir a torto e a direito com a personagem como quem discute com o autor, como se fosse possível discutir ou concordar com o *ser*, ignora-se a *refutação estética*. É claro que às vezes o autor põe suas ideias diretamente nos lábios da personagem, tendo em vista a significação teórica ou ética (política, social) dessas ideias, visando a convencer quanto à sua veracidade ou a propagá-las, mas aí já não estamos diante de um princípio esteticamente produtivo do tratamento da personagem; neste caso, porém, afora a vontade e a consciência do autor, costuma haver uma reformulação do pensamento para que corresponda ao conjunto da personagem, não à unidade teórica da sua visão de mundo, mas ao conjunto da sua personalidade, no qual, ao lado da imagem física externa, das maneiras, das circunstâncias vitais da visão de mundo, totalmente determinadas, existe apenas um elemento, ou seja, em vez da fundamentação e da persuasão ocorre o que denominamos encarnação do sentido no ser.

---

[3] Aleksandr Serguêievitch Griboiédov (1795-1829), dramaturgo russo, autor da peça *A desgraça de ter espírito*, da qual Tchátski é personagem central. Liévin é personagem do romance de Tolstói *Anna Kariênina*. (N. do T.)

Onde não ocorre tal reformulação verifica-se um prosaísmo não dissolvido no conjunto da obra, e só depois de compreender o princípio previamente basilar e esteticamente produtivo de tratamento da personagem pelo autor é possível explicar tal prosaísmo, bem como encontrar e considerar o desvio do pensamento — que é significativo para o autor em termos puramente teóricos e pode encarnar-se, incorporar-se ao conjunto da personagem, isto é, encontrar e considerar o rumo da reformulação desse pensamento. Em seu conjunto, o que acabamos de dizer não visa em absoluto a negar a possibilidade de comparar de modo cientificamente produtivo as biografias do autor e da personagem e suas visões de mundo, comparação eficiente tanto para a história da literatura quanto para a análise estética. Negamos apenas o enfoque sem nenhum princípio, puramente factual desse tema, que hoje domina sozinho e se funda na confusão do autor-criador, elemento da obra, com o autor-pessoa, elemento do acontecimento ético e social da vida, e na incompreensão do princípio criador da relação do autor com a personagem; daí resultam a incompreensão e a deformação — no melhor dos casos a transmissão de fatos pobres — da personalidade ética, biográfica do autor, por um lado, e a incompreensão do conjunto da obra e da personagem, por outro. Para empregar uma fonte é necessário que se compreenda a sua estrutura criativa; para empregar uma obra de arte como fonte de uma biografia não bastam, absolutamente, os procedimentos de crítica das fontes habituais na ciência histórica, uma vez que eles mesmos não consideram a estrutura específica dessa obra; isto deve ser uma precondição filosófica. Aliás, cabe afirmar que a referida insuficiência metodológica em relação à obra afeta bem menos a história da literatura que a estética da criação verbal; neste caso, as formações histórico-genéticas são particularmente prejudiciais.

Um pouco diferente é a situação da estética geral no campo da filosofia, onde a relação entre o autor e a personagem está colocada em termos principiais, mesmo que não seja na forma pura da questão. (Ainda voltaremos às referidas classificações das modalidades de personagem, bem como à avaliação dos métodos biográfico e social.) Temos em vista a ideia da empatia (*Einfühlung*) como princípio de conteúdo-forma que sedimenta a relação do autor-contemplador com o objeto em sentido geral e com a personagem (a argumentação mais profunda de Lipps), a ideia do amor estético (a simpatia social de Guyau e, em um plano inteiramente distinto, do amor estético em Cohen).[4] No entanto, essas duas concepções são de caráter excessivamente genérico e não diferenciado no que tange tanto a algumas artes particulares quanto ao objeto especial da visão estética — a personagem (isso é mais diferenciado em Cohen). Mas no plano geral da estética não podemos adotar plenamente nem um princípio nem o outro, embora uma dose considerável de verdade seja inerente a ambos. Teremos de considerar posteriormente tanto um quanto o outro enfoque, já que aqui não podemos fazer um exame e uma apreciação geral dos dois.

Em linhas gerais, cabe afirmar que a estética da criação verbal ganharia muito caso fosse definida por uma filosofia estética de âmbito geral em vez das generalizações genéticas pseudocientíficas da história da literatura; infelizmente somos forçados a reconhecer que importantes fenômenos no campo da estética geral não exerceram a mínima influência sobre a estética da criação verbal, e que até existe o ingênuo temor de aprofundar-se no campo da filosofia; isso explica o baixíssimo nível em que se encontra a problemática da nossa ciência.

Agora cabe definir nos termos mais genéricos autor e personagem como elementos correlativos do conjunto artís-

---

[4] Referência a Theodor Lipps (1851-1914), filósofo e psicólogo alemão; Jean-Marie Guyau (1854-1888), filósofo francês; e Hermann Cohen (1842-1918), filósofo neokantiano alemão. (N. do T.)

tico da obra e em seguida apresentar uma fórmula apenas genérica da relação de reciprocidade entre os dois, que será sujeita a diferenciação e aprofundamento nos próximos capítulos deste trabalho.

Autor: é o agente da unidade tensa e ativa do conjunto acabado, do todo da personagem e também da obra, e esta é transgrediente a cada elemento particular daquela. Visto que nos compenetramos da personagem, esse todo que a conclui não pode ser dado de dentro dela em termos principiais, e ela não pode viver dele nem por ele guiar-se em seus vivenciamentos e ações, esse todo lhe chega de cima para baixo — como uma dádiva — de outra consciência ativa: da consciência criadora do autor. A consciência do autor é a consciência da consciência, isto é, a consciência que abrange a consciência e o mundo da personagem, que abarca e conclui essa consciência da personagem com elementos por princípio transgredientes[5] a ela mesma e que, se fossem imanentes, torná-la-iam falsa. O autor não só enxerga e conhece tudo o que cada personagem em particular e todas as personagens juntas enxergam e conhecem, como enxerga e conhece mais que elas, e ademais enxerga e conhece algo que por princípio é inacessível a elas, e nesse *excedente* de visão e conhecimento do autor, sempre determinado e estável em relação a cada personagem, é que se encontram todos os elementos do acabamento do todo, quer das personagens, quer do acontecimento conjunto de suas vidas, isto é, do todo da obra. De fato, a personagem vive de modo cognitivo e ético, seu ato se orienta em um acontecimento aberto e ético da vida ou no mundo pré-dado do conhecimento; o autor guia a personagem e sua orientação ético-cognitiva no mundo essencialmen-

---

[5] Isto é, elementos externos em relação à composição interna do mundo do herói. O termo foi tirado da *Estética geral* de Johannes Cohen (cf. P. M. Medviédev, *O método formal nos estudos literários: introdução crítica a uma poética sociológica*, Leningrado, 1928). (N. da E.)

te acabado da existência, o qual, a despeito do sentido imediatamente seguinte do acontecimento, é de índole axiológica pela diversidade mais concreta da sua presença. Não posso viver do meu próprio acabamento e do acabamento do acontecimento, nem agir; para viver preciso ser inacabado, aberto para mim — ao menos em todos os momentos essenciais —, preciso ainda me antepor axiologicamente a mim mesmo, não coincidir com a minha existência presente.

A consciência da personagem, seu sentimento e seu desejo de mundo — diretriz volitivo-emocional concreta —, são abrangidos de todos os lados, como por um círculo, pela consciência concludente do autor a respeito dela e do seu mundo; os enunciados do autor sobre a personagem abrangem e penetram os enunciados da personagem sobre si mesma. O interesse vital (ético-cognitivo) da personagem pelo acontecimento é abarcado pelo interesse artístico do autor. Neste sentido, o rumo em que segue a objetividade estética difere do rumo da objetividade cognitiva e ética; esta última é uma avaliação equânime, imparcial de uma dada pessoa e do acontecimento do ponto de vista do valor ético-cognitivo, de significação geral, ou aceito como tal e empenhado em atingir a significação geral, o valor ético-cognitivo; para a objetividade estética, o centro axiológico é o todo da personagem e do acontecimento a ela referente, ao qual devem estar subordinados todos os valores éticos-cognitivos; a objetividade estética envolve e incorpora a objetividade ético-cognitiva. Está claro que os valores éticos-cognitivos já não podem ser elementos do acabamento. Neste sentido, esses elementos do acabamento são transgredientes tanto à consciência real da personagem quanto à consciência possível, que parece continuar em linhas pontilhadas; o autor conhece e enxerga mais não só no sentido para onde a personagem olha e enxerga, mas também em outro sentido, que por princípio é inacessível à personagem; é essa posição que ele deve ocupar em relação à personagem.

A relação entre o autor e a personagem

Para encontrar o autor assim concebido em dada obra, cumpre escolher todos os elementos que concluem a personagem e os acontecimentos de sua vida, por princípio transgredientes à sua consciência, e definir a unidade ativa, criativamente tensa e principial desses elementos; o agente vivo dessa unidade do acabamento é o autor, que se opõe à personagem como portadora da unidade aberta do acontecimento vital, que não pode ser concluída de dentro de si mesma. Esses elementos ativamente concludentes tornam passiva a personagem, assim como a parte é passiva em relação ao todo que a abrange e lhe dá acabamento.

Daí decorre de imediato a fórmula geral da relação basilar esteticamente produtiva do autor com a personagem — relação de tensa extralocalização do autor em relação a todos os elementos da personagem, uma extralocalização no espaço, no tempo, nos valores e nos sentidos, que permite abranger *integralmente* a personagem, difusa de dentro de si mesma e dispersa no mundo preestabelecido do conhecimento e no acontecimento aberto do ato ético, abrangê-la e sua vida e completá-la, até fazer dela um *todo* com os mesmos elementos que de certo modo são inacessíveis a ela mesma e nela mesma: com a plenitude da imagem externa, o fundo que está por trás dela, a sua relação com o acontecimento da morte e do futuro absoluto, etc., justificá-la e acabá-la desconsiderando o sentido, as conquistas, o resultado e o êxito de sua própria vida orientada para o futuro. Essa relação retira a personagem de um acontecimento da existência único e singular, que abrange a ela e ao autor-pessoa, no qual ela estaria, como pessoa, ao lado do autor — como companheira do acontecimento da vida —, ou contra — como inimiga —, ou, por último, estaria nele, no autor, enquanto si mesma, personagem; tal relação afasta a personagem da responsabilidade coletiva, da culpa solidária e da responsabilidade única e a engendra como um novo ser em um novo plano da existência, no qual ela mesma não pode nascer de suas próprias forças, reveste-a de uma nova carne, que para ela mesma não é essencial nem existe. É a extralocalização do autor em relação à personagem, a elisão amorosa de si mesmo no campo da vida da personagem, a limpeza de todo o campo da vida para ela e o seu existir, a compreensão participativa e o acabamento da vida dela por um espectador de fato cognoscente e apático no plano ético.

Essa relação, aqui formulada com uma generalidade um tanto excessiva, é de profunda vitalidade e dinamismo: conquista-se a posição de extralocalidade, e amiúde a luta não é de vida mas de morte, particularmente onde a personagem é autobiográfica, mas não só aí: às vezes é difícil até colocar-se fora do companheiro de acontecimento da vida e fora do inimigo; tanto estar situado dentro da personagem quanto axiologicamente ao lado dela e contra ela deforma a visão até com elementos palidamente complementares e concludentes; nesses casos, os valores da vida são superiores ao seu portador. O autor vivencia a vida da personagem em categorias axiológicas em tudo diferentes daquelas em que vivencia a sua própria vida e a de outras pessoas — que com ele participam do acontecimento ético aberto e singular da existência —, apreende-a em um contexto axiológico inteiramente distinto.

Algumas palavras acerca dos três casos típicos de desvio da relação direta do autor com a personagem, que se verificam quando a personagem coincide com o autor na vida, isto é, quando é essencialmente autobiográfica.

Segundo uma relação direta, o autor deve colocar-se à margem de si, vivenciar a si mesmo não no plano em que efetivamente vivenciamos a nossa vida; só sob essa condição ele pode completar a si mesmo até atingir o todo, com valores que a partir da própria vida são transgredientes a ela e lhe dão acabamento; ele deve tornar-se *outro* em relação a si mesmo, olhar para si com os olhos do outro; é verdade que até na vida procedemos assim a torto e a direito, avaliamos a nós mesmos do ponto de vista dos outros, através do outro procuramos compreender e levar em conta os momentos transgredientes à nossa própria consciência: desse modo, levamos em conta o valor da nossa imagem externa do ponto de vista da possível impressão que ela venha a causar no outro — para nós mesmos esse valor não existe imediatamente (para a autoconsciência efetiva e pura) —, consideramos o pano de fundo às nossas costas, isto é, tudo o que nos rodeia, o que não enxergamos logo, o que não conhecemos e que não tem para nós importância axiológica direta, mas pode ser significativo e conhecido aos outros, o que vem a ser uma espécie de segundo plano em que os outros nos percebem axiologicamente, no qual nos manifestamos para eles; por último, presumimos e consideramos também o que acontecerá após a nossa morte, o resultado do conjunto da nossa vida, evidentemente já para os outros; em suma, espreitamos tensa e permanentemente, captamos os reflexos da nossa vida no plano da consciência dos outros, os reflexos de momentos isolados e até do conjunto da vida, consideramos o coeficiente axiológico especialíssimo com que nossa vida se apresenta para o outro e inteiramente distinto daquele coeficiente com que a vivenciamos em nós mesmos. Mas todos esses elementos, reconhecíveis e presumíveis através do outro, tornam-se de todo imanentes na nossa consciência, parecem traduzir-se para a sua linguagem, nela não ganham consistência e autonomia, não rompem a unidade da nossa vida orientada para um acontecimento vindouro, que não se acalma dentro de si e nunca coincide com a sua existência dada e presente. Quando esses reflexos se solidificam na vida, o que acontece, tornam-se pontos mortos para as realizações, um entrave, e às vezes se condensam a ponto de nos revelar um duplo saído da noite de nossa vida; mas deixemos isto para depois. Esses elementos, que podem nos concluir na consciência do outro, ao serem presumidos na nossa própria consciência perdem a sua força concludente e apenas ampliam essa consciência em seu próprio rumo; mesmo que tivéssemos conseguido abranger o todo da nossa consciência concluído no outro, esse todo não poderia nos dominar e nos concluir de fato para nós mesmos, nossa consciência o levaria em conta e o superaria como um dos elementos da sua unidade preestabelecida e essencialmente vindoura; a última palavra caberia à nossa própria consciência e não à consciência do outro, mas nossa consciência nunca dirá a si mesma a palavra concludente. Ao olharmos para nós mesmos com os olhos do outro, na vida sempre tornamos a voltar para nós mesmos, e o último acontecimento, espécie de resumo, realiza-se em nós nas categorias da nossa própria vida. Quando o autor-pessoa se auto-objetiva esteticamente na personagem, não deve ocorrer esse retorno a si mesmo: o todo da personagem deve permanecer o último todo para o autor-outro, deve separar o autor da personagem — separá-lo de si mesmo de modo total e absoluto, deve definir a si mesmo em valores puros para o outro, ou melhor, ver em si mesmo o outro inteiramente; porque a imanência do possível fundo à consciência de modo algum é uma combinação estética da consciência da personagem com o fundo: este deve revelar essa consciência em seu conjunto por mais ampla e profunda que ela seja, e mesmo que ela tenha apreendido todo o mundo e o tornado imanente a si mesma, o estético deve subpor-lhe um fundo a ele transgrediente, cabendo ao autor encontrar um ponto de apoio fora dela para que ela se torne um fenômeno esteticamente acabado: uma personagem. De igual maneira, a minha própria imagem externa, refletida através do outro, não é a imagem externa imediatamente artística da personagem.

Se o autor perde esse ponto de sua extralocalização em relação à personagem, são possíveis três casos gerais típicos de sua relação com a personagem, e no interior de cada tipo é possível uma infinidade de variações. Sem nos anteciparmos, observaremos apenas os traços mais genéricos.

Primeiro caso: a personagem assume o domínio sobre o autor. A diretriz volitivo-emocional e concreta e a posição ético-cognitiva da personagem no mundo têm tamanha autoridade para o autor que este não pode deixar de perceber o mundo concreto apenas pelos olhos da personagem, nem deixar de vivenciar apenas de dentro os acontecimentos da vida dela; fora da personagem o autor não consegue encontrar um ponto de apoio axiológico convincente e sólido. Evidentemente, para que venha a realizar-se um todo artístico, ainda que inacabado, são necessários alguns elementos de acabamento; logo, urge colocar-se de algum modo fora da personagem (habitualmente a personagem não está só e as referidas relações se verificam apenas para a personagem central), caso contrário teremos um tratado de filosofia ou uma confissão-relatório pessoal ou, por último, dada tensão ético-cognitiva encontrará vazão em meros atos-ações éticos da vida. Mas o caráter desses pontos fora da personagem, nos quais o autor acaba se colocando, não é principial, mas aleatório, inseguro; esses instáveis pontos da extralocalização costumam mudar ao longo da obra, sendo ocupados apenas em relação a um dado momento particular do desenvolvimento da personagem, depois ela torna a desalojar o autor da posição ocupada provisoriamente, forçando-o a tatear outra; amiúde esses pontos de apoio aleatórios são fornecidos por outras personagens ao autor, que, valendo-se deles e compenetrando-se da diretriz volitivo-emocional delas em face do herói autobiográfico, tenta libertar-se deste, ou seja, de si mesmo. O caráter dos elementos de fechamento é disperso e não convence. Às vezes, quando a luta é acirrada desde o começo, o autor se contenta com pontos de apoio convencionais fora da sua personagem, pontos esses que são elementos meramente técnicos e rigorosamente formais da narração, da composição da obra; a obra acaba feita e não criada, e o estilo, como um conjunto de procedimentos de acabamento vigorosos e convincentes, continua na maneira convencional. Ressaltamos que aqui não se trata de acordo ou desacordo teórico do autor com a personagem: para achar um ponto de apoio obrigatório fora da personagem, é perfeitamente dispensável e insuficiente encontrar uma sólida refutação teórica de suas concepções; o desacordo tenso-interessado e seguro é um ponto de vista não estético, tanto quanto o é a solidariedade interessada à personagem; não, urge encontrar uma posição em face da personagem na qual toda a sua visão de mundo em toda a sua profundidade, com toda a sua razão ou desrazão, o seu bem ou mal — igualmente —, venha a ser apenas um elemento do seu todo existencial e intuitivo-conceptual concreto a transferir o próprio centro axiológico do antedado[6] enfadonho para a dado maravilhoso da existência da personagem, não ouvir nem concordar com ela, mas percebê-la inteira na plenitude do presente e deleitar-se com ela; além disso, o alcance ético-cognitivo da sua diretriz e o acordo ou desacordo com ela não desaparecem, mantêm sua importância mas tornam-se meros elementos do conjunto da personagem; o deleite é consciente e tenso; o acordo e o desacordo são elementos significativos da posição integral do autor em relação à personagem, sem esgotar essa posição. No nosso caso, essa posição singular, a única de onde se pode perceber o todo da personagem e o mundo como algo que de fora o guarnece, restringe e acentua, fora da personagem não é atingida de modo convincente e sólido pelo conjunto da visão do autor; daí resulta,

[6] Mikhail Bakhtin explora, quase como um ficcionista, os recursos extensivos da língua russa para criar categorias analíticas com forte conotação de neologismo. Assim, transforma o adjetivo *zádanni* (dado antecipadamente, preestabelecido, antedado) no substantivo *zádannost*, com o sentido de condição, potencialidade ou possibilidade de algo a ser dado antecipadamente. De igual maneira, transforma o substantivo plural *dánnie* (dados, índices de caracterização de alguém ou algo) no substantivo extensivo singular *dánnost*. Traduzimos *zádannoe* ou *zádánnost* por "antedado" e *dánnoi* ou *dánnost* por "dado". (N. do T.)

A relação entre o autor e a personagem

aliás, a seguinte peculiaridade do conjunto artístico, característica desse caso: o plano de fundo, o mundo às costas da personagem, não foi elaborado e não é percebido nitidamente pelo autor-contemplador, e é dado de modo hipotético e incerto de dentro da própria personagem, assim como nos é dado no campo da nossa vida. Às vezes ele está ausente por completo; fora da personagem e de sua própria consciência não há nada de efetivamente sólido; a personagem não é conatural com o campo que a acentua (o ambiente, os usos e costumes, a natureza, etc.), não se junta a ele em um todo artisticamente necessário, movimenta-se nele como uma pessoa viva contra um cenário morto e imóvel; não há uma fusão orgânica da expressividade externa da personagem (a imagem externa, a voz, as maneiras, etc.) com a sua posição ético-cognitiva interna, a primeira se ajusta a ela como uma máscara que não é única nem essencial ou que não alcança nenhuma nitidez, a personagem não se volta de frente para nós, sendo apenas vivenciada de dentro por nós; os diálogos entre pessoas inteiras, nos quais os elementos significativos artisticamente indispensáveis são os rostos, os trajes, a mímica, o ambiente situado além do limite de uma dada cena, começam a degenerar numa disputa interessada em que o centro dos valores está situado nos problemas debatidos; por último, os elementos de acabamento não estão unificados, não existe uma face única do autor, ela está disseminada ou é uma máscara convencional. A esse tipo pertencem quase todas as personagens centrais de Dostoiévski, algumas de Tolstói (Pierre,[7] Liévin), Kierkegaard, Stendhal, etc., cujas personagens aspiram parcialmente a esse tipo como ao seu limite (indissolubilidade do tema).

Segundo caso: o autor se apossa da personagem, introduz em seu interior elementos concludentes, a relação do au-

---

[7] Personagem do romance *Guerra e paz*. (N. do T.)

tor com a personagem se torna parcialmente uma relação da personagem consigo mesma. A personagem começa a definir a si mesma, o reflexo do autor se deposita na alma ou nos lábios da personagem.

A personagem desse tipo pode se desenvolver em dois sentidos: no primeiro não é autobiográfica, e o reflexo do autor, inserido nela, realmente a conclui; se no primeiro caso que examinamos sofria a forma, aqui sofre a capacidade de persuasão realista da diretriz volitivo-emocional de vida da personagem no acontecimento. Essa é o tipo de personagem de um pseudoclassicismo, que em sua diretriz de vida suporta, de dentro de si mesma, a unidade puramente artística de acabamento que o autor lhe atribui, e em cada manifestação, nos atos, na mímica, no sentimento ou na palavra, permanece fiel ao seu princípio estético. Em pseudoclássicos como Sumarókov, Kniajnín e Ózerov, as próprias personagens amiúde enunciam muito ingenuamente a ideia ético-moral que lhes dá acabamento e elas personificam do ponto de vista do autor. No segundo sentido, a personagem é autobiográfica; tendo assimilado o reflexo concludente do autor e sua resposta formadora total, a personagem faz desta um momento de autovivenciamento e a supera; essa personagem é inacabada e ultrapassa no seu interior cada determinação total como inadequada a si mesma, vivencia a totalidade acabada como uma limitação e lhe contrapõe todo segredo interior, que não pode ser externado. "Pensais que estou todo aqui, que estais vendo o meu todo? — parece dizer essa personagem. — Não podeis ver, nem ouvir, nem conhecer o principal em mim." A personagem desse tipo é infinita para o autor, isto é, tudo está sempre a renascer, reclamando novas e mais novas formas de acabamento, que ela mesma destrói com sua autoconsciência. Assim é a personagem do romantismo: o romântico teme denunciar-se por intermédio de sua personagem e deixa nela alguma escapatória pela qual ela possa se esgueirar e sobrepor-se ao seu próprio acabamento.

A relação entre o autor e a personagem

Terceiro caso: a personagem é autora de si mesma, apreende sua própria vida esteticamente, parece representar um papel; essa personagem, à diferença da personagem infinita do romantismo e da personagem não redimida de Dostoiévski, é autossuficiente e acabada de forma segura.

A relação do autor com a personagem, como a caracterizamos em linhas mais gerais, complexifica-se e varia em função das definições ético-cognitivas do todo da personagem, as quais, como vimos, são indissociáveis de sua enformação puramente artística. Assim, a diretriz volitivo-emocional concreta da personagem pode ser autorizada para o autor em termos cognitivo, ético, religioso — heroificação; essa diretriz pode ser desmascarada como pretendente indevida à condição de importante, e então teremos a sátira, a ironia, etc. Cada elemento concludente, transgrediente à autoconsciência da personagem, pode ser empregado em todas essas tendências (satírica, heroica, humorística, etc.). Assim, é possível a satirização pelo aspecto físico, a limitação, a zombaria da importância ético-cognitiva por meio de sua expressividade externa, determinada, exageradamente humana, mas é possível também a heroificação através da imagem externa (sua monumentalidade na escultura); o plano de fundo, invisível e desconhecido, que se passa às costas da personagem, pode tornar cômicas sua vida e suas pretensões ético-cognitivas: um homem pequeno contra o imenso pano de fundo do mundo, um conhecimento pequeno e a confiança do homem nesse conhecimento contra o fundo de uma ignorância infinita e desmedida, a certeza que um homem tem de sua condição central e exclusiva ao lado da mesma certeza dos outros: em todos esses casos, o campo esteticamente utilizado se transforma em momento de desmascaramento. Mas o campo tanto desmascara como paramenta, pode ser empregado para a heroificação da personagem que atua sobre ele.

Adiante veremos que a satirização e a ironização pressupõem, não obstante, a possibilidade de autovivenciamento dos elementos com os quais operam, ou seja, possuem um menor grau de transgrediência.

Teremos de demonstrar de imediato a transgrediência axiológica de todos os elementos que asseguram à personagem o acabamento estético, o aspecto inorgânico desses elementos na autoconsciência, sua não participação, de dentro de si mesmos, no mundo da vida, ou seja, no mundo da personagem sem o concurso do autor; demonstrar que, em realidade, esses elementos não são vivenciados pela personagem como valores estéticos e, por último, estabelecer a relação entre eles e os elementos externos da forma: a imagem e o ritmo.

Com um só e único participante não pode haver acontecimento estético; a consciência absoluta, que não tem nada que lhe seja transgrediente, nada que esteja distanciado de si mesma e que a limite de fora, não pode ser transformada em consciência estética, pode apenas familiarizar-se, mas nunca ser vista como um todo passível de acabamento. Um acontecimento estético pode realizar-se apenas na presença de dois participantes, pressupõe duas consciências que não coincidem. Quando a personagem e o autor coincidem ou estão lado a lado diante de um valor comum ou frente a frente como inimigos, termina o acontecimento estético e começa o acontecimento ético que o substitui (o panfleto, o manifesto, o discurso acusatório, o discurso laudatório e de agradecimento, o insulto, a confissão-relatório, etc.); quando, porém, não há nenhuma personagem, nem potencial, temos um acontecimento cognitivo (um tratado, um artigo, uma conferência); onde a outra consciência é a consciência englobante de Deus temos um acontecimento religioso (uma oração, um culto, um ritual).

II.

A forma espacial da personagem

1. O EXCEDENTE DA VISÃO ESTÉTICA

Quando contemplo no conjunto um homem situado fora e diante de mim, nossos horizontes concretos efetivamente vivenciáveis não coincidem. Porque em qualquer situação ou proximidade que esse outro que contemplo possa estar em relação a mim, sempre verei e saberei algo que ele, de sua posição, fora e diante de mim, não pode ver: as partes de seu corpo inacessíveis ao seu próprio olhar — a cabeça, o rosto e sua expressão —, o mundo atrás dele, toda uma série de objetos e relações que, em função dessa ou daquela relação de reciprocidade entre nós, são acessíveis a mim e inacessíveis a ele. Quando nos olhamos, dois mundos diferentes se refletem na pupila dos nossos olhos. Assumindo a devida posição, é possível reduzir ao mínimo essa diferença de horizontes, mas para eliminá-la inteiramente urge fundir-se em um todo único e tornar-se uma só pessoa.

Esse *excedente* da minha visão, do meu conhecimento, da minha posse — *excedente* sempre presente em face de qualquer outro indivíduo — é condicionado pela singularidade e pela insubstitutibilidade do meu lugar no mundo: porque nesse momento e nesse lugar, em que sou o único a estar situado em dado conjunto de circunstâncias, todos os outros estão fora de mim. Essa extralocalização concreta só de mim e de todos os outros indivíduos — sem exceção — para mim, e o excedente de minha visão por ele condicionado em rela-

A forma espacial da personagem

ção a cada um deles (desse excedente é correlativa certa carência, porque o que vejo predominantemente no outro, em mim mesmo só o outro vê, mas neste caso isso não nos importa, uma vez que na vida a inter-relação "eu-outro" não pode ser concretamente reversível para mim) são superados pelo conhecimento, que constrói um universo único de significação geral e em todos os sentidos independe completamente daquela posição única e concreta ocupada por esse ou aquele indivíduo; para ele também não existe a relação absolutamente irreversível "eu e todos os outros"; "eu e o outro" para o conhecimento, por serem concebidos, constituem uma relação relativa e reversível, uma vez que o sujeito do conhecimento como tal não ocupa um lugar concreto e determinado na existência. Porém, esse mundo único do conhecimento não pode ser percebido como o único conjunto concreto, preenchido pela diversidade de qualidades da existência, da mesma forma como percebemos uma paisagem, uma cena dramática, um edifício, etc., pois a percepção efetiva de um todo concreto pressupõe o lugar plenamente definido do contemplador, sua singularidade e possibilidade de encarnação; o mundo do conhecimento e cada um de seus elementos só podem ser supostos. De igual maneira, esse ou aquele vivenciamento interior e o conjunto da vida interior só podem ser experimentados de forma concreta — percebidos internamente — seja na categoria do *eu-para-mim*, seja na categoria do *outro-para-mim*, isto é, como meu vivenciamento ou como vivenciamento desse outro indivíduo único e determinado.

A contemplação estética e o ato ético não podem abstrair a singularidade concreta do lugar que o sujeito desse ato e da contemplação artística ocupa na existência.

O excedente de minha visão em relação a outro indivíduo condiciona certa esfera do meu ativismo[8] exclusivo, is-

---

[8] É frequente traduzirem-se os termos russos *deiátielnost* e *aktívnost* como "atividade pura e simples". Trata-se, porém, de um grande equívo-

to é, o conjunto das ações internas ou externas que só eu posso praticar em relação ao outro, a quem elas são inacessíveis no lugar que ele ocupa fora de mim; tais ações completam o outro justamente naqueles elementos em que ele não pode completar-se. Essas ações podem ser infinitamente variadas em função da infinita diversidade de situações da vida em que eu e o outro nos encontramos num dado momento, mas em toda parte e em quaisquer circunstâncias esse excedente do meu ativismo existe e sua composição tende a uma constância estável. Aqui não nos interessam aquelas ações que com seu sentido externo envolvem a mim e ao outro por meio do acontecimento singular e único da existência e visam à efetiva transformação desse acontecimento e do outro que ele contém como elemento constituinte; elas são ações-atos puramente éticos; o que nos importa são apenas os atos de *contemplação-ação* — pois a contemplação é ativa e eficaz —, que não ultrapassam o âmbito do dado do outro e apenas unificam e ordenam esse dado; as ações de contemplação, que decorrem do excedente de visão externa e interna do outro indivíduo, também são ações puramente estéticas. O excedente de visão é o broto em que repousa a forma e de onde ela desabrocha como uma flor. Mas para que esse broto efetivamente desabroche na flor da forma concludente, urge que o excedente de minha visão complete o horizonte do indivíduo contemplado sem perder a originalidade deste. Eu devo entrar em empatia com esse outro indivíduo, ver axiologicamente o mundo de dentro dele tal qual ele o vê, colocar-me

co, de uma impropriedade. *Deiátelnost* é atividade no sentido de trabalho, ocupação em alguma coisa, isto é, por si só não pressupõe intensidade, dinamismo, etc.; já *aktívnost* pressupõe participação ativa em alguma coisa, atividade enérgica, intensidade do desempenho, identifica o agente da *aktívnost* como sujeito detentor da iniciativa da ação. Por essa razão e por tratar-se de um conceito muito importante na reflexão teórica de Bakhtin, traduzimos *aktívnost* como "ativismo" e *deiátieslnost* como "atividade". (N. do T.)

A forma espacial da personagem

no lugar dele e, tendo retornado ao meu lugar, completar o horizonte dele com o excedente de visão que deste meu lugar se descortina fora dele, convertê-lo, criar para ele um ambiente concludente a partir desse excedente da minha visão, do meu conhecimento, da minha vontade e do meu sentimento. Suponhamos que diante de mim há um indivíduo sofrendo; o horizonte de sua consciência foi preenchido pela circunstância que o faz sofrer e pelos objetos que ele vê diante de si; os tons volitivo-emocionais, que abarcam esse visível mundo concreto, são os tons do sofrimento. Devo vivenciá-lo esteticamente e concluí-lo (aqui estão excluídos atos éticos como ajuda, salvação, consolação). O primeiro momento da atividade estética é a compenetração: eu devo vivenciar — ver e inteirar-me — o que ele vivencia, colocar-me no lugar dele, como que coincidir com ele (no modo, na forma possível dessa compenetração; deixemos de lado a questão psicológica da compenetração; basta-nos o fato indiscutível de ser ela possível em certos limites). Devo adotar o horizonte vital concreto desse indivíduo tal como ele o vivencia; faltará, nesse horizonte, toda uma série de elementos que me são acessíveis a partir do meu lugar; assim, aquele que sofre não vivencia a plenitude de sua expressividade externa, ele só a vivencia parcialmente e ademais na linguagem de suas autossensações internas: ele não vê a tensão dorida de seus músculos, toda a pose plasticamente acabada de seu corpo, a expressão de sofrimento em seu rosto, não vê o céu azul contra o qual se destaca para mim a sua sofrida imagem externa. E mesmo que ele pudesse ver todos esses elementos, por exemplo, diante de um espelho, não disporia de um enfoque volitivo-emocional apropriado a esses elementos, estes não lhe ocupariam na consciência o lugar que ocupam na consciência do contemplador. Durante essa compenetração, devo abstrair-me do significado autônomo desses elementos transgredientes a ele, utilizá-los apenas como indicativo, como dispositivo técnico da compenetração; sua expressividade externa é o caminho através do qual eu penetro em seu interior, e então quase me fundo com ele. Mas será essa plenitude da fusão interna o último objetivo da atividade estética, para a qual a expressividade externa é apenas um meio e tem função meramente comunicativa? Absolutamente: a atividade propriamente estética nem sequer começou. A situação vital do sofredor, efetivamente vivenciada de dentro, pode me motivar para um ato ético: para a ajuda, a consolação, uma reflexão cognitiva, mas de qualquer modo a compenetração deve ser seguida de um retorno a mim, ao meu lugar fora do sofredor, e só deste lugar o material da compenetração pode ser assimilado em termos éticos, cognitivos ou estéticos; se não houvesse esse retorno, ocorreria o fenômeno patológico do vivenciamento do sofrimento alheio como meu próprio sofrimento, da contaminação pelo sofrimento alheio, e só. A rigor, a compenetração pura, vinculada à perda do nosso lugar único fora do outro, é quase impossível e, em todo caso, completamente inútil e sem sentido. Quando me compenetro dos sofrimentos do outro, eu os vivencio precisamente como sofrimentos *dele*, na categoria do *outro*, e minha reação a ele não é um grito de dor e sim uma palavra de consolo e um ato de ajuda. Relacionar ao outro o vivenciado é condição obrigatória de uma compenetração eficaz e do conhecimento, tanto ético como estético. No fundo, a atividade estética começa quando retornamos a nós mesmos e ao nosso lugar fora da pessoa que sofre, quando enformamos e damos acabamento ao material da compenetração. Tanto essa enformação quanto esse acabamento transcorrem pela via em que preenchemos o material da compenetração, isto é, o sofrimento de um dado indivíduo, por meio dos elementos transgredientes a todo o mundo material de sua consciência sofredora, elementos estes que agora não têm mais a função de comunicar, e sim a nova função de *dar acabamento*: a postura de seu corpo, que nos comunicava o sofrimento, conduzia-nos ao seu sofrimento interior, torna-se agora um valor puramente plás-

A forma espacial da personagem

tico, uma expressão que encarna e dá acabamento ao sofrimento expresso, e os tons volitivo-emocionais dessa expressividade já não são tons de sofrimento; o céu azul, que o envolve, torna-se um elemento pictórico, que dá solução e acabamento ao seu sofrimento. Todos esses valores que concluem a imagem dele eu os hauri do excedente da minha visão, da minha vontade e do meu sentimento. Cumpre ter em vista que os elementos de compenetração e acabamento não se sucedem cronologicamente; insistimos na diferenciação de sentidos, entre eles, embora estejam eles intimamente entrelaçados e fundidos no vivenciamento ativo. Em uma obra verbalizada, cada palavra visa a ambos os elementos, exerce função dupla: orienta a compenetração e lhe dá acabamento, mas esse ou aquele elemento pode predominar. Nossa tarefa imediata é examinar aqueles valores plástico-picturais e espaciais que são transgredientes à consciência e ao mundo da personagem, à sua diretriz ético-cognitiva no mundo, e que o concluem de fora, a partir da consciência do outro sobre ele, da consciência do autor-contemplador.

2. A imagem externa

O primeiro elemento a merecer nosso exame é a imagem externa (*narújnost*) como conjunto de todos os elementos expressivos e falantes do corpo humano. Como vivenciamos a nossa própria imagem externa e a imagem externa no outro? Em que plano do vivenciamento está o seu valor estético? Eis as questões a serem examinadas.

Não há dúvida, evidentemente, de que a minha imagem externa não integra o horizonte real concreto da minha visão, salvo os casos raros em que eu, como Narciso, contemplo meu reflexo na água ou no espelho. Minha imagem externa, isto é, todos os elementos expressivos do meu corpo, sem exceção, é vivenciada de dentro por mim; é apenas sob a forma de extratos, de fragmentos dispersos, que se agitam nas cordas da autossensação interna; minha imagem externa chega ao campo dos meus sentimentos externos, antes de tudo da visão, mas os dados de tais sentimentos não são a última instância nem para que eu decida se esse corpo é meu; só a nossa autossensação resolve o problema. Ela não confere unidade aos fragmentos da minha expressividade externa e os traduz em sua linguagem interna. Assim acontece com a percepção real; em um mundo exterior-único que eu posso ver, escutar e apalpar, não encontro minha expressividade externa enquanto objeto único igualmente externo, ao lado de outros objetos; eu me encontro numa espécie de fronteira do mundo que vejo, não sou conatural com ele em termos plástico-picturais. Meu pensamento situa meu corpo inteiramente no mundo exterior como um objeto entre os outros objetos, mas não o faz com minha visão efetiva, que não pode vir em auxílio do meu pensamento, propiciando-lhe uma imagem adequada.

Se nos voltarmos para a imaginação criadora, para o sonho centrado em nós mesmos, facilmente nos convenceremos de que ela não opera com a minha expressividade externa, não evoca sua imagem externa acabada. O mundo do meu sonho centrado em mim situa-se à minha frente, como o horizonte da minha visão real, e eu entro nesse mundo como personagem central que nele atua, vence corações, conquista fama inusitada, etc., mas aí não faço a mínima ideia da minha imagem externa, ao passo que as imagens das outras personagens que povoam meu sonho, inclusive as mais secundárias, se apresentam com nitidez por vezes impressionante e uma plenitude que chega a suscitar em seus rostos expressões de espanto, admiração, êxtase, susto, amor e pavor; no entanto eu não vejo, absolutamente, aquele a quem estão ligados esse êxtase e esse amor, ou seja, não vejo a mim mesmo; eu me vivencio de dentro; mesmo quando sonho com os sucessos da minha imagem externa, não preciso imaginá-la, imagino apenas o resultado da impressão que ela produz sobre os outros. De um ponto de vista plástico-pictural, o mundo do sonho é plenamente idêntico ao mundo da percepção real: nele a personagem central não está externamente expressa, não se situa no mesmo plano das outras personagens; enquanto estas são expressas *externamente*, aquela é vivenciada *de dentro*.[9] Aqui o sonho não preenche as lacunas da

[9] Cf. a observação sobre o mundo romântico de Byron nas aulas de história da literatura russa dadas por Mikhail Bakhtin em 1920 (cópia de R. M. Mírkina): "A peculiaridade fundamental da obra de Byron é a acentuada diferença entre a representação do herói e das outras personagens. Suas vidas se movem em diferentes planos. Byron desenha o seu herói de modo lírico, por dentro, e desenha as personagens secundárias de modo épico; estas vivem uma vida externa. Não conseguem conscientizar a imagem externa em si mesma. A expressividade externa dos outros é o que se identifica em primeiro lugar. Por isso, o herói nos envolve e não vemos as outras personagens". Esse exemplo ilustra a relação da filosofia geral da estética com a análise literária, característica da estrutura do pensamento de Bakhtin.

Conferir nas mesmas aulas a aproximação do mundo artístico de Dostoiévski com o mundo do sonho: "O mundo do nosso sonho é original quando pensamos em nós mesmos: fazemos os papéis do autor e da personagem e um controla o outro. A todo instante acompanhamos a personagem, suas emoções nos arrebatam. Não contemplamos a personagem mas a vivenciamos empaticamente. Dostoiévski nos atrai para o mundo da personagem e não o vemos por fora... Por isso as personagens de Dostoiévski produzem em cena uma impressão de todo diferente da que produzem na leitura. Em princípio, é impossível representar a especificidade do mundo de Dostoiévski no palco. [...] Para nós não há um lugar neutro independente, a visão objetiva da personagem é impossível; por isso a ribalta destrói a percepção correta da obra. Seu efeito teatral é um palco escuro com vozes e nada mais". Cabe observar que essa descrição do mundo de Dostoiévski foi substancialmente corrigida no livro *Problemas da obra de Dostoiévski* (1929): a equiparação ao mundo do sonho corresponde basicamente ao mundo de uma personagem, ao passo que "o eu que tem consciência e julga e o mundo como o seu objeto são dados aqui no plural e não no singular. Dostoiévski superou o solipsismo. Ele não reservou a consciência idealista para si, mas para as suas personagens, não a reservou para uma, mas para todas. No lugar da relação do eu que tem consciência

74   O autor e a personagem na atividade estética

percepção real; isto lhe é dispensável. A diversidade de planos das personagens no sonho é particularmente clara se o sonho é de natureza erótica: aí a heroína, objeto do desejo, chega ao máximo grau de nitidez externa que a representação pode atingir; o herói — o próprio sonhador — vivencia de dentro de si mesmo em seu desejo e seu amor, e não está absolutamente expresso externamente. Encontramos a mesma diversidade de planos no sonho. Mas quando começo a contar o meu sonho a outra pessoa, tenho de transferir a personagem central para um plano com outras personagens (mesmo quando a narração é feita na primeira pessoa), e devo levar em conta que todas as personagens da narração, inclusive eu, serão percebidas em um plano plástico-pictural pelo ouvinte, para quem todas elas são outros. É isso que diferencia o mundo da criação artística do mundo do sonho e da realidade da vida: todas as personagens estão igualmente expressas em um plano plástico-pictural de visão, ao passo que na vida a personagem central — o eu — não está externamente expressa e dispensa imagem. Revestir de carne externa essa personagem central da vida e do sonho centrado na vida é a primeira tarefa do artista. Às vezes, quando pessoas sem cultura leem sem arte um romance, a percepção artística é substituída pelo sonho, não por um sonho livre e, sim, predeterminado pelo romance, um sonho passivo, e o leitor se compenetra da personagem central, abstrai-se de todos os elementos que lhe dão acabamento, antes de tudo da imagem externa, e vivencia a vida dessa personagem como se ele mesmo fosse o herói dessa vida.

Podemos tentar imaginar a nossa própria imagem externa, perceber-nos de fora, traduzir-nos da linguagem da autossensação interna para a linguagem da expressividade ex-

---

e julga com o mundo, no centro da sua obra foi colocado o problema das inter-relações entre esses 'eus' que têm consciência e julgam" (*Problemas da poética de Dostoiévski*, p. 169). (N. da E.)

A forma espacial da personagem

terna: nem de longe isso é fácil, requer um esforço inusitado; essa dificuldade e esse esforço não se parecem em nada com aqueles que vivenciamos ao memorizarmos o rosto pouco conhecido e meio esquecido de outra pessoa; aqui não se trata de insuficiência da memória de nossa imagem externa, mas de certa resistência principial que a nossa imagem externa oferece. Por meio da introspecção é fácil verificarmos que o resultado inicial dessa tentativa será o seguinte: minha imagem visualmente expressa começa a definir-se, em tons vacilantes, ao lado de minha pessoa vivenciada por dentro, destaca-se apenas levemente da minha autossensação interna em um sentido adiante de mim e desvia-se um pouco para um lado, como um baixo-relevo, separa-se do plano da autossensação interna sem desligar-se plenamente dela; é como se eu me desdobrasse um pouco, mas não me desintegrasse definitivamente: o cordão umbilical da autossensação irá ligar minha imagem externa ao meu vivenciamento interior de mim mesmo. É necessário algum novo esforço para me imaginar a mim mesmo nitidamente *en face*,[10] desligar-me por completo de minha autossensação interior; conseguido isto, somos afetados em nossa imagem externa por algum *vazio* original, pela ilusoriedade e pela solidão um tanto aterradora dessa imagem. A que isto se deve? Ao fato de que não temos para ela um enfoque volitivo-emocional à altura, capaz de vivificá-la e incluí-la axiologicamente na unidade exterior do mundo plástico-pictural. Todas as minhas reações volitivo-emocionais, que apreendem e organizam a expressividade externa do outro — admiração, amor, ternura, piedade, inimizade, ódio, etc. —, estão orientadas para o mundo adiante de mim; não se aplicam diretamente a mim mesmo na forma em que eu me vivencio de dentro; eu organizo meu *eu* interior — que tem vontade, ama, sente, vê, e conhece — de

[10] Em latim no original: "de frente", como em um retrato. (N. do T.)

dentro, em categorias de valores totalmente diferentes e que não se aplicam de modo imediato à minha expressividade externa. No entanto, minha autossensação interna e a vida para mim permanecem no meu eu que imagina e vê, não existem em um eu imaginado e visto, como não há em mim uma imediata reação volitivo-emocional vivificante e includente para minha própria imagem externa. Daí o vazio e o estado de solidão que ela experimenta.

É preciso reconstruir radicalmente toda a arquitetônica do mundo do sonho, introduzindo-lhe um elemento absolutamente novo, para vivificar e incorporar minha imagem externa ao conjunto de concepções. Esse novo momento, que reconstrói a arquitetônica — a possibilidade de afirmação volitivo-emocional da minha imagem a partir do outro e para o outro; porque de dentro de mim mesmo existe apenas a minha autoafirmação interna, que não posso projetar sobre a minha expressividade externa, separada da minha autossensação interna, porque ela se contrapõe a mim no vazio axiológico, na impossibilidade de afirmação. Entre a minha autossensação interna — função da minha visão *vazia* — e a minha imagem externamente expressa há uma espécie de tela transparente, de tela da possível reação volitivo-emocional do outro na minha manifestação externa — de possível êxtase, amor, surpresa, piedade, etc. do outro por mim; e olhando através dessa tela da alma do outro, reduzida a meio, eu vivifico e incorporo a minha imagem externa ao mundo plástico-pictural. Esse eventual agente da resposta axiológica do outro a mim não deve ser um indivíduo determinado, senão ele desalojaria imediatamente minha imagem externa do campo da minha representação e ocuparia o lugar desta; eu passaria a vê-lo com sua reação externamente expressa a mim, já situado normalmente na fronteira do campo de visão; além disso, ele introduziria alguma clareza de enredo em meu sonho como participante já revestido de um papel determinado, e o que se precisa é de um autor que não participe do acontecimento imaginário. Trata-se precisamente de me traduzir da linguagem interna para a linguagem da expressividade externa, e entrelaçar-me inteiramente, sem reservas, com o tecido plástico-pictural único da vida enquanto homem entre outros homens, enquanto personagem entre outras personagens; é fácil substituir essa tarefa por uma tarefa inteiramente estranha, pela tarefa do pensamento: o pensamento dá conta muito facilmente de situar-me no mesmo plano com todos os outros indivíduos, porque no pensamento eu me abstraio, antes de tudo, do lugar único que eu — indivíduo único — ocupo na existência, e consequentemente me abstraio da singularidade concreto-evidente do mundo; por isso o pensamento desconhece as dificuldades éticas e estéticas da auto-objetivação.

A objetivação ética e estética necessita de um poderoso ponto de apoio, situado fora de si mesmo, de alguma força efetivamente real, de cujo interior eu poderia me ver como outro.

De fato, quando contemplo minha imagem externa — como viva e incorporada ao conjunto externo vivo — pelo prisma da alma avaliadora do outro possível, essa alma do outro, desprovida de autonomia, alma de escravo, insere um elemento falso e inteiramente estranho ao acontecimento- -existência ético: não é uma geração produtiva e enriquecedora, porque essa geração carece de valor autônomo, é um produto falso, fictício, que turva a pureza óptica da existência; aqui parece ocorrer uma fraude óptica, cria-se uma alma sem espaço, um participante sem nome nem papel, algo absolutamente extra-histórico. É óbvio que pelos olhos desse outro fictício eu não posso ver meu verdadeiro rosto mas tão somente a minha máscara.[11] Cabe condensar essa tela da reação viva do outro e dar-lhe uma autonomia fundamentada,

[11] Cf. a definição do conceito de máscara (persona) em Carl Gustav

substancial, prestigiosa, convertê-la em autor responsável. Uma condição negativa para isso é a minha atitude plenamente desinteressada em relação a ele: após voltar a mim, devo usar para mim mesmo a avaliação dela. Aqui não podemos nos aprofundar nessas questões enquanto tratamos apenas da imagem externa (veja-se o narrador, a auto-objetivação da heroína, etc.). É claro que a imagem externa enquanto valor estético não é um elemento imediato da minha autoconsciência, ela está situada na fronteira de um mundo plástico-pictural; como personagem central de minha vida, tanto a real quanto a imaginária, vivencio a mim mesmo em um plano essencialmente distinto do plano de todas as outras personagens da minha vida e do meu sonho.

Contemplar a mim mesmo no espelho é um caso inteiramente específico de visão da minha imagem externa. Tudo indica que neste caso vemos a nós mesmos de forma imediata. Mas não é assim; permanecemos dentro de nós mesmos e vemos apenas o nosso reflexo, que não pode se tornar elemento imediato da nossa visão e do nosso vivenciamento do mundo: vemos o reflexo da nossa imagem externa mas não a nós mesmos em nossa imagem externa; a imagem externa não nos envolve por completo, estamos diante e não dentro do espelho; o espelho só pode fornecer o material para a auto-objetivação, e ademais um material não genuíno. De fato, nossa situação diante do espelho sempre é meio falsa: como não dispomos de um enfoque de nós mesmos de fora, também nesse caso nos compenetramos de um outro possível e indefinido, com cuja ajuda tentamos encontrar uma posição axiológica em relação a nós mesmos; também aqui tentamos vivificar e enformar a nós mesmos a partir do outro; daí a expressão original e antinatural do rosto que vemos no espelho

Jung: persona "é aquilo que em essência o homem *não é* mas que ele mesmo e os outros tomam como sendo" (C. G. Jung, *Gestaltungen des Ünbewussten*, Zurique, 1950, p. 55). (N. da E.)

A forma espacial da personagem

e que não temos na vida. Essa expressão do nosso rosto refletido no espelho compõe-se de algumas expressões da nossa tendência volitivo-emocional, inteiramente assentada numa diversidade de planos: 1) da expressão de nossa real diretriz volitivo-emocional, que aplicamos em um dado momento e que se justifica no contexto da nossa vida; 2) da expressão da avaliação do outro possível, da expressão da alma fictícia e desprovida de espaço; 3) da expressão de nossa relação com essa avaliação do outro possível: satisfação, insatisfação, contentamento, descontentamento. Ocorre que nossa própria relação com a imagem externa não é de índole imediatamente estética, mas diz respeito apenas ao seu eventual efeito sobre os outros — observadores imediatos —, isto é, nós a avaliamos não para nós mesmos, mas para os outros e através dos outros. Por último, a esses três tipos de expressão ainda pode ser incorporada aquela que gostaríamos de ver em nosso rosto, mais uma vez não para nós mesmos, é claro, e sim para o outro: ora, sempre chegamos quase a posar diante do espelho, fazendo a expressão que nos parece ser a essencial e desejada. São essas expressões diversas que lutam e entram em simbiose casual em nosso rosto refletido no espelho. Seja como for, neste caso não é uma alma única e singular que está expressa; no acontecimento da autocontemplação interfere um segundo participante, um outro fictício, um autor sem autoridade e não fundamentado; eu não estou só quando me contemplo no espelho, estou possuído por uma alma alheia. Ademais, às vezes essa alma alheia pode ganhar consistência a ponto de atingir certa autonomia: o despeito e certa exacerbação de ânimo a que vem juntar-se nosso descontentamento com a imagem externa dão consistência a esse outro — autor possível da nossa imagem externa; é possível desconfiarmos dele, odiá-lo, querermos destruí-lo: ao tentar combater certa avaliação possível totalmente formadora, eu lhe dou consistência a ponto de levá-la a uma autonomia de pessoa quase localizada na existência.

A primeira tarefa do artista que trabalha o autorretrato consiste em *depurar a expressão do rosto refletido*, o que só é possível com o artista ocupando posição firme fora de si mesmo, encontrando um autor investido de autoridade e princípio, um autor-artista como tal, que vence o artista-homem. Aliás, parece que sempre é possível distinguir o autorretrato do retrato a partir de alguma característica um tanto ilusória do rosto, o qual parece não englobar o homem em sua totalidade, até o fim: o homem que ri no autorretrato de Rembrandt[12] sempre provoca em mim uma impressão quase horripilante, assim como o rosto alheado de Vrubel.[13]

É muito mais difícil produzir uma imagem completa da própria imagem externa na personagem autobiográfica de uma obra literária quando essa imagem externa, inserida no movimento polimorfo do enredo, deve abranger o homem pleno. Desconheço tentativas bem-sucedidas numa obra de arte de peso, mas há inúmeras tentativas parciais: algumas delas são o autorretrato infantil de Púchkin,[14] de Liévin e Irtíenev[15] de Tolstói, o homem do subsolo de Dostoiévski, etc. Na criação literária não há (e, aliás, é impossível haver) um acabamento puramente pictural da imagem externa, no qual ela esteja entrelaçada com outros elementos do homem integral.

A fotografia propriamente dita também só oferece material para cotejo, e nela não vemos a nós mesmos, mas tão somente o nosso reflexo sem autor; é verdade que esse reflexo já não reproduz a expressão do outro fictício, ou seja, é

[12] *Autorretrato com Saskia* (1636), de Rembrandt, na galeria de Dresden. (N. da E.)

[13] Por exemplo, no autorretrato feito a carvão e sanguínea, na galeria Tretiakov. (N. da E.)

[14] "Mon portrait" (1814), poema de Púchkin, em francês, dos tempos de colégio. (N. da E.)

[15] Personagens do conto "O diabo". (N. do T.)

A forma espacial da personagem

mais puro que o reflexo no espelho, no entanto, ele é percebido de forma aleatória, artificial, e não expressa nossa diretriz volitivo-emocional no acontecimento da existência — esse material bruto, que de modo algum pode ser incluído na unidade da minha experiência de vida por não haver princípios para a sua inclusão.

Outra coisa é o meu retrato executado por um artista que tem autoridade para mim; aí temos realmente uma janela para o mundo onde eu nunca vivo, efetivamente uma visão de mim no mundo do outro, pelos olhos de outro indivíduo, puro e integral — o artista, uma visão como adivinhação, que traz em si uma natureza que me predetermina em alguma medida. Porque a imagem externa deve englobar, conter e concluir o todo da alma — o todo da minha diretriz volitivo-emocional e ético-cognitiva no mundo; essa função, a imagem externa, comporta para mim apenas no outro: não posso perceber-me em minha imagem externa englobado e expresso por ela, minhas reações volitivo-emocionais estão fixadas aos objetos e não se comprimem numa imagem externamente concluída de mim mesmo. Minha imagem externa não pode vir a ser um elemento de minha caracterização para mim mesmo. Na categoria do *eu*, minha imagem externa não pode ser vivenciada como um valor que me engloba e me acaba, ela só pode ser assim vivenciada na categoria do *outro*, e eu preciso colocar a mim mesmo sob essa categoria para me ver como elemento de um mundo exterior plástico--pictural e único.

A imagem externa não deve ser tomada isoladamente em relação à criação literária; aí, certa incompletude do retrato puramente pictural se completa em toda uma série de elementos imediatamente contíguos à imagem externa, elementos pouco acessíveis ou totalmente inacessíveis às artes plásticas: o andar, os modos, a expressão cambiante do rosto e de toda a imagem externa nesses ou naqueles momentos históricos da vida do homem, a expressão dos momentos irreversíveis do acontecimento da vida na série histórica do seu fluxo, os momentos de crescimento gradual do homem, que passa pela expressividade externa das idades; as imagens da mocidade, da maturidade e da velhice em sua continuidade plástico-pictural. Todos esses momentos podem ser englobados por uma expressão: a história do homem exterior. Para a minha autoconsciência, essa imagem integral está dispersa na vida, entrando no campo da minha visão do mundo exterior apenas como fragmentos aleatórios, faltando, ademais, precisamente a unidade externa e a continuidade; e o próprio homem, vivenciando a vida na categoria do seu *eu*, não pode juntar a si mesmo a um todo externo minimamente acabado. Aí não se trata de carência de material no plano de sua visão — ainda que a carência seja excessivamente grande — mas da ausência, por puro princípio, de um enfoque axiológico único da expressividade exterior do próprio homem, feito de dentro por ele; aqui nenhum espelho, nenhuma fotografia ou observação especial de si mesmo podem ajudar; na melhor das hipóteses, obtém-se um produto esteticamente falso, criado de modo interesseiro da posição do outro possível, desprovido de autonomia.

Nesse sentido pode-se dizer que o homem tem uma necessidade estética absoluta do outro, do seu ativismo que vê, lembra-se, reúne e unifica, e que é o único capaz de criar para ele uma personalidade externamente acabada; tal personalidade não existe se o outro não a cria; a memória estética é produtiva e cria pela primeira vez o homem *exterior* em um novo plano da existência.

3. O VIVENCIAMENTO
DAS FRONTEIRAS EXTERNAS DO HOMEM

Um elemento especial e sumamente importante na visão plástico-pictural do homem é o vivenciamento das fronteiras externas que o abarcam. Esse momento é inseparável da imagem externa, sendo-o apenas em termos abstratos, traduzindo a relação do homem exterior, sua aparência, com o mundo exterior que o abarca, o momento de limitação do homem no mundo. Vivencia-se essa fronteira externa na autoconsciência, isto é, em relação a si mesmo, de modo essencialmente diverso do que se vivencia em relação a outro indivíduo. De fato, só no outro indivíduo me é dado experimentar de forma viva, estética (e eticamente), convincente a finitude humana, a materialidade empírica limitada. O outro me é todo dado no mundo exterior a mim como elemento deste, inteiramente limitado em termos espaciais; em cada momento dado eu vivencio nitidamente todos os limites dele, abranjo-o por inteiro com o olhar e posso abarcá-lo todo com o tato; vejo a linha que lhe contorna a cabeça sobre o campo do mundo exterior, e todas as linhas do seu corpo, que o limitam no mundo; o outro está todo estendido e esgotado no mundo exterior a mim como um objeto entre outros objetos, sem lhe ultrapassar em nada os limites, sem lhe violar a unidade plástico-pictural visível e tátil.

Não há dúvida de que toda a experiência por mim assimilada nunca me propiciará a mesma visão de minha própria e completa limitação externa; nem a percepção real nem as representações têm condição de construir tal horizonte. em que eu possa entrar sem reservas como inteiramente limitado. No que se refere à percepção real, isso dispensa demonstração especial: eu estou na fronteira do horizonte da minha visão; o mundo visível se estende à minha frente. Ao virar a cabeça em todas as direções, posso atingir a visão completa de mim mesmo de todos os lados do espaço circundante em cujo centro me encontro, mas não me verei realmente rodeado por esse espaço. Um pouco diferente é o que ocorre com a representação. Já vimos que, embora habitualmente eu não represente para mim a minha imagem, com certo esforço posso fazê-lo, representá-la para mim, é claro que limitada de todos os lados como imagem do outro. Mas essa imagem carece de persuabilidade interna: não cesso de me vivenciar de dentro, e esse autovivenciamento permanece comigo, ou melhor, eu mesmo permaneço nele e não o introduzo na imagem representada; o que nunca é convincente em mim é precisamente a consciência de que isso sou eu por inteiro, de que fora desse objeto completamente limitado eu não existo: a consciência de que isso não sou eu por inteiro é o coeficiente necessário de toda a percepção e representação de minha expressividade externa. Enquanto a representação de outro indivíduo corresponde plenamente à plenitude de sua visão real, minha autorrepresentação é construída e não corresponde a nenhuma percepção real; aquilo que é essencial no vivenciamento real de mim mesmo permanece à margem da visão externa.

Essa diferença entre o vivenciamento de mim e o vivenciamento do outro é superada pelo conhecimento, ou, em termos mais precisos, o conhecimento ignora a singularidade do sujeito cognoscente. No mundo único do conhecimento não posso colocar-me como *eu-para-mim*, em oposição a todos sem exceção — os outros indivíduos, passados, presentes e futuros, como outros para mim; ao contrário, eu sei que sou um indivíduo tão limitado quanto todos os outros, e que todo outro vivencia substancialmente a si mesmo de dentro, não se personificando essencialmente para si mesmo em sua expressividade externa. Mas esse conhecimento não pode determinar a visão real e o vivenciamento do mundo singular concreto do sujeito singular. A forma do vivenciamento concreto do indivíduo real é a correlação entre as categorias imagéticas do *eu* e do *outro*, e essa forma do eu, na qual vivencio só a mim, difere radicalmente da forma do *outro*, na qual vivencio todos os outros indivíduos sem exceção. O modo como eu vivencio o *eu* do outro difere inteiramente do modo como vivencio o meu próprio *eu*; isso entra na categoria

A forma espacial da personagem

do *outro* como elemento integrante, e essa diferença tem importância fundamental tanto para a estética quanto para a ética. Basta mencionar a desigualdade essencial de valores do *eu* e do *outro* do ponto de vista da moral cristã: não se deve amar a si mesmo, mas deve-se amar o outro, não se deve ser indulgente consigo mesmo, mas deve-se ser indulgente com o outro, deve-se livrar o outro de qualquer fardo e assumir o fardo para si;[16] mencione-se ainda o altruísmo, que aprecia de modo inteiramente diverso a felicidade do outro e a felicidade própria. Ainda teremos oportunidade de tratar do solipsismo ético.

Para o ponto de vista estético, é essencial o seguinte: para mim, sou eu o sujeito de qualquer espécie de ativismo: do ativismo da visão, da audição, do tato, do pensamento, do sentir, etc.; é como se eu partisse de dentro de mim nos meus vivenciamentos e me direcionasse em um sentido adiante de mim, para o mundo, para o objeto. O objeto se contrapõe ao eu-sujeito. Aqui não se trata da correlação gnosiológica de sujeito-objeto, mas da correlação vital entre o eu singular e todo o restante do mundo como objeto não só do meu conhecimento e dos sentimentos externos, como também da vontade e do sentimento. O outro indivíduo está todo no objeto para mim, e o seu *eu* é apenas objeto para mim. Posso recordar-me, posso perceber-me parcialmente através do sentimento externo, em parte posso fazer de mim mesmo objeto de desejo e de sentimento, ou seja, posso fazer de mim mesmo o meu objeto. Mas nesse ato de auto-objetivação eu não coincidirei comigo: permanecerei *eu-para-mim* no próprio ato dessa auto-objetivação, mas não em seu produto; no ato da visão, do sentimento e do pensamento, mas não no objeto visto ou sentido. Não posso me alojar por inteiro no objeto; excedo qualquer objeto como seu sujeito ativo. Aqui

---

[16] Cf. a máxima do Novo Testamento: "Levai as cargas uns dos outros" (Gálatas, 6, 2). (N. da E.)

não nos interessa o aspecto cognitivo dessa tese, que serviu de base ao idealismo, mas o vivenciamento concreto da minha subjetividade e de sua absoluta inesgotabilidade no objeto — momento que foi compreendido e assimilado em profundidade pela estética romântica (a doutrina da ironia em Schlegel)[17] — em oposição à objetividade pura do outro. Aqui o conhecimento introduz uma correção segundo a qual eu para mim — indivíduo singular — não sou um eu absoluto ou um sujeito gnosiológico; tudo o que me faz ser eu mesmo, um homem definido diferentemente de todos os demais — num espaço e num tempo definidos, num destino definido, etc. — é igualmente objeto e não sujeito do conhecimento (Rickert).[18] No entanto, o idealismo torna intuitivamente convincente o vivenciamento de mim mesmo, e não o vivenciamento do outro; são o realismo e o materialismo que tornam mais convincente o vivenciamento do outro. Em todo caso, o solipsismo, que aloja o mundo inteiro na minha consciência, pode ser intuitivamente convincente, ao menos é compreensível, mas em termos intuitivos seria totalmente in-

[17] O conceito de ironia romântica elaborado por Friedrich Schlegel pressupõe a libertação triunfal do *eu* do gênio em relação a todas as normas e valores, a todas as suas próprias objetivações e frutos, à "superação" constante de suas próprias limitações, à elevação lúdica sobre si mesmo. A índole irônica é o signo da plena voluntariedade de qualquer estado do espírito, pois, como observa Schlegel, "o homem efetivamente livre e instruído deveria, por vontade própria, saber colocar-se quer no campo filosófico, quer no filológico, no crítico ou no poético, no histórico ou no retórico, no antigo ou no moderno de modo absolutamente voluntário, assim como se afina um instrumento — em qualquer momento e em qualquer tom" (*A teoria literária do romantismo alemão*, Leningrado 1934, p. 145). (N. da E.)

[18] No sistema de Rickert, a consciência que representa uma realidade final é interpretada não como consciência dos indivíduos humanos mas como consciência universal e suprapessoal, que mantém sua identidade nas mentes de todos os homens. (N. da E.)

compreensível alojar o mundo inteiro e a mim mesmo na consciência do outro, que, de modo tão evidente, é apenas uma parte ínfima do imenso mundo. Não posso vivenciar-me convincentemente por inteiro encerrado em um objeto externamente limitado, todo visível e tátil, coincidindo por completo com ele em todos os sentidos, mas não posso representar o outro de modo diferente: tudo o que conheço do interior dele, e que em parte vivencio empaticamente, eu lhe insiro na imagem externa como num recipiente que contém o seu *eu*, a sua vontade, o seu conhecimento; para mim, o outro está reunido e contido por inteiro em sua imagem externa. Enquanto isso, vivencio minha própria consciência como se ela estivesse a abarcar o mundo, a abrangê-lo, e não alojada nele. A imagem externa pode ser vivenciada como uma imagem que conclui e esgota o outro, mas eu não a vivencio como algo que me esgota e me conclui.

Para evitar mal-entendidos, salientemos mais uma vez que aqui não abordamos elementos cognitivos: a relação entre alma e corpo, consciência e matéria, idealismo e realismo, e outras questões vinculadas a esses elementos; aqui nos importa apenas o vivenciamento concreto, sua pura capacidade de persuasão estética. Poderíamos dizer que, do ponto de vista do autovivenciamento, o idealismo convence intuitivamente, mas do ponto de vista do vivenciamento de outro indivíduo por mim é o materialismo que convence intuitivamente; não nos referimos, em absoluto, à capacidade de persuasão filosófico-cognitiva dessas correntes. A linha como fronteira do corpo é axiologicamente adequada para definir e dar acabamento ao *outro*, e ademais no seu todo, em todos os seus elementos, e é de todo inadequada para me definir e me concluir para mim mesmo, uma vez que eu me vivencio em essência, abrangendo quaisquer fronteiras, qualquer corpo, ampliando-me além de quaisquer limites; minha autoconsciência destrói a capacidade de persuasão plástica da minha imagem.

Segue-se daí que só outro homem pode ser vivenciado por mim como conatural com o mundo exterior, pode ser entrelaçado a ele e concordar com ele de modo esteticamente convincente. O homem, enquanto natureza, é vivenciado de modo intuitivamente persuasivo apenas no outro, não em mim. Eu para mim não sou em tudo conatural com o mundo exterior, em mim há sempre algo substancial que eu posso contrapor a ele, isto é, meu ativismo interior, minha subjetividade, que se contrapõe ao mundo exterior visto como objeto, sem interferir nele; esse meu ativismo interior é extranatural e extramundano, eu sempre disponho de uma saída pela linha do autovivenciamento interior no ato do mundo, de uma espécie de escapatória pela qual eu me salvo do dado total da natureza. O *outro* está intimamente vinculado ao mundo; o *eu*, ao meu ativismo interior extramundo. Quando eu tenho a mim mesmo em toda a minha seriedade, todo o objetificado está em mim — os fragmentos de minha expressividade externa, todo o já dado, presente em mim, o eu como conteúdo determinado do meu pensamento sobre mim mesmo, dos meus sentimentos de mim —, deixa de expressar-me para mim, e eu começo a ir-me todo para o próprio ato do pensamento, da visão e do sentimento. Não integro plenamente nenhum círculo externo nem me esgoto nele, estou para mim como que na tangente de qualquer círculo. Todo o espacialmente dado em mim tende para um centro interior não espacial, no outro, todo o ideal tende para o seu dado espacial.

Essa peculiaridade do vivenciamento concreto do outro por mim levanta a questão agudamente estética de justificar, por via apenas intensiva, uma dada finitude restrita sem ir além dos limites do mundo espaçossensorial exterior igualmente dado; só em relação ao outro vivencia-se de imediato a precariedade da apreensão cognitiva e da imagem puramente semântica — indiferente à singularidade concreta — da justificação ética, pois elas evitam o elemento da expressivi-

A forma espacial da personagem

dade externa, tão essencial no vivenciamento do outro por mim e não essencial em mim mesmo.

Meu ativismo estético não reside na atividade especial do artista-autor, mas na vida singular não diferenciada nem liberada dos elementos não estéticos, vida essa que encerra uma espécie de embrião da imagem plástica da criação, que manifesta-se numa série de atos irreversíveis que partem de mim e afirmam axiologicamente o outro nos elementos do seu acabamento externo: o abraço, o beijo, o afago, etc. No vivenciamento ativo desses atos são particularmente notórias sua eficácia e sua irreversibilidade. Neles realizo de modo notório e convincente o privilégio de minha posição fora do outro, e aqui a condensação axiológica dele se torna tangivelmente real. Porque só o outro podemos abraçar, envolver de todos os lados, apalpar todos os seus limites: a frágil finitude, o acabamento do outro, sua existência-aqui-e-agora são apreendidos por mim e parecem enformar-se com um abraço; nesse ato o ser exterior do outro começa uma vida nova, adquire algum sentido novo, nasce em um novo plano da existência. Só os lábios do outro posso tocar com meus lábios, só no outro eu posso pousar as mãos, erguer-me ativamente sobre ele, afagando por completo o corpo e *a alma que há nele*, em todos os momentos da sua existência. Nada disso me é dado vivenciar comigo, e aqui a questão não está apenas na impossibilidade física, mas na *falsidade* volitivo-emocional de direcionar esses atos para si mesmo. Como objeto do abraço, do beijo, do afago, a existência exterior limitada do outro se torna axiologicamente rija e pesada, um material interiormente ponderável para se enformar plasticamente e esculpir um dado homem não como espaço fisicamente acabado e fisicamente limitado, mas como espaço vivo esteticamente acabado e limitado, como espaço esteticamente acabado do acontecimento. É claro que aqui nos abstraímos dos elementos sexuais que turvam a pureza estética desses atos irreversíveis, tomamo-nos como reações vitais artístico-simbólicas ao todo do homem, de quem abraçamos ou afagamos também a alma encerrada nele e expressa por ele quando lhe abraçamos e afagamos o corpo.

4. A IMAGEM EXTERNA DA AÇÃO[19]

Fixemos nossa atenção nas ações, nos atos externos do homem, que transcorrem no mundo espacial. Examinemos agora as seguintes questões: como a ação e seu espaço são vivenciados na autoconsciência do agente, como eu vivencio a ação de outra pessoa, em que plano da consciência situa-se o seu valor estético?

Observamos há pouco que os fragmentos da minha expressividade externa só estão incorporados a mim mediante os vivenciamentos interiores que lhes correspondem. De fato, quando por algum motivo a minha realidade se torna duvidosa, quando eu não sei se estou ou não devaneando, a aparência externa do meu corpo, sozinha, não me satisfaz: devo fazer algum movimento ou me beliscar, isto é, para verificar a minha realidade eu devo traduzir a minha imagem externa para a linguagem das autossensações interiores. Quando uma doença me faz perder o controle de algum membro, de uma perna, por exemplo, esta me parece como que estranha, "não minha", embora na imagem externamente manifesta do meu corpo ela pertença de fato ao meu todo. Devo vivenciar de dentro todo fragmento externamente dado do meu corpo, e só por esse meio ele pode ser incorporado a mim, à minha

---

[19] Traduzimos os termos russos *diêstvie* e seu derivado e particípio ativo *diêistvuischii* respectivamente como "ação" e "agente". Bakhtin define a ação como conjunto dos "atos externos do homem", mas neste capítulo não emprega "ato" (*postúpok*) e sim "ação". Além disso, o termo "ato" é objeto de um estudo especial que ele denominou *Por uma filosofia do ato*. (N. do T.)

A forma espacial da personagem

unidade singular; porém, se não for possível essa tradução para a linguagem das autossensações interiores, estarei pronto a rejeitar tal fragmento como não sendo meu, como corpo não meu, e rompe-se a sua ligação íntima comigo. Esse vivenciamento puramente interior do corpo e de seus membros assume importância particular no momento de realização da ação, que sempre estabelece uma ligação entre mim e outro objeto externo, alarga o campo da minha influência física.

Por meio da introspecção é fácil nos convencermos de que é no momento da realização da ação física que eu menos fixo a minha expressividade externa: em termos rigorosos, eu ajo, capto o objeto, não com a mão enquanto imagem externamente acabada, mas com uma sensação muscular internamente vivenciável e correspondente à mão, e não capto o objeto enquanto imagem externamente acabada mas o meu vivenciamento tátil que lhe corresponde e a sensação muscular de resistência do objeto, do seu peso, da sua consistência, etc. O visível apenas complementa o vivenciável de dentro e, sem dúvida, tem importância apenas secundária para a realização de uma ação. Em linhas gerais, todo o dado, o presente, o já disponível e realizado como tal, passa ao segundo plano da consciência atuante. A consciência está voltada para um fim, as vias de realização e todos os meios de atingi-lo são vivenciados de dentro. A via de realização de uma ação é puramente interior e a continuidade dessa via também é puramente interior (Bergson). Eu posso fazer com a mão algum movimento, por exemplo, tirar um livro da estante; eu não observo o movimento externo da minha mão, o trajeto visível percorrido por ela, as posições que ela ocupa em relação a outros objetos enquanto faz tais movimentos nesse recinto: tudo isso entra na minha consciência apenas sob a forma de fragmentos casuais de pouca utilidade para a ação; eu oriento de dentro a minha mão. Quando ando pela rua estou interiormente direcionado para a frente, calculo e avalio interiormente todos os meus movimentos; neste caso, é claro, às vezes preciso ver alguma coisa com nitidez, vez por outra até em mim mesmo, mas durante a realização da ação essa visão exterior é sempre unilateral: capta no objeto apenas o que está diretamente vinculado a essa ação e assim destrói a plenitude do dado manifesta do objeto. O presente, o dado, o definido na imagem visual do objeto situado no raio da ação, é separado e decomposto, durante a realização da ação, pela minha ação iminente, futura, ainda a ser realizada em relação a dado objeto: eu vejo o objeto da ótica do futuro vivenciamento interior, e essa é a ótica mais injusta para com o acabamento exterior do objeto. Continuemos desenvolvendo o nosso exemplo: ao andar pela rua e notar um homem que vinha ao meu encontro, dei uma guinada para a direita com o intuito de evitar o choque; ao ver esse homem, coloquei em primeiro plano o possível choque que antecipei e vivenciaria de dentro — e note-se que essa mesma antecipação ocorreu na linguagem da autossensação interior; daí decorreu imediatamente a minha guinada para a direita, orientada desde o meu interior. O objeto, situado no raio da intensa ação externa, é vivenciado ora como possível obstáculo, como pressão, como uma possível dor, ora como um possível apoio para a mão, o pé, etc., e tudo isso na linguagem da autossensação interior: é isso que decompõe o dado exterior acabado do objeto. Assim, numa ação exterior intensiva, o fundamental — o mundo propriamente dito da ação —, continua sendo a autossensação interior, que dissolve em si ou subordina todo o externamente expresso, não permite que nada externo se conclua num dado estável e visível, quer em mim, quer fora de mim.

A fixação da minha imagem externa no empreendimento de uma ação pode vir a ser até uma força fatal que destrói essa ação. Assim, quando preciso dar um salto difícil e arriscado, é extremamente perigoso observar o movimento das minhas pernas: preciso me concentrar de dentro e de dentro mesmo calcular os meus movimentos. A primeira regra de

A forma espacial da personagem

qualquer esporte é olhar direto para a frente e não para si. Durante uma ação difícil e perigosa, eu me contraio inteiramente até atingir a pura unidade interna, deixo de ver e ouvir o que quer que venha de fora, reduzo a mim mesmo por inteiro e o meu mundo à pura autossensação.

A imagem externa da ação e a sua manifesta relação externa com os objetos do mundo exterior nunca são dadas ao próprio agente, e se irrompem na consciência atuante acabam se tornando inevitavelmente um obstáculo, um ponto morto da ação.

A ação originada de dentro da consciência atuante nega essencialmente a independência axiológica de todo o dado já existente, disponível, acabado, destrói o presente do objeto em prol do seu futuro interiormente previsto. O mundo da ação é o mundo do futuro interior previsto. O *objetivo* iminente da ação decompõe a existência dada do mundo material exterior; o *plano* da futura concretização decompõe o corpo do estado atual do objeto; a previsão da realização futura penetra e decompõe todo o horizonte da consciência atuante em sua estabilidade.

Decorre daí que a verdade artística da ação expressa e externamente percebida, seu entrelaçamento orgânico com o tecido externo da existência ao redor e sua capacidade de correlacionar-se harmoniosamente com o fundo enquanto conjunto do mundo material presentemente estável são, por princípio, transgredientes à criação do próprio agente; eles só podem ser realizados por uma consciência situada fora do agente, estranha à ação em seu objetivo e seu sentido. Só de dentro de mim mesmo posso perceber artisticamente e enformar a ação de outro homem; a ação, por princípio, não se presta à enformação artística e ao acabamento. Aqui se trata, é claro, de uma concepção puramente plástico-pictural de ação.

As principais características plástico-picturais da ação externa — epítetos, metáforas, comparações, etc. — nunca se realizam na autoconsciência do agente e nunca coincidem com a verdade interior do objetivo, do sentido da ação. Todas as características artísticas transferem a ação para outro plano, para outro contexto axiológico, no qual o sentido e o objetivo da ação se tornam imanentes ao acontecimento da sua realização, tornam-se apenas um elemento que assimila a expressividade externa da ação, isto é, transferem a ação do horizonte do agente para o horizonte do contemplador distanciado.

Se, porém, as características plástico-picturais da ação estiverem presentes na criação do próprio agente, sua ação se desprenderá imediatamente da seriedade forçada do seu objetivo, da carência real, da novidade e da eficácia do que ele estiver realizando, irá se transformar em *interpretação*,[20] degenerar em *gesto*.

Basta que analisemos qualquer descrição artística de uma ação para nos convencermos de que na imagem plástico-pictural, na natureza dessa descrição, o acabamento artístico e o poder persuasivo já se encontram no contexto semântico morto da vida, transgrediente à consciência do agente no momento de sua ação, e que nós mesmos, leitores, não estamos interiormente interessados no objetivo e no sentido da ação — pois, caso contrário, o mundo material da ação seria atraído para a nossa consciência real vivenciada de dentro e sua expressividade externa estaria desdobrada —, nada esperamos da ação e não nutrimos nenhuma esperança no futuro *real*. Para nós, o futuro real foi substituído pelo futuro *artístico*, e este é sempre artisticamente predeterminado.

---

[20] Ao analisar a ação teatral neste capítulo, Bakhtin estabelece uma nítida diferença entre interpretação como jogo cênico, como trabalho do ator, e representação como processo de recriação artística da vida, do real. Para interpretação ele emprega a palavra russa *igrá* — que significa ainda jogo, brincadeira, performance — e para representação, *izobrajênie*, que significa ainda imagem, reflexo, representação, etc. (N. do T.)

A forma espacial da personagem

A ação artisticamente enformada é vivenciada fora do tempo fatal do acontecimento de minha vida única. Nesse mesmo tempo fatal da vida, nenhuma ação volta sua face artística para mim. Todas as características plástico-picturais, particularmente as comparações, neutralizam o futuro fatal efetivo, estão totalmente disseminadas no plano do passado autossuficiente e do presente, dos quais não há acesso ao futuro vivo e ainda arriscado.

Todos os elementos do acabamento plástico-pictural da ação são, por princípio, transgredientes ao mundo dos objetivos e do sentido em sua carência irremediável e em sua importância: a ação artística se conclui a despeito do objetivo e do sentido, no lugar em que estes deixam de ser as únicas forças motrizes do meu ativismo, e isso só é possível e interiormente justificável em face da ação de outra pessoa, quando o meu horizonte completa e conclui o seu horizonte atuante e decomposto por um iminente objetivo coercitivo e necessário.

5. O CORPO COMO VALOR: O CORPO INTERIOR

Examinamos a originalidade do vivenciamento da imagem externa na autoconsciência e em relação a outra pessoa, das fronteiras externas do corpo e da ação física externa. Cabe agora sintetizar esses três elementos — destacados de maneira abstrata — no todo axiológico único do corpo humano, isto é, colocar a questão do corpo como valor. Uma vez que se trata precisamente de valor, é evidente que essa questão difere rigorosamente do ponto de vista das ciências naturais: do enfoque biológico do organismo, do enfoque psicofisiológico da relação entre o psicológico e o físico e dos respectivos problemas da filosofia naturalista. Tal questão só pode situar-se nos planos ético e estético e em parte no religioso.

Para o nosso problema, é de suma importância o lugar singular que o corpo ocupa como valor em relação ao sujeito em um mundo singular concreto. Meu corpo, em seu fundamento, é um corpo interior; o corpo do outro, em seu fundamento, é um corpo exterior.

O corpo interior — meu corpo enquanto elemento da minha autoconsciência — é um conjunto de sensações orgânicas interiores, de necessidades e desejos reunidos em torno de um centro interior; já o elemento externo, como veremos, é fragmentário e não atinge autonomia e plenitude, tem sempre um equivalente interior que o leva a pertencer à unidade interior. Não posso reagir de forma imediata ao meu corpo exterior: todos os tons volitivo-emocionais diretos, que em mim estão ligados ao corpo, dizem respeito ao seu estado interior e às suas possibilidades, como sofrimentos, gozos, paixões, satisfações, etc. Pode-se amar o próprio corpo, sentir por ele uma espécie de ternura, mas isso significa apenas uma coisa: o anseio permanente e o desejo daqueles estados e vivenciamentos puramente interiores que se realizam através do meu corpo, mas esse amor não tem nada de essencialmente comum com o amor pela imagem externa individual de outra pessoa; o caso de Narciso é interessante precisamente como exceção que caracteriza e explica a regra. Posso experimentar o amor do outro por mim; posso desejar ser amado, posso imaginar e prever o amor do outro por mim, mas não posso amar a mim mesmo como se amasse outro, de forma imediata. Se me preocupo comigo mesmo como me preocupo com o outro que amo, não posso concluir por isso que haja identidade na relação volitivo-emocional que nutro por mim e pelo outro, isto é, que eu me ame como amo o outro: são radicalmente diversos os tons volitivo-emocionais que em ambos os casos levam à mesma preocupação. Não posso amar o próximo como amo a mim mesmo, ou melhor, não posso *amar* a mim mesmo como amo o próximo, posso apenas transferir para ele todo o conjunto de ações que costumo

A forma espacial da personagem

realizar para mim mesmo. O direito e a moral jurídica não podem estender as suas exigências à reação volitivo-emocional interior e requerem apenas certos atos externos que pratico em relação a mim mesmo e devem ser realizados para o outro; no entanto, não se pode nem falar de transferência, para o outro, da relação axiológica interior que nutro comigo mesmo, pois se trata da criação de uma relação volitivo-emocional inteiramente nova com o outro enquanto tal, a qual chamamos de amor, que não pode, absolutamente, ser vivenciada em relação a mim mesmo. O sofrimento, o temor por mim mesmo e a alegria diferem qualitativa e profundamente da compaixão, do temor pelo outro, da alegria compartilhada; daí a diferença essencial da qualificação moral desses sentimentos. O egoísta age *como se* amasse a si mesmo; no entanto, é claro, ele não experimenta nada semelhante ao amor e à ternura por si mesmo, precisamente porque desconhece tais sentimentos. A autopreservação é uma diretriz volitivo-emocional fria, totalmente desprovida de quaisquer elementos de amor-carinho, uma diretriz estética.

Em sua íntegra, o valor da minha pessoa externa (e antes de tudo de meu corpo exterior, a única coisa que aqui nos interessa) é de natureza emprestada, que eu construo mas não vivencio de maneira imediata.

Se por um lado posso aspirar diretamente à autopreservação e ao bem-estar, defender minha vida a qualquer custo, até mesmo almejar o poder e a submissão dos outros, nunca, porém, posso vivenciar imediatamente em mim aquilo que vem a ser a pessoa de direito, visto que a pessoa de direito não é senão a certeza garantida do meu reconhecimento pelos outros, reconhecimento esse que eu vivencio como uma obrigação deles para comigo (porque uma coisa é defender de fato a própria vida contra um ataque real — até os animais fazem isso — e outra coisa inteiramente distinta é vivenciar seu próprio *direito* à vida e à segurança e a obrigação de que os outros respeitem esse direito), pois são profundamente diversos o vivenciamento interior do próprio corpo, o reconhecimento do seu valor externo por outras pessoas e meu direito à aceitação amorosa da minha imagem externa: tal reconhecimento me chega de cima como uma dádiva concedida por outrem, uma felicidade que não pode ser interiormente fundamentada e compreendida; é possível *apenas* ter certeza desse valor, e é impossível um vivenciamento intuitivo-evidente do valor externo do meu próprio corpo, posso apenas alimentar a pretensão a esse valor. Os diversos atos de atenção, amor e reconhecimento do meu valor a mim dispensados por outras pessoas e disseminados em minha vida como que esculpiram para mim o valor plástico do meu corpo exterior. De fato, mal a pessoa começa a vivenciar a si mesma de dentro, depara-se imediatamente com atos de reconhecimento e amor de pessoas íntimas, da mãe, que partem de fora ao encontro dela: dos lábios da mãe e de pessoas íntimas a criança recebe todas as definições iniciais de si mesma. Dos lábios delas, no tom volitivo-emocional do seu amor, a criança ouve e começa a reconhecer o seu *nome*, a denominação de todos os elementos relacionados ao seu corpo e às vivências e estados interiores; são palavras de pessoa que ama as primeiras palavras sobre ela, as mais autorizadas, que pela primeira vez lhe determinam de fora a personalidade e vão ao encontro da sua própria e obscura autossensação interior, dando-lhe forma e nome em que pela primeira vez ela torna consciência de si e se localiza como *algo*. Palavras amorosas e preocupações reais vão ao encontro do caos confuso da autossensação interior, nomeando, orientando, satisfazendo, pondo em contato com o mundo exterior como resposta interessada em mim e na minha necessidade, e isso é como se enformasse plasticamente esse caos infinito e agitado[21] de necessidades e insatisfações, no qual todo o exterior

---

[21] Caos móvel, reminiscência de Tiúttchev. Cf. os versos conclusivos

A forma espacial da personagem

ainda está diluído para a criança e está também diluída e submergida a futura díade de sua personalidade e do mundo exterior que a ela se opõe. Para revelar essa díade contribuem os atos e palavras amorosas da mãe, em cujo tom volitivo--emocional isola-se e constrói-se a personalidade da criança, enforma-se em amor o seu primeiro movimento, sua primeira pose no mundo. A criança começa a ver-se pela primeira vez como que pelos olhos da mãe e começa a falar de si mesma nos tons volitivo-emocionais dela, como que se acaricia com seu primeiro autoenunciado; desse modo, ela aplica a si e aos membros do seu corpo os hipocorísticos no devido tom: "minha cabecinha, minha mãozinha, minha perninha", "neném quer naninha", etc. Aqui ela determina a si e ao seu estado através da mãe, no amor que esta lhe devota como objeto do seu mimo, do seu carinho, dos seus beijos; é como se ela fosse enformada axiologicamente pelos abraços dela. Partindo de dentro de si mesmo, sem nenhuma mediação do outro que ama, o homem nunca conseguiria falar a seu próprio respeito na forma e nos tons hipocorísticos, em todo caso estes não exprimiriam, de modo algum, o efetivo tom volitivo-emocional do meu autovivenciamento, da minha relação interior imediata comigo mesmo, seriam esteticamente falsos: é de dentro de mim que eu menos vivencio a minha "cabecinha" ou a minha "mãozinha" — mais propriamente a "cabeça", eu ajo precisamente com a "mão". Na forma hipocorística só posso falar de mim em relação ao outro, exprimindo através dela a atitude real desejada do outro para comigo.

Eu experimento uma necessidade absoluta de amor, que só o outro pode realizar interiormente a partir de seu lugar singular *fora* de mim; é verdade que essa necessidade fragmenta de dentro a minha autonomia, mas ainda não me en-

do poema "Por que uivas, vento noturno?": "Oh, tempestade, não acorda quem dorme —/ Sob eles move-se o caos!...". (N. da E.)

forma afirmativamente *de fora*. Sou profundamente *frio* comigo mesmo, inclusive na autopreservação.

Esse amor da mãe e das outras pessoas, que desde a infância forma o homem de fora ao longo de toda a sua vida, dá consistência ao seu corpo interior. É verdade que não lhe proporciona uma imagem intuitivamente evidente do seu valor externo, mas lhe faculta um valor potencial desse corpo, valor que só pode ser realizado por outra pessoa.

O corpo do outro é um corpo exterior, cujo valor eu realizo de modo intuitivo-manifesto e que me é dado imediatamente. O corpo exterior está unificado e enformado por categorias cognitivas, éticas e estéticas, por um conjunto de elementos visuais externos e táteis, que nele são valores plásticos e picturais. Minhas reações volitivo-emocionais ao corpo exterior do outro são imediatas, e só em relação ao outro eu vivencio imediatamente a *beleza* do corpo humano, ou seja, esse corpo começa a viver para mim em um plano axiológico inteiramente diverso e inacessível à autossensação interior e à visão exterior fragmentária. Só o outro *está personificado* para mim em termos ético-axiológicos. Neste sentido, o corpo não é algo que se baste a si mesmo, ele necessita *do outro*, do seu reconhecimento e da sua atividade formadora. Só o corpo interior — a carne pesada — é dado ao próprio homem; o corpo exterior é antedado: ele deve criá-lo com seu ativismo.

O enfoque sexual do corpo do outro é inteiramente singular e, por si só, incapaz de desenvolver energias plástico-picturais formadoras, ou seja, é incapaz de criar o corpo como elemento artístico externo, acabado, plenamente definido e autossuficiente. Aqui o corpo exterior do outro se desintegra, tornando-se apenas um elemento do meu corpo interior e dotado de valor apenas em função daquelas possibilidades corpóreas interiores — de desejo sexual, prazer, satisfação — com que ele me brinda, e essas possibilidades interiores liquidam seu acabamento elástico externo. No enfo-

A forma espacial da personagem

que sexual, meu corpo e o corpo do outro se fundem numa só carne, mas essa carne única só pode ser interior. É verdade que essa fusão numa carne interior única é o limite a que aspira a minha relação sexual em sua pureza; na realidade, ela é sempre complexificada, quer por elementos estéticos de deleite com o corpo exterior, quer, consequentemente, por energias formadoras, criadoras; no entanto, o valor artístico que elas criam é aqui apenas um meio e não atinge autonomia e plenitude.

É essa a distinção entre os corpos exterior e interior — o corpo do outro e o meu corpo — no contexto fechado concreto da vida de um homem singular, para quem a relação "*eu* e o *outro*" é absolutamente irreversível e está dada de uma vez por todas.

Vejamos agora a questão ético-religiosa e estética do valor do corpo humano em sua história, tentando interpretá-lo do ponto de vista da diferença estabelecida.

Em todas as concepções ético-religioso-estéticas do corpo historicamente significativas, desenvolvidas e acabadas, ele costuma ser generalizado e não diferenciado, mas neste caso predominam inevitavelmente ora o corpo interior, ora o exterior, ora o ponto de vista objetivo, ora o subjetivo; ora na base da experiência viva, que faz brotar a ideia de homem, situa-se o autovivenciamento, ora o vivenciamento *do outro*; no primeiro caso é fundamental a categoria axiológica de *eu*, à qual se subpõe também o outro, e, no segundo, a categoria de *outro*, que também me abrange. Em um caso, o processo de construção da ideia de homem (homem como valor) pode exprimir-se assim: homem sou eu, na forma como eu me vivencio a mim mesmo; os outros são iguais a mim. No segundo caso, assim: homem são os outros ao meu redor, na forma como eu os vivencio; eu sou igual aos outros. Desse modo, ou se reduz a originalidade do autovivenciamento sob a influência do vivenciamento dos outros ou a originalidade do vivenciamento do outro sob a influência e em prol do autovivenciamento. É claro que se trata apenas do predomínio deste ou daquele elemento como axiologicamente determinante; ambos integram o todo do homem.

É claro que quando o significado da categoria de *outro* é determinante na criação da ideia de homem predomina o juízo de valor estético e positivo do *corpo*; o homem é *personificado* e significativo em termos plástico-picturais; o corpo interior apenas se junta ao exterior, refletindo-lhe o valor e consagrando-se nele. Assim era o homem na Antiguidade, na época do seu florescimento. Todo o corpóreo era consagrado pela categoria de *outro*, vivenciado como valor imediato, e a autodeterminação significativa, internamente axiológica, subordinava-se à determinação externa através do outro e para o outro, o *eu-para-mim* dissolvia-se no *eu-para-o-outro*.[22] Vivenciava-se o corpo interior como valor biológico (o valor biológico de um corpo sadio é vazio e inconsistente e não pode gerar nada criativamente produtivo e culturalmente significativo, pode apenas refletir outra espécie de valor, principalmente o valor estético; ele mesmo é "pré-cultural"). O reflexo gnosiológico e o idealismo puro estavam ausentes (Husserl). Zielinski. O elemento sexual não predominava, de modo algum, ele é hostil à plasticidade. Só com o surgimento das bacantes[23] começa a abrir-se outra corrente, no fundo oriental. No movimento dionisíaco predomina o esbanjamento interior, *mas não solitário*, do corpo. Intensifica-se a sexualidade. Os limites plásticos começam a cair.

[22] Cf. a característica da relação antiga com a corporeidade no livro de S. Aviérintsiev, *Poética da literatura bizantina antiga*, Moscou, 1977, p. 62. (N. da E.)

[23] Na época em que esse trabalho foi escrito, o surgimento tardio do culto de Dioniso como originário da Trácia, supostamente por volta do século VI antes da nossa era, não suscitava nenhuma dúvida. Atualmente, porém, já ficou estabelecido que as fontes desse culto são creto-micênicas. (N. da E.)

A forma espacial da personagem

O homem plasticamente acabado — o *outro* — afunda num vivenciamento intracorpóreo amorfo porém único. O *eu-para-mim* ainda não está isolado nem se contrapõe aos outros como categoria essencialmente distinta de vivenciamento do homem. O terreno para isto está apenas sendo preparado. No entanto, as fronteiras não são mais sagradas e começam a pesar (a nostalgia da individuação), o interior perdeu a força *exterior* revestida de autoridade, mas ainda não encontrou a "forma" espiritual (forma em sentido impreciso, uma vez que ela já não é estética, o espírito se antedá a si mesmo). O epicurismo ocupa uma posição intermediária original: nessa corrente, o corpo se torna um organismo, é um corpo interior[24] — um conjunto de necessidades e satisfações —, é verdade que ainda não desprendido, ainda marcado pelo reflexo — se bem que tênue — do valor positivo do outro; mas todos os elementos plástico-picturais já estão apagados. Uma leve ascese marca a antecipação do peso da solidão interior do corpo na ideia de homem, agregada à categoria de *eu-pa-*

---

[24] A máxima de Epicuro "Vive sem ser notado" era interpretada na época antiga como um desafio à transparência e ao caráter público aos quais se vincularam intimamente a concepção de dignidade humana na pólis. Plutarco escreveu no estilo mais acentuadamente panfletário a obra polêmica *Porventura disseram bem: "vive sem ser notado"?*, na qual se dirige a Epicuro da seguinte maneira: "Mas se tu queres excluir da vida a transparência do mesmo modo como em um banquete se apaga uma vela para que às escondidas se possa entregar-se a quaisquer tipos de prazer, neste caso pode-se dizer: 'vive sem ser notado'. Pudera, já que brevemente pretendo morar com a hetera Gédia e com Leôntio: 'lixar-se para o belo' e ver o bem 'nas sensações rasteiras', são coisas que precisam do escuro e da noite, do esquecimento e do anonimato... Eu, porém, acho que a própria vida, que o fato de que nós mesmos viemos ao mundo e nos tornamos copartícipes do nascimento, foi dada ao homem pela divindade para que ele tomasse conhecimento dela... Aquele que mergulha a si mesmo no anonimato, mergulha na escuridão e se enterra vivo, e esse parece descontente com o fato de ter nascido e abre mão da existência" (*De latent. vivendo*, 4, 6; tradução de S. Aviérintsiev). (N. da E.)

ra-mim como espírito. Essa ideia começa a nascer no estoicismo: morre o corpo exterior e começa a luta com o corpo interior (para si em si mesmo) como corpo desprovido de sensatez. O estoico abraça uma estátua para esfriar-se.[25] Toma-se como base da concepção de homem o autovivenciamento (o outro sou eu), daí a rigidez (o rigorismo) e a fria ausência de amor no estoicismo.[26] Por último, a negação do corpo — como *meu* corpo — atinge o apogeu no neoplatonismo.[27] O valor estético está quase morrendo. A ideia do nascimento vivo (do outro) é substituída pelo autorreflexo do *eu-para-mim* na cosmogonia, onde eu gero o outro em meu interior, sem sair dos meus limites, permanecendo só. A originalidade da categoria de *outro* não se afirma. É a teoria da emanação: eu me penso, *eu pensado* (produto do autorreflexo) me separo do *eu pensante*; ocorre um desdobramento, cria-se uma nova pessoa; esta, por sua vez, se desdobra no autorreflexo, etc.; todos os acontecimentos estão concentrados em um único *eu-para-mim* sem adição do novo valor do *outro*. Na díade *eu-para-mim* e *eu*, na forma como me apresen-

---

[25] Esse exercício estético está ligado não tanto ao nome do estoico quanto ao nome do cínico Diógenes de Sinope: "Desejando temperar-se de todas as maneiras, no verão ele rolava pela areia quente e no inverno abraçava uma estátua coberta de neve" (Diog. Laert., VI, 2, 23; tradução de M. L. Gasparov). (N. da E.)

[26] Cf. a menção à compaixão como estado indesejado da alma ao lado da inveja, da má vontade, do ciúme, etc. no sistema ético-psicológico do histórico Zenão de Cítio (Diog. Laert., VII, 1, 3). (N. da E.)

[27] A biografia de Plotino, fundador da Escola Neoplatônica, escrita por seu discípulo Porfírio, começa com as palavras: "Plotino, filósofo de quem fomos contemporâneos, parecia envergonhar-se de estar no corpo" (Porph. v. Plot., I). O autor foi muito preciso na análise das implicações éticas da extrema concentração — própria do neoplatonismo — do pensamento no *único*, na ideia do *único* (de sorte que o *único* é sempre concebido como *único*, não como o essencialmente *outro* mas como ser do outro, com aspecto semântico e "emanação" do mesmo *único*). (N. da E.)

to ao *outro*, o segundo integrante é concebido como restrição nociva e tentação, como desprovido de realidade substancial. A atitude pura em face de mim mesmo — e ela é desprovida de todos os elementos estéticos, podendo ser apenas ética e religiosa — torna-se o único princípio criador de vivenciamento axiológico e justificação do homem e do mundo. Contudo, na atitude para comigo não podem tornar-se imperativas reações como ternura, condescendência, clemência, deleite, que podem ser abrangidas por uma palavra: "bondade". Na atitude para comigo é impossível compreender e justificar a bondade como um princípio da atitude em face do dado; este é o campo do puro antedado, que supera todo o já dado e presente como nocivo e todas as reações que constroem tudo e consagram o dado. (A eterna superação de si mesmo à base do autorreflexo.) A existência se sagra no inevitável arrependimento do corpo. O neoplatonismo é a apreensão axiológica mais pura e coerentemente aplicada do homem e do mundo à base do puro autovivenciamento: tudo — o universo, Deus, os outros homens — é apenas um *eu-para-mim*, seu julgamento de si mesmo é o último e o mais competente, o *outro* não tem voz; o fato de eles ainda serem um *eu-para-o-outro* é acidental e secundário e não suscita juízo de valor essencialmente novo. Daí a negação mais consequente do corpo: meu corpo não pode ser um valor para mim mesmo. A autopreservação meramente espontânea é incapaz de gerar valor. Ao me preservar, eu não me avalio: isso acontece a despeito de qualquer juízo de valor e justificação. O organismo simplesmente vive, mas não é justificado de dentro de si mesmo. Só de fora desce sobre ele a felicidade da justificação. Eu mesmo não posso ser o autor do meu próprio valor, da mesma forma que não posso levantar-me pelos cabelos. A vida biológica do organismo só se torna valor na simpatia e na compaixão (materna) do outro por ele; assim, ela se insere em um novo contexto axiológico. São profundamente diversas em termos axiológicos a minha fome e a fome de outro ser: em mim a vontade de comer é simplesmente uma "vontade", um "querer", no outro ela é sagrada para mim, etc. Onde em relação ao outro não se admite como possível e justificável um juízo de valor impossível e injustificável em relação a mim, onde o outro como tal não goza de privilégios, o corpo como agente da vida corpórea para o próprio sujeito deve ser categoricamente negado (onde o outro não cria um novo ponto de vista).

Do ponto de vista do nosso problema, o cristianismo se afigura complexo e heterogêneo.[28] Integram-no os seguintes

---

[28] A visão bakhtiniana da gênese e da composição ideológica da antropologia do cristianismo nascente tem dois aspectos: de um lado, está necessariamente condicionada a uma certa soma de concepções inerentes à ciência, à filosofia, ao ensaísmo histórico-cultural, em geral à consciência intelectual do início do século XX. O próprio autor menciona nominalmente e subentende outras autoridades, como o brilhante professor — primeiro em Petersburgo depois em Varsóvia — de Filologia Clássica e eloquente popularizador das suas concepções, Faddei Frantziêvitch Zielinski, e o corifeu da teologia liberal protestante alemã e historiador da igreja Adolf Harnack. Aqui não é lugar para criticar essa soma de concepções; trata-se de perceber amplamente a perspectiva em que se insere outro aspecto original das formulações do autor. De outro lado, a relação das ideias, coerentemente desenvolvida, que vai da antítese do corpo "interior" e "exterior", do *eu-para-si* e *eu-para-o-outro*, reveste da original complementação bakhtiniana também aquelas passagens em que, em linhas gerais, tornam a somar-se os resultados da época científica passada. Desse modo, a correlação das raízes triádicas do cristianismo — judaicas, helênicas e "gnósticas" (em suma, ou irânico-dualistas ou sincrético-dualistas) — era o tema preferido das discussões daquela época. Atualmente esse tema não está caduco, embora, é claro, seu enfoque tenha sofrido forte modificação tanto por parte do novo material quanto pelo avanço das diretrizes metodológicas. Nos trabalhos de Harnack (dos quais ganharam popularidade especial as conferências "A essência do cristianismo" e o compêndio *A história dos dogmas*, que, aliás, apareceram em 1911 em tradução russa), a formação da doutrina da Igreja e o culto da Igreja (junto com a arte do culto) e da organização eclesiástica são descritos como substituição gradual da "pura doutrina de Cristo" pelos componentes da cultura do helenismo. Entretanto, a concepção de Harnack pressupõe uma ênfase

elementos heterogêneos: 1) a sacralização profundamente original da corporeidade interior do ser humano — das necessidades físicas — pelo judaísmo, à base do vivenciamento co-

muito enérgica nas diferenças entre o cristianismo "primitivo" (ainda "puro") e o cristianismo "inicial" (já helenizado), isto é, a contraposição da "essência" do cristianismo ao obscurecimento helênico dessa "essência". Ao contrário, Zielinski aceitava o cristianismo já "primitivo" (incluindo o sermão do próprio Jesus) em sua própria "essência" como fenômeno helênico, insistindo sobretudo nas fontes gregas da ideia do filho de Deus (cf. F. F. Zielinski, *A vida das ideias*, v. 4, Petersburgo, 1922, pp. 15-6; do mesmo autor e no mesmo livro, *A religião do helenismo*, 1922, p. 129).

Para compreender a lógica das formulações do autor, convém fazer mais algumas observações. A interpretação bakhtiniana da visão de mundo do Antigo Testamento resume em poucas palavras precisas todo um círculo de conjecturas suas e de outros. O autor conseguiu superar o aspecto abstrato das velhas concepções sobre o "monoteísmo ético", que remontam ainda ao iluminismo religioso de Moses Mendelssohn, isto é, ao século XVIII, e que foram revificadas reiteradamente até o livro do neokantiano Hermann Cohen, *Die Religion der Vernunft aus den Quellen des Judentums* (1919), e perceber a densa "corporeidade" do Antigo Testamento (veja-se a posição central dos conceitos *"Leiblichkeit"* na interpretação da Bíblia em Martin Buber, que Bakhtin conhecia magnificamente e valorizava; cf. M. Buber, *Werke*, vol. 2, *Schriften zur Bibel*, Munique, 1963, *passim*) sem nunca cair no excesso de "magismo" sensual, característico dos interpretadores vinculados à chamada filosofia da vida e ainda por cima tão fora do judaísmo (V. Rosanov na Rússia) quanto dentro dele (cf. Oskar Goldberg, *Die Wirklichkeit der Hebräer Berlin*, 1925). A "corporeidade" do Antigo Testamento é descrita predominantemente como "interior", isto é, não contemplável de fora mas empatizada por dentro no *modus* da necessidade, no *modus* do prazer, mas não como corporeidade individual de um homem e sim como corporeidade coletiva da comunidade ético-sagrada — a "unidade do organismo popular". Neste sentido, cabe observar que o filósofo judeu-alemão e tradutor da Bíblia Franz Rosenzweig, famoso em sua época, ponderou seriamente a possibilidade de transmitir a combinação de palavras do grego antigo "nação santa" ("göj qädos"): por exemplo (Êxodo, 19, 6 e 24, 3) através da combinação de palavras do alemão "heiliger Leib", isto é, "corpo sagrado" (testemunho de M. Buber em carta a W. Herbert de 25 de janeiro de 1953; cf. M. Buber, *Briefwech-selaus sieben Jahrhunderten*, vol. 3, Heidelberg, 1975, p. 326). (N. da E.)

108   O autor e a personagem na atividade estética

letivo do corpo sob o predomínio da categoria de *outro*, a percepção de si mesmo nessa categoria, a quase ausência do autovivenciamento ético do corpo (a unidade do organismo popular). O elemento sexual (dionisíaco) da união interior do corpo também era fraco. O valor do bem-estar do corpo. No entanto, pelas condições especiais da vida religiosa, o elemento plástico-pictural não podia atingir um desenvolvimento considerável (salvo na poesia). "Não farás para ti imagens";[29] 2) a ideia genuinamente antiga do Deus se fazendo homem (Zielinski) e o homem se fazendo Deus (Harnack); 3) o dualismo gnóstico e a ascese; e, finalmente, 4) o Cristo do Evangelho. Em Cristo encontramos a síntese, única pela profundidade, do *solipsismo ético*, do rigor infinito do homem consigo, isto é, de uma atitude irrepreensivelmente pura em face de si mesmo aliada à bondade *ético-estética* para com o outro: aqui, pela primeira vez, surge o *eu-para-mim* infinitamente profundo, não frio, mas desmesuradamente bondoso com o outro, que faculta toda a verdade ao outro como tal e revela e afirma toda a plenitude da originalidade axiológica do outro. Para Cristo, todos os homens se dissolvem nele como o único e em todos os outros homens; nele, que perdoa, e nos outros, os perdoados; nele, o salvador, e em todos os outros, os salvos; nele, que assume o fardo do pecado e da expiação, e em todos os outros, libertos desse fardo e purificados. Daí que em todas as normas de Cristo contrapõe-se o *eu* ao *outro* —, o sacrifício absoluto para mim e o perdão para o outro. No entanto, o *eu-para-mim* é o outro para Deus. Deus já não é definido essencialmente como a voz da minha consciência, como a pureza da atitude para comigo, a pureza da autonegação arrependida

[29] Trata-se do tabu do Antigo Testamento: "Não farás para ti imagem de escultura; nem semelhança alguma do que há em cima nos céus, nem embaixo na terra, nem nas águas debaixo da terra" (Êxodo, 20, 4). (N. da E.)

de tudo o que está dado em mim, como aquele em cujas mãos é pavoroso cair e de quem ver a face significa morrer[30] (a condenação imanente de si mesmo), mas como o pai celestial que está *acima de mim* e que pode me absolver e perdoar onde eu, por princípio, não posso me absolver e perdoar de dentro de mim mesmo e permanecer puro comigo mesmo. Deus é para mim o que eu devo ser para o outro. O que o outro supera e rejeita em si como um dado nocivo eu aceito e perdoo nele como a carne preciosa do outro.

São esses os componentes do cristianismo. Sob a ótica da nossa discussão, observamos nele duas tendências. Na primeira estão, em primeiro plano, as tendências neoplatônicas: o *outro* é acima de tudo o *eu-para-mim*, a carne em si mesma é um mal em mim e no outro. No outro manifestam-se ambos os princípios da atitude axiológica em sua peculiaridade: a atitude para comigo mesmo e a atitude para com o outro. É claro que essas tendências não existem em forma pura, são duas tendências abstratas, e em toda manifestação concreta pode predominar apenas uma das duas. Com base na segunda tendência, desenvolveu-se a ideia da transfiguração do corpo em Deus como outro para ele. A Igreja é o corpo de Cristo, a noiva de Cristo.[31] O comentário ao *Cântico*

---

[30] No Antigo Testamento, Deus diz a Moisés: "... homem nenhum verá a minha face e viverá" (Êxodo, 33, 20; cf. ainda: Juízes, 13, 22: "E disse Moisés à sua mulher: é verdade que vamos morrer porque vimos Deus"). Entretanto, na passagem do Novo Testamento em que, pelo contexto, tem-se em vista vivenciamento do divino no Antigo Testamento, está escrito: "Horrível coisa é cair nas mãos do Deus vivo!" (Hebreus, 10, 31). (N. da E.)

[31] O pensamento desenvolvido nas mensagens do Novo Testamento pelo apóstolo Paulo: "... assim como o corpo é um e tem muitos membros, sendo muitos, eles constituem um só corpo, assim também com respeito a Cristo. Pois, em um só Espírito, todos fomos batizados em um só corpo, quer judeus, quer gregos, quer escravos, quer livres. E a todos nós foi dado beber de um só Espírito" (Coríntios I, 12, 12-13; pela concatenação

dos cânticos de Bernard de Clairvaux.[32] Por último, a ideia da bem-aventurança como descida — de fora — da graça da absolvição sobre nós e aceitação do dado essencialmente pe-

que se segue das ideias do texto, a preocupação vitalmente necessária com as partes "mais baixas" e "desrespeitosas" do corpo se apresenta como norma para a cordialidade das relações na comunidade eclesiástica, onde deve haver "mais cuidado com o menos perfeito"). Por isso a união do cristão com Cristo não é só espiritual mas também corporal em seus aspectos essenciais: "o corpo não é para a impureza, mas para o Senhor, e o Senhor para o corpo... glorificai a Deus por vosso corpo..." (Coríntios I, 6, 13, 20). Até certo ponto, o mistério dessa união se compara à abertura do autoisolamento do indivíduo no convívio do casal e em geral dos homens e das mulheres, que, conforme a Bíblia, "tornando-se os dois uma só carne (Gênesis, 2, 24 — compare-se ao que diz Bakhtin sobre a "fusão sexual em uma só carne interior". No âmbito da cosmovisão cristã, esse confronto, além de não eliminar, ainda fundamenta do modo mais acentuado o princípio ascético da depravação da pureza casta do corpo: "Não sabeis que os vossos corpos são membros de Cristo? E eu, porventura, tomaria os membros de Cristo e os faria membros de meretriz? Absolutamente, não. Ou não sabeis que o homem que se une a uma prostituta forma um só corpo com ela? Porque, como se diz, serão os dois uma só carne. Mas aquele que se une ao Senhor é um espírito com ele. Fugi da impureza! Qualquer outro pecado que uma pessoa cometer, é fora do corpo; mas aquele que pratica a imoralidade peca contra o próprio corpo" (Coríntios I, 6, 15-18).

Em um texto do Novo Testamento (Efésios, 5, 22-33) fala-se da relação de Cristo com a Igreja, isto é, com a comunidade de todos os crentes), como paradigma ideal da relação do marido com a mulher no grande mistério do casamento. Nessa perspectiva, marido e mulher são uma espécie de "ícone" de Cristo e da Igreja. Por outro lado, no Apocalipse, a Jerusalém celestial, que simboliza a chamada Igreja Triunfante (isto é, a comunidade dos crentes já na eternidade, além dos conflitos terrestres), é reiteradamente denominada esposa e noiva do Cordeiro (isto é, Cristo): "... são chegadas as bodas do Cordeiro, cuja esposa a si mesma já se ataviou" (Apocalipse, 19, 7); "Vi também a cidade santa, a nova Jerusalém, que descia do céu, da parte de Deus, ataviada como noiva, adornada para o seu esposo" (Apocalipse, 21, 2). (N. da E.)

[32] Os sermões de Bernard de Clairvaux sobre o *Cântico dos cânticos* do Antigo Testamento, que interpretam as imagens sensuais como descri-

A forma espacial da personagem

caminoso e não superável de dentro de nós mesmos. Junta-se aqui também a ideia da confissão (arrependimento até o fim) e da expiação. De dentro do meu arrependimento, a negação integral de mim mesmo, de fora (Deus é o outro), regeneração e graça. O homem mesmo pode apenas arrepender-se, só o outro pode perdoar. A segunda tendência do cristianismo encontra expressão mais profunda em São Francisco, Giotto e Dante.[33] Conversando com Bernard no paraíso,

ção do amor espiritual do Cordeiro por Deus, deram continuidade à tradição fundada ainda pelos pensadores do cristianismo nascente (sobretudo por Gregório de Nice) e, por sua vez, impulsionaram os motivos do "Gottesminne" ("Amor divino") na mística alemã e holandesa da Idade Média tardia (Hildergarda de Bingen, Matilde de Magdeburgo, Mestre Eckhart, Heinrich Suso, Ruysbroeck O Admirável, e outros). (N. da E.)

[33] A mística de Francisco de Assis está marcada pelo frescor popular e pelo ânimo: a natureza é um mundo iluminado e misterioso que incita ao amor humano, as artimanhas dos demônios são impotentes e dignamente ridicularizadas, a doutrina da predestinação para a morte da alma é uma invenção satânica. Personificando o sol e a lua, o fogo e a água, as virtudes cristãs e a morte, Francisco de Assis se referia a elas como a uma fábula e as chamava de irmãos e irmãs; o vivenciamento dessa fraternidade de todas as criaturas divinas, que une o mundo do homem com o mundo da natureza, está expresso na chamada *Canção do sol* — um inspirado poema lírico em linguagem popular. Essa mesma irmandade é integrada pelo "irmão Asno" como parte da natureza — o próprio corpo de Francisco, severamente enfreado segundo as leis do ascetismo mas não rejeitável, não excluível e não desprezível; o "irmão Asno" nessa denominação para o corpo é um humor brando, que insere seus corretivos no entusiasmo ascético. Isso está efetivamente muito distante da atmosfera do neoplatonismo. Mantendo-se nos trilhos da cosmovisão cristã, São Francisco antecipou a necessidade de renovação das formas da cultura medieval que gerou o Renascimento italiano. Daí decorre o significado da sua imagem para todos os precursores do Renascimento — o pintor Giotto di Bondone e o poeta Dante Alighieri. A fidelidade pessoal à memória de Francisco de Assis é um fato da biografia desses dois artistas: não foi por acaso que Giotto deu a um de seus filhos o nome de Francisco, a uma de suas filhas o nome de Clara (nome da acompanhante de Francisco de Assis), e Dante, pelo visto, foi um franciscano terciário, isto é, membro da irmandade dos

Dante exprime a ideia de que o nosso corpo haverá de ressuscitar não para nós, mas para aqueles que nos amam, que nos amavam e conheciam a nossa única face.[34]

A reabilitação do corpo no Renascimento é de natureza mesclada e confusa. Perderam-se a pureza e a profundidade da aceitação em São Francisco, Giotto e Dante; a ingênua aceitação antiga não podia ser restaurada. O corpo procurava e não encontrava um autor autorizado, em cujo nome o artista pudesse criar. Daí a *solidão* do corpo no Renascimento. No entanto, nas manifestações mais significativas dessa época abre caminho a corrente centrada em Francisco-Giotto-Dante, já, porém, fora da pureza anterior (Leonardo, Rafael, Michelangelo). Em compensação, a técnica da representação atinge um nível de desenvolvimento vigoroso, é verdade que frequentemente desprovida de um representante genuíno e investido de autoridade. A ingênua aceitação antiga

milianos na Ordem dos Minoritas. O realismo de Giotto, que desferiu um golpe contra o convencionalismo medieval, formou-se durante os trabalhos com o ciclo de afrescos da vida de São Francisco, onde abundam episódios vivos e pitorescos (a pintura da igreja superior de São Francisco de Assis). O escritor inglês Chesterton escreveu no ensaio "Giotto e São Francisco" acerca das teses da fé cristã: "Essas verdades se materializaram em dogmas rígidos, semelhantes aos ícones bizantinos rígidos e simples como um desenho, cuja nitidez escura alegra aqueles que apreciam o equilíbrio e a harmonia. Nos sermões de São Francisco e nos afrescos de Giotto, essas verdades se tornaram populares e vivas como a pantomima. As pessoas passaram a interpretá-las como uma peça e não apenas como um esquema... O que afirmo traduz da melhor maneira a lenda do boneco de madeira que ganhou vida nas mãos de São Francisco e está representado em um dos afrescos de Giotto". Dante pôs nos lábios de Tomás de Aquino um elogio comovido a São Francisco ("Paraíso", XI); inúmeras referências à imagem dele estão disseminadas em outras passagens da *Divina Comédia*. (N. da E.)

[34] "Paraíso", XXXI-XXXII. No texto do poema não há nenhuma passagem definida à qual as palavras de Bakhtin possam referir-se de maneira isolada, desvinculada do contexto; elas sintetizam antes o sentido geral de uma série de manifestações de Dante. (N. da E.)

A forma espacial da personagem

do corpo, vinculado à unidade corpórea do mundo exterior dos outros — já que a autoconscientização do seu *eu-para-si* ainda não estava destacada, nem o homem chegara a uma atitude pura para consigo que fosse essencialmente distinta da atitude para com os outros —, não podia ser restaurada depois da experiência interior da Idade Média e junto com os clássicos era impossível não ler ou não compreender Santo Agostinho (Petrarca, Boccaccio).[35] Era igualmente forte o elemento sexual desintegrador, como também se tornou forte o falecimento epicurista. O ego individualista na ideia de homem no Renascimento. Só a alma pode isolar-se, o corpo, não. A ideia de *glória* é uma apropriação parasitária do outro carente de autoridade. Nos dois séculos subsequentes, a distância autorizada em relação ao corpo está definitivamente perdida, até que acaba degenerando no organismo como conjunto de necessidades do homem natural do Iluminismo. A ideia de homem cresce e se enriquece, só que em outros sentidos, não no nosso. O cientificismo positivista reduziu definitivamente o *eu* e o *outro* a um só denominador. O pensamento positivista. A reabilitação sexual do romantismo.[36] A ideia jurídica de homem — do homem-outro. Eis a história breve, a mais genérica e fatalmente incompleta do corpo na ideia de homem.

[35] Cf. a nota 59, p. 219. (N. da E.)

[36] O autor tem em vista sobretudo o lema da chamada "reabilitação da carne", próprio da ideologia da "Jovem Alemanha" no período que antecedeu a revolução de 1848, mas que foi preparado pelo pensamento dos românticos; cabe observar particularmente a mística esotérica do sexo e em geral da vida orgânica em Novalis (*Fragmentos*), bem como a afirmação inusitada peremptória e ademais absolutamente séria e alheia a qualquer licenciosidade do princípio sensual no sensacional romance de Friedrich Schlegel *Lucinda* (1799). Até hoje à sensualidade tem sido dispensado na vida e na cultura um lugar necessariamente fixado (em uso na época do rococó), ainda que minimamente importante, e o tom licencioso era a lei dessa fixação: o Romantismo a destruiu. (N. da E.)

Mas a ideia de homem como tal é sempre monística, procura sempre superar o dualismo *eu-outro*, se bem que lançando como fundamental uma dessas categorias. Lícita ou não, tal superação na maioria dos casos trata-se de simples ignorância da essencial diferença ética e estética de sentidos entre o eu e o outro; uma crítica a essa ideia generalizada de homem não pode fazer parte do nosso objetivo. Para compreender em profundidade o mundo como acontecimento e nele me orientar como em um acontecimento aberto e único, será possível abstrair o meu espaço único enquanto eu em oposição a todas as outras pessoas — passadas, presentes e futuras? Essa questão também deixamos em aberto. Uma coisa que aqui é essencialmente importante e que para nós não deixa dúvida: o vivenciamento axiológico real e concreto do homem no todo fechado de minha única vida, no horizonte real de minha vida, é de natureza dupla; *eu* e os *outros* nos movemos em diferentes planos de *visão* e *juízo de valor* (um juízo de valor real, concreto e não abstrato) e, para que sejamos transferidos para um plano único e singular, eu devo estar axiologicamente fora da minha vida e me aceitar como outro entre outros: essa operação é facilmente realizada pelo pensamento abstrato, quando eu me coloco sob norma comum com os outros (na moral, no direito) ou sob uma lei cognitiva comum (fisiológica, psicológica, social, etc.), mas essa operação abstrata está muito longe do vivenciamento concreto e axiologicamente evidente de mim mesmo como outro, da visão de minha vida concreta e de mim mesmo — herói dela — ao lado de outras pessoas e suas vidas, no mesmo plano com elas. Só na vida assim percebida, na categoria de *outro*, meu corpo pode tornar-se esteticamente significativo, não, porém, no contexto de minha vida para mim mesmo, não no contexto de minha autoconsciência.

Na falta dessa posição de autoridade para a visão axiológica concreta — a percepção de mim mesmo como outro —, minha imagem externa — meu ser para os outros — pro-

A forma espacial da personagem

cura vincular-se à minha autoconsciência, dá-se um retorno a mim mesmo com vistas a usar em proveito próprio o meu ser para os outros. Neste caso, meu reflexo no outro, aquilo que sou para o outro, torna-se meu duplo, que irrompe em minha autoconsciência, turva-lhe a pureza e desvia-o da atitude axiológica direta para comigo. O medo do duplo. O homem, acostumado a sonhar concretamente consigo mesmo, quando procura imaginar sua imagem externa e zela morbidamente pela impressão externa que ela suscita, mas não confia nela, enche-se de amor-próprio, perde a diretriz correta e puramente interior para o seu corpo, torna-se tardo, não sabe o que fazer com as mãos, os pés; isso acontece porque em seus gestos e movimentos interfere um outro indeterminado, surge nele um segundo princípio de relação axiológica consigo mesmo, o contexto de sua autoconsciência é confundido pelo contexto da consciência que o outro tem dele, seu corpo interior esbarra na oposição do corpo exterior, que está separado dele e vive sob os olhos do outro.

Para compreender essa diversidade de valores do corpo no autovivenciamento e no vivenciamento do outro, deve-se visar a uma imagem conjunta de sua vida o quanto possível completa, concreta e repleta de tom volitivo-emocional, mas sem o intuito de transmiti-la ao outro, de personificá-la para o outro. Essa minha vida recriada pela imaginação será rica de imagens acabadas e indeléveis de outras pessoas em toda a sua plenitude externa visível, de rostos de pessoas íntimas, familiares, até mesmo de transeuntes eventuais com quem cruzei na vida, mas não haverá entre elas a imagem externa de mim mesmo, entre todos esses rostos ímpares e únicos não estará o meu rosto; irão corresponder ao meu *eu* as lembranças — as vivências reconstruídas da felicidade puramente interior, do sofrimento, do arrependimento, dos desejos, das aspirações que penetram esse mundo visível dos *outros*, isto é, irei relembrar minhas diretrizes interiores em determinadas circunstâncias da vida e não minha imagem exterior. Todos os valores plásticos e picturais como cores, tons, formas, linhas, imagens, gestos, poses, rostos, etc. serão distribuídos no mundo material dos outros homens, no qual não entrarei como portador invisível dos tons volitivo-emocionais que o adornam e que derivam da posição axiológica singular e ativa que ocupo nesse mundo.

Eu crio com meu ativismo o corpo exterior do outro como valor por manter determinada diretriz volitivo-emocional em face dele, precisamente do outro; essa diretriz visa ao que está adiante e não retroage imediatamente a mim mesmo. No vivenciamento do corpo a partir de si mesmo, o corpo interior da personagem é abrangido por seu corpo exterior para o outro, para o autor, em cuja resposta axiológica ganha encorpamento estético. Cada elemento desse corpo exterior, que abarca o interior, tem, como manifestação estética, uma dupla função — uma impressiva e outra expressiva —, à qual corresponde uma dupla diretriz ativa do autor e do contemplador.

6. O CORPO EXTERIOR

Função expressiva e função impressiva do corpo exterior como fenômeno estético. Uma das correntes mais poderosas e, provavelmente, a mais elaborada da estética do século XIX, particularmente de sua segunda metade e princípios do século XX, é a que interpreta a atividade estética como empatia ou covivenciamento.[37] Aqui não estamos inte-

---

[37] Na edição de 2003 de *Estética da criação verbal*, publicada pela Martins Fontes, traduzi como "vivenciamento empático" o termo russo *soperejivánie*, o equivalente a empatia. Tratava-se, porém, de uma redundância, e nesta edição o substituí por "covivenciamento". Para mais detalhes, ver Posfácio. (N. do T.)

A forma espacial da personagem

ressados na diversidade de facetas dessa corrente mas tão somente no que há de mais essencial em seu pensamento na forma mais genérica. O pensamento é o seguinte: o objeto da atividade estética — as obras de arte, os fenômenos da natureza e da vida — é a expressão de algum estado interior; sua apreensão estética é um covivenciamento desse estado interior. Neste caso, não é essencial para nós a diferença entre covivenciamento e empatia, porque, quando experimentamos a empatia do nosso próprio estado interior com o objeto, de qualquer modo nós não o vivenciamos como imediatamente *nosso* mas como um estado de contemplação do objeto, ou seja, estamos em covivenciamento com ele. O covivenciamento exprime com maior clareza o sentido real do vivenciamento (fenomenologia do vivenciamento), ao passo que a empatia procura explicar a gênese psicológica desse vivenciamento. Já a construção estética deve ser independente das teorias propriamente psicológicas (além da descrição psicológica, da fenomenologia), por isso deixaremos em aberto as seguintes questões, vinculadas à maneira como se realiza psicologicamente o covivenciamento: se é ou não possível vivenciar imediatamente a vida espiritual do outro (Lossky);[38] se é ou não necessário haver semelhança externa com o rosto contemplado (reprodução imediata de sua mímica); que papel desempenham as associações, a memória; é ou não possível a representação do sentimento (Gomperz a nega, Witasek a afirma), etc.[39] Em termos fenomenológicos, o covivenciamento da vida interior de outro ser está fora de dúvida, seja qual for a técnica inconsciente de sua realização.

Portanto, a corrente em exame define o ser da atividade estética como covivenciamento do estado interior ou da ati-

---

[38] Nikolai Lossky (1870-1965), filósofo russo. (N. do T.)

[39] Referência a Theodor Gomperz (1832-1912), filósofo alemão, e Stephan Witasek (1870-1915), psicólogo austríaco. (N. do T.)

vidade interior de contemplação do objeto: do homem, do objeto inanimado, inclusive das linhas e das cores. Enquanto a geometria (o conhecimento) define uma linha em sua relação com outra linha, outro ponto com o plano como vertical, inclinado, paralelo, etc., a atividade estética define a linha do ponto de vista do seu estado interior (ou melhor, não define mas vivencia) como direcionada para cima, para baixo, etc. Sob a ótica dessa formulação geral do fundamento da estética, devemos vincular à referida corrente não só a estética da empatia na verdadeira acepção do termo[40] (em parte F. T. Vischer, Lotze, R. Vischer, Volkelt, Wundt e Lipps) como também a estética da imitação interior (Groos), da interpretação e da ilusão (Groos e Lange),[41] a estética de Cohen, em parte Schopenhauer e seus partidários (a imersão no objeto) e, por último, as concepções estéticas de Bergson. Designaremos a estética dessa corrente pelo termo arbitrariamente criado *estética expressiva*, em oposição a outras correntes que transferem o centro da gravidade para os elementos exteriores, que denominaremos *estética impressiva* (Fiedler, Hildebrand, Hanslick, Riegl[42] e outros, a estética do simbolismo, etc.). Para a primeira corrente, o objeto estético é expressivo como tal, é uma expressão exterior de um estado interior. Neste caso, é de importância capital o seguinte:

[40] A empatia ("Einfühlung") é um termo que já se encontra em Herder ("Vom Erkennen und Empfinden", 1778; "Kalligone", 1800) e nos românticos, e mais tarde foi posto em ampla circulação pelo filósofo e esteta alemão Friedrich Theodor Vischer. Cf., por exemplo, sua obra "Das Schöne und die Kunst" (Stuttgart, 2, Aufl. 1897, pp. 69 ss.). (N. da E.)

[41] Referência a F. T. Vischer (1807-1887), Hermann Lotze (1817-1881), Robert Vischer (1847-1933), Johannes Volkelt (1848-1930), Wilhelm Wundt (1832-1920), T. Lipps (1851-1914), Karl Groos (1861-1946) e Konrad Lange (1855-1921), filósofos alemães. (N. do T.)

[42] Referência a Adolf von Hildebrand (1847-1921), artista e ensaísta alemão, e Eduard Hanslick (1825-1904) e Alois Riegl (1858-1905), historiadores da arte austríacos. (N. do T.)

o que se expressa não é algo objetivamente significativo (valor objetivo), mas a vida interior do próprio objeto que exprime a si mesmo, seu estado volitivo-emocional e sua tendência; isso só na medida em que se possa falar de covivenciamento. Se o objeto estético exprime uma ideia ou algum estado objetivo imediatamente, como para o simbolismo e para a estética do conteúdo (Hegel, Schelling), neste caso não há espaço para o covivenciamento e estamos diante de outra corrente. Para a estética expressiva, o objeto estético é o homem e tudo o mais se personifica, humaniza-se (até as cores e linhas). Nesse sentido, pode-se dizer que a estética expressiva agrega qualquer valor estético espacial como um corpo que expressa uma alma (um estado interior), a estética é mímica e fisiognomonia (mímica congelada). Perceber esteticamente o corpo é covivenciar os seus estados interiores, do corpo e da alma, através da mediação da expressividade exterior. Podemos formular essa questão assim: o valor estético se realiza no momento em que o contemplador está dentro do objeto contemplado; no momento em que ele vivencia a vida do objeto de dentro do próprio, contemplador e contemplado coincidem extremamente. O objeto estético é o sujeito de sua própria vida interior, e é no plano dessa vida interior do objeto estético como sujeito que se realiza o valor estético, no plano de uma consciência, no plano do autovivenciamento covivenciado do sujeito, na categoria de *eu*. Não se consegue aplicar esse ponto de vista coerentemente até o fim: desse modo, ao explicarmos o trágico e o cômico é difícil que nos limitemos a covivenciar o herói sofredor e "comungar com a tolice" do herói cômico. Mas a tendência básica é a de que o valor estético se realize integralmente como imanente a uma única consciência e não se admita uma contraposição do eu ao *outro*, o sentimento como compaixão (para com o herói trágico), o sentimento de sua própria superioridade (sobre o herói cômico), de sua própria insignificância ou de sua superioridade moral (diante do sublime) se excluem como extraestéticos precisamente porque, ao tratarem o outro como tal, supõem uma contraposição axiológica do *eu* (contemplador) ao *outro* (contemplado) e a imiscibilidade principial dos dois. Aí os conceitos de interpretação e ilusão são particularmente característicos. De fato, na interpretação vivencio outra vida sem sair dos limites do autovivenciamento e da autoconsciência, sem lidar com os outros como tais. Dá-se o mesmo quando se tem consciência da ilusão: continuando a ser eu mesmo, vivencio outra vida. Neste caso, porém, a *contemplação* (contemplo meu parceiro de interpretação com os olhos do participante e não do espectador) está ausente, é esquecida. Aqui estão excluídos todos os sentimentos possíveis em relação ao outro como tal e ao mesmo tempo vivencia-se outra vida. A estética expressiva recorre frequentemente ao auxílio desses conceitos para descrever sua posição (ora eu sofro como o herói, ora estou livre do sofrimento como o espectador; aqui está em toda parte a atitude em face de si mesmo, o vivenciamento na categoria de *eu*, os valores representados em toda parte se correlacionam com o *eu*; a minha morte, a morte não minha), a posição situada *dentro* do homem que vivencia para realizar um valor estético, para vivenciar a vida na categoria de *eu* inventado ou real. (As categorias de estrutura do objeto estético — o belo, o sublime, o trágico — se tornam formas possíveis de autovivenciamento: a beleza autossuficiente, etc., sem correlação com o outro como tal. A obsolescência desimpedida de si mesma, de sua vida, segundo a terminologia de Lipps.)

Crítica aos fundamentos da estética expressiva. A estética expressiva nos parece incorreta em seus fundamentos. O elemento puro de compenetração e empatia (covivenciamento) é, em essência, extraestético. O fato de ocorrer empatia não só na percepção estética mas em toda a vida (empatia prática, ética, psicológica, etc.) não é negado por nenhum dos representantes dessa corrente, mas nenhum deles apontou os indícios isoladores do covivenciamento estético (a pureza da empatia em Lipps, a intensidade da empatia em Cohen, a imitação simpática em Groos, a empatia elevada em Volkelt).

Aliás, essa limitação nem é possível permanecendo à base do covivenciamento. As seguintes considerações podem fundamentar a insuficiência da teoria expressiva.

1) A estética expressiva é incapaz de explicar o *todo* de uma obra. De fato, tenho diante de mim *A Santa Ceia*. Para compreender as figuras centrais de Cristo e cada um dos apóstolos, devo entrar em empatia com cada um dos participantes partindo da expressividade externa, covivenciar o seu estado interior. Passando de um para outro e covivenciando, posso compreender cada figura em particular. No entanto, de que modo posso vivenciar o todo estético da obra? Ora, ela não pode ser equiparada à soma dos vivenciamentos das diversas personagens. Será que devo entrar em empatia com o movimento interior único de todo o grupo de participantes? Mas esse movimento interior único não existe, diante de mim não há um movimento de massas espontaneamente único, que possa ser compreendido como um sujeito. Ao contrário, a diretriz volitivo-emocional de cada participante é profundamente individual e há uma luta entre eles: estou diante de um acontecimento único porém complexo, em que cada participante ocupa sua posição única na totalidade do acontecimento, e essa totalidade não pode ser compreendida mediante o covivenciamento com os participantes, mas pressupõe um ponto de distância em relação a cada um e a todos juntos. Em casos desse tipo recorre-se ao auxílio do autor: ao covivenciá-lo, dominamos o todo da obra. Cada personagem expressa a si mesma, o todo da obra é uma expressão do autor. Desse modo, porém, colocamos o autor ao lado de suas personagens (às vezes isso ocorre, mas não é um caso normal e não se verifica no nosso exemplo). Em que relação se encontra o vivenciamento do autor com o vivenciamento de suas personagens, sua posição volitivo-emocional com as po-

sições delas? A inserção do autor solapa na raiz a teoria expressiva. Covivenciar com o autor, visto que ele expressou a si mesmo em dada obra, não é covivenciar a sua vida interior (suas alegrias, seus sofrimentos, seus desejos, suas aspirações) no sentido em que covivenciamos com uma personagem, mas é covivenciar a sua ativa diretriz criadora para o objeto da representação, isto é, já é uma cocriação; contudo, essa relação criadora covivenciável do autor é a relação propriamente estética passível de explicação, e ela, evidentemente, não pode ser interpretada como covivenciamento; mas daí decorre que também a contemplação não pode ser interpretada dessa maneira. O erro fundamental da estética expressiva foi terem seus representantes elaborado seu princípio básico a partir de uma análise de elementos estéticos e de imagens isoladas, habitualmente naturais, de uma análise de imagens e não do conjunto da obra. Trata-se de um equívoco de toda a estética contemporânea: a propensão por elementos. Um elemento e uma imagem natural isolada não têm autor, sua contemplação estética é de índole híbrida e passiva. Quando tenho à minha frente uma figura simples, uma cor ou a combinação de duas cores, um rochedo real ou uma ressaca do mar na praia, e tento encontrar para eles uma abordagem estética, devo antes de mais nada animizá-los, transformá-los em personagens potenciais veiculadoras de destinos, dotá-los de uma determinada diretriz volitivo-emocional, humanizá-los; desse modo, viabiliza-se pela primeira vez a sua abordagem estética, realiza-se a condição básica de uma visão estética, mas a atividade estética empenhada ainda não começou, uma vez que permaneço no estágio do simples covivenciamento da imagem animizada (mas a atividade também pode tomar outro rumo: posso me assustar com um ameaçador mar animizado, lamentar por uma rocha submergida, etc.). Devo pintar um quadro ou escrever um poema, construir um mito, ao menos na imaginação, no qual o referido fenômeno seja o herói de um acontecimento acabado em torno dele ou um empecilho, mas isso é impossível *se* permaneço no interior de dada imagem (covivenciando-a), e pressupõe uma posição estável fora dela. O quadro ou o poema que criei se constituirá em um *todo* artístico onde estará presente um conjunto de *elementos* estéticos indispensáveis. Sua análise será produtiva. A imagem externa do rochedo *representado* não vai somente exprimir-lhe a alma (os eventuais estados interiores: tenacidade, altivez, firmeza, autossuficiência, melancolia, solidão) como também concluir essa alma com valores transgredientes ao seu possível autovivenciamento; ela receberá o bem-estar estético, a absolvição que afaga, e isso seria impossível a partir de dentro dela mesma. A seu lado estarão diversos valores estéticos concretos artisticamente significativos, porém desprovidos de uma posição interior autônoma, pois no conjunto artístico nem todo elemento esteticamente significativo possui vida interior ou é acessível ao covivenciamento, o que só acontece com os heróis-participantes. O *todo* estético não se covivencia, mas é criado de maneira ativa (tanto pelo autor como pelo contemplador; neste sentido admite-se dizer que o espectador covivencia a atividade criadora do autor); apenas às personagens é indispensável covivenciar, só que aí ainda não se trata de um elemento propriamente estético: só o *acabamento* é esse elemento.

2) A estética expressiva não pode fundamentar a forma. De fato, a fundamentação mais coerente da forma pela estética expressiva é sua redução à limpidez da expressão (Lipps, Cohen, Volkelt): a função da forma é contribuir para o covivenciamento, é exprimir da maneira mais clara, plena e límpida possível o interior (de quem: da personagem ou do autor?). Essa é a concepção puramente expressiva de forma: ela não dá acabamento ao conteúdo — no sentido de um conjunto interiormente covivenciado e empatizado — mas tão somente o exprime, talvez o aprofunde, o esclareça, porém não introduz nada que, por princípio, seja novo e transgre-

diente à vida interior expressa. A forma expressa apenas o interior daquilo que ela reveste, é pura *autoexpressão* (autoenunciado). A forma da personagem exprime apenas a própria personagem, a sua alma, e não a relação do autor com ela; a forma deve ser fundamentada de dentro da própria personagem, é como se a própria personagem gerasse a sua forma como expressão adequada de si mesma. Esse raciocínio não se aplica ao pintor. A forma da *Madona Sistina* expressa a Madona, a mãe de Deus; se dissermos que ela exprime Rafael e a sua concepção da Madona, estaremos dando à expressão um sentido totalmente diferente, estranho à estética expressiva, uma vez que, nesse caso, a expressão não exprime de modo algum o homem Rafael, sua vida interior, assim como uma fórmula bem-sucedida que encontro para uma teoria não é, absolutamente, a expressão manifesta da minha vida interior. Em toda parte, a estética expressiva só tem fatalmente em vista a personagem e o autor — enquanto personagem ou na medida em que coincide com ela. A forma é mímica e fisiognomônica, expressa unicamente o sujeito, verdade que para o outro — o ouvinte-contemplador; mas esse outro é passivo, apenas percebe, e só influi na forma na medida em que o enunciador de si mesmo leve em conta o seu ouvinte (assim eu, ao enunciar a mim mesmo — através de mímica ou palavras —, adapto esse enunciado às particularidades do meu ouvinte). A forma não baixa sobre o objeto mas emana do objeto como sua expressão, como sua extrema autodeterminação. A forma deve nos levar a um ponto: ao vivenciamento interior do objeto; ela proporciona apenas o covivenciamento ideal com o autovivenciamento do objeto. A forma do referido rochedo lhe exprime apenas a solidão interior, sua autossuficiência, sua diretriz volitivo-emocional no mundo, a qual nos resta somente covivenciar. Admitamos expressar a questão assim: nós exprimimos a *nós mesmos*, a *nossa* vida interior pela forma desse rochedo, pomos o *nosso eu* em empatia com ele, mas ainda assim a for-

A forma espacial da personagem

ma continua sendo a autoexpressão de uma alma, a expressão pura de um interior.

A estética expressiva raramente mantém uma concepção tão coerente de forma. Sua evidente insuficiência nos leva a inserir ao lado dessa concepção outras fundamentações da forma e, consequentemente, outros princípios formais. Mas estes não se vinculam nem podem se vincular ao princípio da expressividade e estão a seu lado como uma espécie de apêndice mecânico, como um acompanhamento interior desconexo da expressão. Afigura-se impossível explicar a forma do *todo* como expressão da diretriz interior da personagem; além do mais, o autor só se exprime através da personagem, procurando fazer da forma a expressão adequada dessa personagem; no melhor dos casos, ele introduz apenas o elemento subjetivo da sua *concepção* de personagem. Definição negativa da forma como isolamento, etc. O princípio formal de Lipps (os pitagóricos — Aristóteles): a unidade na diversidade é apenas um apêndice da significação manifesta da expressão. Essa função secundária da forma assume inevitavelmente um colorido hedonístico, separando-se do vínculo essencial e necessário com o objeto da expressão. Assim, quando se explica uma tragédia, atribui-se o prazer auferido do covivenciamento do sofrimento ao efeito da forma, além da elevação do sentimento do valor do *eu* (Lipps), à fruição do próprio *processo* de covivenciamento, formalmente interpretado e independentemente do seu conteúdo; parafraseando um provérbio, podemos afirmar: uma gota de fel estraga todo o mel. O vício principal da estética expressiva é situar no mesmo plano, na mesma consciência, o conteúdo (o conjunto de vivências interiores) e os elementos formais, o empenho de deduzir a forma pelo conteúdo. O conteúdo, enquanto vida interior, cria para si mesmo a forma como sua expressão. Isso pode ser dito assim: a vida interior, a diretriz interior para a vida pode ela mesma tornar-se autora de sua forma estética exterior. Poderá ela gerar imediatamente a forma *es-*

tética, a expressão *artística*? Invertamos a questão: a forma artística leva *apenas* a essa diretriz interior, é *tão somente* a expressão *dessa diretriz*? A resposta é negativa. O próprio sujeito, que vivencia concretamente sua vida orientada, pode expressá-la imediatamente e a expressa no seu *ato*, pode *enunciá-la* de dentro de si no autoinforme-confissão (autodeterminação); por último, pode enunciar sua tendência cognitiva, sua visão de mundo nas categorias de enunciado cognitivo como teoricamente significativo. O ato e o autoinforme-confissão são as formas em que pode exprimir-se imediatamente a minha diretriz volitivo-emocional no mundo, minha orientação para a vida de dentro de mim mesmo, sem a inserção de valores por princípio transgredientes a essa orientação axiológica vital (de dentro de si mesmo o herói age, arrepende-se, realiza a cognição). De dentro de si mesma a vida não pode gerar uma forma esteticamente significativa sem ultrapassar seus próprios limites, sem deixar de ser ela mesma.

Tomemos o caso de Édipo. Nenhum momento de sua vida, uma vez que ele mesmo a vivencia, carece para ele de significação concreta no contexto semântico-axiológico dessa vida; sua diretriz volitivo-emocional, em cada momento dado, encontra sua expressão no ato (ato-ação e ato-palavra), reflete a si mesma na confissão e no arrependimento; no seu íntimo ele *não é trágico no sentido rigorosamente estético* da palavra; o sofrimento vivido concretamente, de dentro do próprio sofredor para ele mesmo, não é trágico; a vida não pode exprimir-se e enformar-se de dentro de si mesma como tragédia. Coincidindo interiormente com Édipo, de imediato eu me privo da categoria puramente estética do trágico; no contexto dos valores e sentidos em que Édipo vivencia concretamente a sua vida, não há elementos que construam a forma da tragédia. De dentro do vivenciamento a vida não é trágica, nem cômica, nem bela, nem sublime para o indivíduo que a vivencia concretamente e para quem o covivencia;

A forma espacial da personagem 127

só na medida em que eu saio do âmbito da alma que vivencia a vida, que ocupo uma posição firme fora dela, revisto-a de carne exteriormente significativa, cerco-a de valores transgredientes à sua tendência concreta (o fundo, o ambiente como meio e não como campo de ação — horizonte), a vida dessa alma se mostrará para mim numa luz trágica, assumirá uma expressão cômica, tornar-se-á bela e sublime. Se apenas covivenciamos Édipo (admitindo a possibilidade desse covivenciamento puro), vemos com os olhos dele e ouvimos com os ouvidos dele, ocorre a imediata desintegração de sua expressividade externa, de seu corpo, de toda a série de valores plástico-picturais que lhe revestiam a vida e lhe davam acabamento para nós: após servirem de transmissores do covivenciamento, eles não podem adentrar o covivenciado, porque no mundo de Édipo, na forma como ele o vivencia, não há seu próprio corpo exterior, não há a face pictural-individual como valor, não há as posições plasticamente significativas ocupadas por seu corpo nesse ou naquele momento da vida; no mundo de Édipo, apenas as outras personagens de sua vida são revestidas de carne externa, e essas personagens e objetos não o rodeiam, não formam seu ambiente esteticamente significativo, mas integram o seu horizonte, o horizonte do agente. E é precisamente nesse mundo do próprio Édipo que deve realizar-se o seu valor estético, segundo a teoria expressiva, a construção dele em nós é o objetivo final da atividade estética, para a qual a forma puramente expressiva serve como meio. Em outros termos, a contemplação estética deve levar-me a recriar o mundo da vida, do sonho comigo mesmo ou do sonho na forma como eu mesmo o vivencio, e nos quais eu, seu herói, não estou exteriormente expresso (ver acima). Mas esse mundo é construído somente por categorias estético-cognitivas, e à sua estrutura é profundamente estranha a estrutura da tragédia, da comédia, etc. (esses elementos podem ser trazidos, de modo interesseiro, da consciência de outros; veja-se o caso da duplicidade). Fundindo-me com Édipo e perdendo minha posição fora dele — o que, segundo a estética expressiva, é o limite a que tende a atividade estética —, perco imediatamente o "trágico"; e para mim-Édipo, essa atividade deixa de ser a expressão minimamente adequada, e uma forma da vida vivenciada por mim irá exprimir-se nas palavras e nos atos que o próprio Édipo realiza, mas eu irei vivenciar só de dentro essas palavras e atos e apenas do ponto de vista do seu sentido real nos acontecimentos da minha vida, e nunca do ponto de vista da sua significação estética — enquanto elemento do todo artístico de uma tragédia. Fundindo-me com Édipo e perdendo o lugar que ocupo *fora* dele, deixo de enriquecer o acontecimento de sua vida com um novo ponto de vista artístico inacessível a ele a partir do lugar único que ele ocupa, deixo de enriquecer esse acontecimento da sua vida como autor-contemplador; mas desse modo destrói-se a tragédia, que era justamente o resultado desse *enriquecimento em essência fundamental* inserido pelo autor-contemplador no acontecimento da vida de Édipo. Porque o acontecimento da tragédia como ação artística (e religiosa) não coincide com o acontecimento da vida de Édipo, e seus participantes não são apenas Édipo, Jocasta e as outras personagens, mas também o autor-contemplador. No conjunto da tragédia enquanto acontecimento artístico, quem é ativo é o autor-contemplador, ao passo que os heróis são passivos, salvos e redimidos pela *salvação estética*. Se o autor-contemplador perde a posição firme e ativa fora de cada uma das personagens e vem a fundir--se com elas, são destruídos o acontecimento artístico e o todo artístico como tal, no qual ele é elemento indispensável como pessoa criadora autônoma; Édipo ficará a sós consigo, não salvo nem redimido esteticamente, a vida permanecerá inacabada e injustificada em outro plano axiológico, diferente daquele em que ela de fato transcorria para o próprio vivente. Mas não é a essa repetição da repetição da vida realmente vivida ou possível, com os mesmos participantes e na

A forma espacial da personagem

mesma categoria em que ela efetivamente transcorreu ou poderia ser vivida, que aspira a criação estética. Cabe ressalvar que aqui não estamos fazendo objeções ao realismo ou ao naturalismo e defendendo a transfiguração idealista da realidade em arte, como poderia parecer. Nossa reflexão está em um plano inteiramente diverso daquele em que se situa o debate entre idealismo e realismo. Uma obra que transfigura a vida de modo idealista pode ser facilmente interpretada do ponto de vista da teoria expressiva — uma vez que se pode supor tal transfiguração na mesma categoria de *eu* —, bem como a mais exata reprodução naturalista da vida pode ser percebida na categoria axiológica de *outro* como vida de outra pessoa. Estamos diante do problema da relação entre a personagem e o autor-espectador; a atividade estética do autor-espectador será um covivenciamento com a personagem, que visa ao limite da coincidência entre eles; poderá a forma ser compreendida de dentro da personagem enquanto expressão de sua vida e voltada para atingir o limite da autoexpressão adequada da sua vida? Nós estabelecemos que, segundo a teoria expressiva, a estrutura do mundo ao qual nos leva a obra de arte (propriamente o objeto estético), compreendida de modo puramente expressivo, é semelhante à estrutura do mundo da vida como eu realmente a vivencio, onde a personagem central — eu — não está expressa em termos plástico-picturais, mas é igualmente semelhante à estrutura do mundo do sonho mais desenfreado comigo, onde a personagem também não está expressa e onde também não existe ambiente puro, mas apenas horizonte. Veremos adiante que a concepção expressiva foi a que mais se justificou precisamente em relação ao romantismo.

O equívoco radical da teoria expressiva, que acarreta a destruição do todo propriamente estético, se revela com especial clareza no exemplo do espetáculo teatral (da representação cênica). A teoria expressiva deveria utilizar o acontecimento do drama em seus momentos propriamente estéticos (ou seja, o objeto propriamente estético) da seguinte maneira: o espectador perde sua posição *fora e diante* do acontecimento que representa a vida das personagens do drama, em cada momento dado ele se situa no interior de uma delas, de onde lhe vivencia a vida, vendo a cena pelos olhos dela e, pelos ouvidos dela, ouvindo as demais personagens e covivenciando com aquela em todos os seus atos. Não há espectador, mas também não há autor como participante eficaz do acontecimento, ele está todo nas personagens, no covivenciável; não há tampouco diretor: este apenas preparou a forma expressiva dos atores, facilitando, assim, o acesso do espectador ao interior dos atores com os quais ele próprio coincide, de sorte que já não há lugar para ele. Quem permanece? Empiricamente, claro, permanecem os espectadores sentados em seus lugares na plateia e nos camarotes, permanecem os atores no palco e o diretor, emocionado e atento nos bastidores, e talvez algum homem-autor em algum camarote. Isso tudo, porém, não são elementos do acontecimento *artístico* do drama. O que permanece do *objeto* propriamente *estético*? Uma vida a ser vivenciada por dentro, só que não uma, mas várias, tantas quantas são as personagens. Infelizmente, a teoria expressiva não resolve se deve covivenciar apenas a personagem central ou igualmente todas as demais; esta reivindicação dificilmente seria de todo exequível na realidade. Seja como for, essas vidas covivenciadas não poderão ser encaixadas num acontecimento total único se não houver aí uma posição principal e não aleatória fora de cada uma delas, mas isso é excluído pela teoria expressiva. Não há drama, não há tampouco acontecimento artístico. Esse seria o resultado extremo caso a teoria expressiva fosse aplicada até o fim (o que não se verifica). Uma vez que não há plena coincidência do espectador com a personagem central e do ator com a personagem representada, temos apenas a *interpretação* da vida, e é assim que deve ser segundo afirma um grupo de teóricos da estética expressiva.

A forma espacial da personagem

Aqui é oportuno abordar o problema da correlação real da interpretação com a arte, excluindo completamente, é claro, o ponto de vista genético. A estética expressiva, que procura ao máximo excluir o autor como elemento essencialmente autônomo em face da personagem, restringindo-lhe as funções à mera técnica da expressividade, é, a meu ver, a mais consequente ao defender a teoria da interpretação nessa ou naquela forma, e, se os representantes mais destacados dessa escola não o fazem (Volkelt, Lipps), acabam salvando a verossimilhança e a amplitude da sua teoria justamente à custa dessa inconsequência. O que distingue na base a interpretação da arte é justamente a ausência principial do espectador e do autor. Do ponto de vista dos próprios interpretadores, a interpretação não pressupõe um espectador situado fora dela, para o qual se realize o todo do acontecimento da vida representado pela interpretação; de maneira geral, a interpretação nada representa, apenas imagina. O garoto que brinca de chefe de bandidos vivencia de dentro sua vida de bandido, pelos olhos do bandido olha para outro garoto que passa correndo ao lado interpretando um viajante, seu horizonte é o horizonte do bandido representado; o mesmo ocorre com seus companheiros de interpretação; a relação de cada um deles com o acontecimento da vida que decidiram representar — o ataque aos viajantes — é apenas o desejo de tomar parte no ataque, de vivenciar essa vida como um de seus participantes: um quer ser o bandido, outro, o viajante, aquele outro, o policial, etc.; sua atitude para com a vida como desejo de vivenciá-la em pessoa não é uma relação estética com a vida; nesse sentido, a interpretação é semelhante ao sonho consigo mesmo e à leitura não artística de um romance, quando nos compenetramos da personagem central para vivenciar na categoria de *eu* o seu ser e a sua vida interessante, ou seja, quando simplesmente sonhamos sob a orientação do autor, mas de maneira nenhuma essa interpretação é semelhante a um acontecimento artístico. A interpre-

132   O autor e a personagem na atividade estética

tação realmente começa a aproximar-se da arte, justamente da ação dramática, quando surge um participante novo, apático — o espectador —, que começa a deliciar-se com a interpretação das crianças do ponto de vista do conjunto do acontecimento da vida aí representado, contemplando com ativismo estético essa interpretação e criando-a parcialmente (como um todo esteticamente significativo, transferindo-a para um novo plano); mas acontece que dessa maneira o acontecimento inicialmente dado se modifica, sendo enriquecido por um elemento essencialmente novo — o espectador-autor —, e assim todos os outros elementos do acontecimento se transformam e passam a integrar um novo todo; as crianças que representam se tornam heróis, isto é, já não temos diante de nós o acontecimento da interpretação, mas o acontecimento artístico do drama em forma embrionária. Mas o acontecimento torna a se transformar em interpretação quando um participante, abrindo mão de sua posição estética e envolvido pela interpretação como por uma vida interessante, participa pessoalmente dela como um segundo viajante ou bandido, mas isso tampouco é necessário para abolir o acontecimento artístico, bastando que o espectador, permanecendo empiricamente em seu lugar, venha a compenetrar-se de um dos participantes e vivenciá-lo de dentro, e com ele a vida imaginária.

Assim, não existe elemento estético imanente à própria interpretação; ele pode ser aí inserido por um espectador que observa com ativismo, mas a própria interpretação e os meninos que brincam de interpretar nada têm a ver com isso, pois esse valor propriamente estético é estranho a eles no momento da brincadeira: vendo-se "heróis", eles talvez se sentissem como Makar Diévuchkin, que, ao se ver subitamente identificado com a personagem central de O *capote*, sentiu-se profundamente ofendido e humilhado ao imaginar que Gógol havia representado justamente a ele, Diévuchkin, nessa obra satírica.

O que a interpretação tem mesmo em comum com a arte? Apenas o elemento puramente negativo, o fato de que aqui e agora não está presente a vida real mas tão somente a sua representação; porém nem isso pode ser afirmado, porque só na arte ela é representada; na interpretação, ela é imaginada, como já observamos; ela só se torna representada na contemplação ativo-criadora do espectador. O fato de se poder torná-la objeto do ativismo estético não é vantagem para ela, uma vez que também podemos contemplar a vida real de modo esteticamente ativo. A imitação interior da vida (Groos) aspira ao limite do seu vivenciamento efetivo; *grosso modo*, é um sucedâneo da vida — assim é a interpretação e, em grande medida, o sonho, mas não se trata de uma relação estética ativa com a vida, de uma relação que também ame a vida ainda que de modo diferente, e sobretudo a ame de uma maneira mais ativa, razão por que deseja permanecer fora da vida para lhe ajudar onde ela, em essência, é impotente dentro de si mesma. Assim é a interpretação. Só inventando inconscientemente e adicionando a posição do autor-contemplador, particularmente em associação com o teatro, consegue-se imprimir alguma verossimilhança à teoria da interpretação na estética. Aqui cabem algumas palavras sobre a criação do ator; sua posição é muito complexa do ponto de vista da relação entre personagem e autor. Quando e em que medida o ator cria esteticamente? Quando vivencia como o herói e se exprime de dentro de si mesmo no respectivo ato e na palavra que, igualmente de dentro, são avaliados e assimilados, quando apenas de dentro de si ele vivencia essa ou aquela ação, essa ou aquela posição do seu corpo, e no contexto de sua vida — da vida do herói — ele o assimila igualmente de dentro, ou seja, não será quando ele, depois *já encarnado*, vive na imaginação a vida da personagem como sua própria vida, cujo horizonte tem como elemento todas as outras personagens, os cenários, os objetos, etc., quando não tem na consciência nenhum elemento transgrediente à consciência do herói que interpreta? O ator cria esteticamente quando, *de fora*, cria e enforma a imagem da personagem em quem depois vai se encarnar, quando cria essa personagem como um todo, e ademais não de modo isolado, mas como elemento da mesma totalidade da obra-drama, isto é, quando é autor, ou melhor, coautor, diretor, espectador ativo (aqui, descartando alguns elementos mecânicos, podemos colocar um sinal de igualdade: autor = diretor-espectador = ator) da personagem interpretada e do conjunto da peça, pois o ator, como o autor e o diretor, cria uma personagem à parte, em função do objetivo artístico da peça e como elemento deste. É evidente que, além disso, o conjunto da peça já não é percebido de dentro da personagem — como acontecimento de sua vida — nem como seu horizonte vital, mas do ponto de vista do autor-contemplador ativo e esteticamente distanciado, como ambiência deste, e aqui se inserem elementos transgredientes à consciência da personagem. O ator cria a imagem artística da personagem diante do espelho, diante do diretor, com base na própria experiência externa; aqui entram a maquiagem (mesmo que o ator não se maquie, ele considera a maquiagem como um elemento significativo da imagem), o figurino, ou seja, a criação da imagem axiológica plástico-pictural, as maneiras, a enformação dos diferentes movimentos e posições do corpo em relação aos outros objetos e ao cenário, o trabalho da voz a ser avaliada de fora e, por último, a criação do caráter (o caráter, enquanto elemento artístico, é transgrediente à consciência de quem é caracterizado, como veremos mais adiante), e tudo isso em função do conjunto artístico da peça (e não do acontecimento da vida); aqui o ator é artista. Aqui o seu ativismo estético visa a enformar a pessoa-personagem e sua vida. Mas quando ele se encarnar na personagem ao interpretá-la, todos esses elementos serão transgredientes à sua consciência e às suas vivências como personagem (suponhamos que a encarnação se realize em toda a sua pureza); o corpo

A forma espacial da personagem

externamente enformado, seus movimentos, posturas, etc., só serão elementos artisticamente significativos na consciência do contemplador, no conjunto artístico da peça, e não na vida vivenciada pela personagem. Evidentemente, no trabalho criativo do ator todos esses elementos isolados de modo abstrato se entrelaçam, e neste sentido sua interpretação é um acontecimento estético concreto, vivo; o ator é um artista na plenitude da medida: todos os elementos do conjunto artístico estão representados em seu trabalho, mas durante a interpretação o centro de gravidade se transfere para o vivenciamento interior da própria personagem como pessoa, como sujeito da vida, isto é, para a matéria extraestética que antes ele mesmo enformara ativamente como ator e diretor; no momento da encarnação (relativamente ao ativismo estético), é material-vida do conjunto artístico que ele próprio construiu previamente e agora é realizado pelo espectador; no tocante ao ativismo estético do espectador, é passivo todo o ativismo vital do ator enquanto personagem. O ator tanto imagina a vida quanto a representa em sua interpretação. Se ele a imaginasse e a interpretasse unicamente em prol da própria vida vivenciada de dentro e não a enformasse com o ativismo que lhe vem de fora, como interpretam as crianças, ele não seria artista mas, na melhor das hipóteses, um instrumento passivo nas mãos de um artista (do diretor, do autor ou de um espectador ativo). Mas voltemos à estética expressiva (tratamos aqui, é claro, apenas da espacialidade do valor estético e por isso lançamos o elemento plástico-pictural da personagem na criação propriamente estética do ator, enquanto o essencial é a criação do caráter e do ritmo interior; adiante verificaremos minuciosamente que esses elementos também são transgredientes à vida internamente vivida pela própria personagem e criados pelo ator não no momento de pura encarnação, de coincidência com a personagem, mas *de fora*, como autor-diretor-espectador; às vezes o ator vivencia e covivencia consigo mesmo como autor de personagem lírica; é o momento propriamente lírico da criação do ator). Do ponto de vista da estética expressiva, todos os momentos que, do nosso ponto de vista, são propriamente estéticos, isto é, o trabalho do autor-diretor-espectador executado pelo ator, resumem-se à criação de uma forma puramente expressiva como via da realização possivelmente plena e pura da empatia-autovivenciamento; o valor propriamente estético só se realiza depois da encarnação, no vivenciamento da vida da personagem pelo ator como sua própria vida, e aqui o espectador deve se fundir com o ator com auxílio da forma expressiva. Parece-nos que bem mais próxima da posição estética real do espectador é a diretriz ingênua do homem do povo, que acautela o herói da peça contra a cilada que é armada para ele e está disposto a se lançar em seu socorro quando caso ele seja atacado. Com essa diretriz, o espectador ingênuo ocupa uma posição estável *fora* do herói, considera os elementos transgredientes à consciência do próprio herói e está disposto a valer-se do privilégio de sua posição de *fora* e acorrer em ajuda ao herói onde este mesmo é impotente a partir da posição que ocupa. Sua diretriz para o herói é correta. Seu erro foi não ter sabido encontrar uma posição igualmente firme *fora* de todo o acontecimento vital representado, pois só isso faria seu ativismo desenvolver-se não no sentido ético, mas no estético; ele irrompeu na vida como um novo participante, e quis ajudá-la de dentro dela mesma, isto é, no plano vital ético-cognitivo, atravessou a ribalta e se colocou *ao lado* do herói no plano da vida concebida como acontecimento ético aberto e único, e desse modo destruiu o acontecimento estético, deixando de ser espectador-autor. Mas o acontecimento da vida, em seu todo, não comporta solução; de dentro, a vida pode expressar-se através do ato, da confissão-arrependimento, do grito; o autor faz descer sobre ele a absolvição e a glória. O desfecho não é imanente à vida, mas lhe chega pelo alto como uma dádiva do ativismo do outro, que vem a seu encontro.

A forma espacial da personagem

Alguns teóricos da estética expressiva (a estética schopenhaueriana de Hartmann),[43] com o fito de explicar o caráter específico do covivenciamento e da empatia na vida interior, introduzem o conceito de sentimentos ideais ou ilusórios como diferentes dos sentimentos reais da vida real e daqueles que são despertados em nós pela forma estética. O prazer estético é um sentimento real, ao passo que o covivenciamento dos sentimentos da personagem é apenas um sentimento ideal. Os sentimentos ideais são aqueles que não despertam a vontade de agir. Semelhante definição não resiste absolutamente à crítica. Não vivenciamos os sentimentos isolados (estes nem existem) mas o todo espiritual da personagem; nossos *horizontes* coincidem, e por isso praticamos interiormente com ela todos os seus atos como elementos necessários de sua vida covivenciada por nós: ao covivenciar o sofrimento, vivenciamos empaticamente de dentro também o seu grito; covivenciando seu ódio, covivenciamos interiormente o seu ato de vingança, etc.; uma vez que covivenciamos apenas a personagem, que coincidimos com ela, a interferência em sua vida está excluída, pois essa interferência pressupõe nossa distância em relação à personagem, como no caso do nosso homem do povo. Outras explicações das peculiaridades estéticas da vida covivenciável: ao nos encarnarmos, ampliamos os valores do nosso *eu*, comungamos (por dentro) com algo humanamente significativo, etc.; aqui não se interrompe em parte alguma o círculo de uma consciência, do autovivenciamento e da relação consigo mesmo, não se introduz a categoria axiológica de *outro*. No âmbito da teoria expressiva aplicada de forma coerente, o covivenciamento da vida ou a empatia com ela é simplesmente o seu vivenciamento, a repetição da vida, não enriquecida por

[43] Eduard von Hartmann (1842-1906), pensador alemão, autor de *Filosofia do inconsciente*. (N. do T.)

quaisquer valores novos e transgredientes a ela, é o vivenciamento dela nas mesmas categorias em que o sujeito realmente vivencia a sua vida. A arte me dá a possibilidade de vivenciar, em vez de uma, várias vidas e assim enriquecer a experiência da minha vida real, comungar de dentro com outra vida em prol desta, em prol de sua significação vital (da "significação humana", segundo Lipps e Volkelt).

Procedemos à crítica do princípio da estética expressiva em sua forma genuinamente plena e em sua aplicação coerente. Mas essa pureza e coerência não aparecem na produção real dessa corrente estética; já assinalamos que, só graças a um desvio do princípio e à inconsequência, a teoria expressiva evita romper o vínculo com a arte e mantém-se como teoria estética, apesar de tudo. Esses desvios do princípio são incorporados pela estética expressiva a partir da real experiência estética que ela evidentemente tem, mas à qual dá apenas uma interpretação teórica falsa, e essas incorporações teóricas reais encobrem de nós — e dos próprios adeptos dessa estética — a falsidade do princípio básico tomado em estado genuíno. O maior desvio do princípio básico, cometido pela maioria dos teóricos da estética expressiva e que nos leva a uma compreensão mais correta da atividade estética, é a definição de empatia como simpática e aprobativa, e isso ou era formulado expressamente (em Cohen, Groos), ou acrescentado de modo inconsciente. O conceito de empatia *simpática*, desenvolvido até o fim, destruiria na base o princípio expressivo e nos levaria à ideia de *amor* estético e diretriz correta do autor para a personagem. Então, que vem a ser a empatia simpática? A empatia simpática, "afinada com o amor" (Cohen), já não é a empatia pura ou a empatia de si mesmo com o objeto, com a personagem. Nos sofrimentos de Édipo que covivenciamos, não encontramos em seu mundo interior nada inerente ao *amor* por si mesmo; sua egolatria ou egoísmo, como já dissemos, é algo totalmente distinto e, claro, o que está em questão quando se fala de em-

A forma espacial da personagem

patia simpática não é o ato de covivenciar esse amor-próprio e essa egolatria, mas a criação de alguma relação emocional nova com o conjunto da sua vida interior. Essa simpatia inerente ao amor modifica radicalmente toda a estrutura volitivo-emocional do vivenciamento interior da personagem, revestindo-a de um colorido e uma tonalidade totalmente diferentes. Será que a entrelaçamos com as vivências da personagem, e de que forma? Pode-se pensar que colocamos tanto o nosso amor em empatia com o objeto esteticamente contemplado quanto outros estados interiores, como o sofrimento, a paz, a alegria, a tensão, etc. Chamamos uma coisa ou uma pessoa de encantadora, simpática, ou seja, atribuímos a ela, como propriedades interiores suas, essas qualidades que exprimem nossa relação com ela. De fato, o sentimento de amor parece penetrar no objeto, modifica sua imagem para nós, mas ainda assim essa penetração é de natureza inteiramente distinta da inserção empática da vivência alheia no objeto como estado próprio deste, por exemplo, a inserção da alegria em um homem que sorri feliz, a inserção de paz interior em um mar calmo e imóvel, etc. Enquanto estes últimos animam de dentro o objeto *exterior*, criando uma vida interior que lhe assimila a imagem exterior, o amor parece penetrar de ponta a ponta a vida exterior e a vida interior vivenciada por empatia, embeleza e transforma para nós o objeto pleno, já vivo, já constituído de alma e corpo. Pode-se tentar uma interpretação puramente expressiva da simpatia inerente ao amor; de fato, pode-se dizer que a simpatia é a condição da empatia; para que comecemos a covivenciar alguém, essa pessoa deve se tornar simpática para nós, e não covivenciamos o objeto antipático, não penetramos nele, mas nos afastamos dele. A expressão genuinamente filiada à estética expressiva, para ser realmente expressiva, deve nos introduzir no mundo interior daquele que se expressa, deve ser simpática. A simpatia pode efetivamente ser uma das condições da empatia, mas não única nem obrigatória; isso, porém, nem de longe esgota seu papel na empatia estética, ela a acompanha e a penetra durante todo o processo de contemplação estética do objeto, transformando todo o material objeto da contemplação e da empatia. A empatia simpática com a vida da personagem é o seu vivenciamento em forma totalmente diversa daquela em que essa vida foi ou poderia ter sido vivenciada pelo seu próprio sujeito. Essa forma de empatia não aspira, absolutamente, ao limite da coincidência total, da fusão com a vida objeto da empatia, uma vez que tal fusão equivaleria à perda desse coeficiente de simpatia, de amor e, consequentemente, da forma que era criada por esses sentimentos. A vida objeto da empatia simpática não se enforma na categoria do *eu*, mas na categoria de *outro*, como vida do outro, de outro *eu*, é a vida do outro vivenciada essencialmente de *fora*, tanto a vida *exterior* quanto a *interior* (sobre o vivenciamento da vida *interior de fora*, ver o capítulo seguinte).

É justamente o covivenciamento simpático — e só ele — que tem força para combinar harmoniosamente o *interior* e o *exterior* em um plano único. Do próprio interior da vida objeto da empatia não há acesso ao valor estético do corpo que nela mesma é exterior; só o amor enquanto enfoque ativo do outro combina de fora, em uma pessoa única e singular enquanto valor estético, a vida interior (a orientação concreta do próprio sujeito na vida) vivenciada de fora com valor do corpo — valor esse vivenciado de fora combina propósito com orientação, horizonte com ambiente. O homem integral é produto de um ponto de vista estético criador e só deste; a cognição é indiferente aos valores e não nos oferece um homem singular concreto; o sujeito ético por princípio não é único (o imperativo propriamente ético é vivenciado na categoria do *eu*), o homem integral pressupõe um sujeito esteticamente ativo e situado fora dele (abstraímos a vivência religiosa do homem). Desde o início, a empatia simpática introduz na vida objeto da empatia valores a ela transgredientes, desde o início transfere essa vida para um novo contexto de valores e sentidos, desde o início pode dar-lhe um ritmo temporal e uma forma espacial (*Bilden, Gestalten*). A pura empatia com a vida é isenta de quaisquer outros pontos de vista além daqueles que só são possíveis do interior da própria vida objeto da empatia, e entre eles não há pontos de vista esteticamente produtivos. Não é de dentro da vida que se constrói e se justifica a forma estética como sua expressão adequada voltada para o limite de seu puro autoenunciado (o enunciado da relação imanente da consciência isolada consigo mesma); ela é criada *de fora* pela simpatia que lhe vai ao encontro, pelo amor esteticamente produtivo; nesse sentido, a forma exprime essa vida, no entanto quem cria essa expressão, quem nela é ativo, não é a própria vida a ser expressa, mas *o outro situado fora* dela — o autor; a vida mesma é *passiva* em sua expressão estética. Contudo, em semelhante acepção, o termo "expressão" parece infeliz e deve ser descartado como termo que melhor corresponde à concepção puramente expressiva (particularmente o alemão *Ausdruck*); quem expressa bem mais o acontecimento estético real é o termo "representação", da estética impressiva, tanto para as artes espaciais quanto para as temporais — termo esse que transfere o centro de gravidade da personagem para o sujeito esteticamente ativo, o autor.

A forma expressa o ativismo do autor em relação à personagem — ao outro; nesse sentido, podemos afirmar que ela é o resultado da interação entre personagem e autor. Entretanto, nessa interação a personagem é passiva, não é *expressante* e sim *expressável*, mas como tal ainda assim determina a forma, pois esta deve corresponder precisamente a ela, personagem, deve concluir de fora justamente o seu propósito interior material de vida; nesse sentido, a forma deve ser adequada à personagem, mas nunca como sua possível autoexpressão. Contudo, essa passividade da personagem em face da forma não é dada desde o início mas sugerida e ativamente realizada, conquistada no interior da obra de arte, conquistada pelo autor e pelo espectador, que nem sempre saem vencedores. Isso só se consegue com a distância tensa e amorosa do autor-contemplador em relação à personagem. O propósito interior de vida da personagem tem, de dentro dela mesma, uma necessidade imanente, uma autolegitimidade que às vezes nos arrasta à força e a tal ponto para o seu círculo, para o seu devir puramente vital e esteticamente inviável, que perdemos nossa posição firme fora da personagem e a expressamos de dentro dela e junto com ela; onde o autor se funde com a personagem temos realmente a forma apenas como expressão puramente expressiva, como resultado do ativismo da personagem, fora da qual não soubemos nos colocar; mas o ativismo da própria personagem não pode ser estético; nele pode haver (soar) necessidade, arrependimento, rogo, por último, reivindicação dirigida a um possível autor, mas forma esteticamente acabada ele não pode gerar.

Essa necessidade interior imanente à vida concretamente orientada da personagem deve ser compreendida e vivenciada por nós em toda a sua força impositiva e sua significação, no que tem razão a teoria expressiva, mas numa imagem — transgrediente a essa vida — de forma esteticamente significativa, que está para essa vida não como *expressão*, mas como *acabamento*. À necessidade imanente (é claro que de sentido e não de psicologia) da consciência vivente (ou consciência da própria vida) deve-se contrapor o ativismo que vem de fora, justifica e conclui, sendo que as suas dádivas não devem se situar no plano da própria vida vivenciada por dentro como seu enriquecimento com material (conteúdo) na mesma categoria — assim só procede o sonho e, na vida prática, o ato (ajuda, etc.), mas no plano em que essa vida é, por princípio, impotente se permanece como tal. O ativismo estético opera o tempo todo nas fronteiras (a forma é uma fronteira) da vida vivenciada *do interior*, ali onde essa

A forma espacial da personagem   143

vida está voltada *para fora*, ali onde ela termina (o fim do sentido, do espaço e do tempo) e começa outra, na qual se encontra, inacessível a ela mesma, a esfera de ativismo do outro. O autovivenciamento e a autoconsciência da vida e, consequentemente, sua autoexpressão (expressão expressiva) como algo unificado, possuem fronteiras inabaláveis: antes de mais nada, essas fronteiras se estendem diante do meu corpo exterior: este, enquanto valor esteticamente notório, que pode combinar-se harmoniosamente com o propósito interior de vida, situa-se além das fronteiras de um autovivenciamento único; no meu vivenciamento da vida, meu corpo exterior não pode ocupar o lugar que ele ocupa para mim no covivenciamento simpático da vida do outro, no conjunto da sua vida para mim; sua beleza exterior pode ser um elemento de suma importância de minha vida para mim mesmo, mas, no fundo, isso não é a mesma coisa que vivenciá-lo integralmente de modo intuitivo-evidente no seu plano axiológico único com minha vida interior como forma de tal beleza, vivenciar a mim mesmo de modo evidente e integral como encarnado no corpo exterior na forma em que eu vivencio essa encarnação de outra pessoa. Eu mesmo estou todo *dentro* de minha vida, e, se de algum modo vejo pessoalmente a *imagem externa* de minha vida, no mesmo instante essa imagem se torna um elemento dessa vida vivenciada de dentro, enriquece-a de modo imanente, isto é, deixa de ser efetivamente uma imagem exterior que de fora conclui minha vida, deixa de ser a fronteira que pode ser submetida à elaboração estética, que me conclui de fora. Mesmo supondo que eu possa me colocar fisicamente fora de mim, que eu ganhe a possibilidade — a possibilidade física — de me enformar de fora, ainda assim não me restará nenhum princípio interiormente plausível para me enformar de fora, para esculpir minha imagem externa, para dar acabamento estético a mim mesmo, se não sou capaz de me colocar *fora* do conjunto da minha vida, assimilá-la como vida de outra pessoa; para tanto é necessário que eu seja capaz de encontrar tanto externa quanto internamente uma posição firme, convincente, significativa, fora de minha vida com todo o seu propósito semântico e material, com todos os seus desejos, aspirações, conquistas, de assimilar todos esses elementos em outra categoria. O que se faz necessário para criar o todo artístico, inclusive o todo de uma peça lírica, não é enunciar a minha vida, mas enunciar sobre a minha vida.

Vemos, desse modo, que o acréscimo imaginado de uma atitude simpática ou amorosa à vida covivenciada, isto é, o conceito de covivenciamento simpático, explicado e interpretado de modo coerente, destrói na base o princípio puramente expressivo: o acontecimento artístico da obra assume feição inteiramente distinta, desenvolve-se em sentido totalmente diverso, e a empatia pura — enquanto elemento abstrato desse acontecimento — acaba sendo apenas um de seus elementos, e ademais extraestético: o ativismo propriamente estético manifesta-se no momento do amor criativo pelo conteúdo covivenciado, do amor que cria a forma estética da vida covivenciada, forma transgrediente a essa vida. A criação estética não pode ser explicada e assimilada como imanente a uma única consciência, o acontecimento estético não pode ter apenas um participante que vivencia a vida e externa seu vivenciamento em forma artisticamente significativa, o sujeito da vida e o sujeito do ativismo estético, que enforma essa vida, por princípio não podem coincidir. Há acontecimentos que, em essência, não podem desenvolver-se no plano de uma consciência única, mas pressupõem *duas* consciências imiscíveis, acontecimentos que têm como componente essa relação de *uma* consciência com *outra* consciência, e precisamente como outra — assim são todos os acontecimentos criativamente produtivos, que veiculam o novo, são únicos e irreversíveis. A teoria estética expressiva é apenas uma das inúmeras teorias filosóficas, éticas, histórico-filosóficas, metafísicas e religiosas que podemos qualificar de empobrecedoras, uma vez que procuram explicar um acontecimento produtivo ao promover seu empobrecimento, antes de tudo o empobrecimento quantitativo de seus participantes: para explicar o acontecimento em todos os seus momentos, transpõem-no para o plano único de uma consciência única, em cuja unidade ele deve ser compreendido e deduzido em todos os seus momentos; obtém-se assim a transcrição puramente teórica de um acontecimento já realizado, mas perdem-se aquelas forças efetivamente criadoras que criaram o acontecimento no momento de sua realização (quando ele ainda era aberto); perdem-se todos os participantes vivos e essencialmente ainda não fundidos. Fica ininteligível a ideia do *enriquecimento formal* — em oposição ao enriquecimento do material, do conteúdo —, e essa ideia é a principal ideia motriz da criação cultural, que não aspira, de maneira alguma, a enriquecer em todos os campos o objeto com o material a este imanente, mas o transfere para outro plano de valores, concede-lhe a dádiva da *forma*, transforma-o formalmente, e esse enriquecimento formal é impossível se há *fusão* com o objeto da elaboração. O que enriqueceria o acontecimento se eu me fundisse com outra pessoa, se de *dois* passássemos a *um*? Que vantagem teria eu se o outro se fundisse comigo? Ele veria e saberia apenas o que eu vejo e sei, ele somente reproduziria em si mesmo o impasse da minha vida; é bom que ele permaneça fora de mim, porque dessa sua posição ele pode ver e saber o que eu não vejo nem sei a partir da minha posição e pode enriquecer substancialmente o acontecimento da minha vida. Se *apenas* me fundo com a vida do outro, não vou além de aprofundar a sua inviabilidade e duplicá-la numericamente. Do ponto de vista da real eficácia do acontecimento, quando somos dois o que importa não é que além de mim exista *mais um indivíduo*, no fundo *o mesmo* (dois indivíduos), mas que ele seja *outro* para mim, e neste sentido a simples simpatia dele pela minha vida não representa nossa fusão num ser único nem a repetição numérica da minha vida e sim um enriquecimento substancial do acontecimento, pois minha vida é covivenciada por ele em nova forma, em nova categoria axiológica como vida do outro, que tem colorido axiológico diferente e é aceita e justificada diferentemente da própria vida dele. A eficácia do acontecimento não está na fusão de todos em um todo, mas na tensão da minha distância e da minha imiscibilidade, no uso do privilégio do meu lugar único fora dos outros indivíduos.

Essas teorias empobrecedoras, que tomam por base da criação cultural a rejeição ao lugar único que ocupo e à minha contraposição aos outros, a *incorporação a uma consciência única*, a solidariedade e até a fusão — todas essas teorias, e sobretudo a teoria expressiva em estética, encontram explicação no gnosiologismo de toda a cultura filosófica dos séculos XIX e XX; a teoria do conhecimento tornou-se modelo para todas as teorias de todos os outros domínios da cultura: a ética ou a teoria do ato são substituídas pela teoria do conhecimento dos atos já praticados, a estética ou a teoria da atividade estética são substituídas pela teoria do conhecimento de uma atividade estética já realizada, ou seja, não toma imediatamente como objeto o próprio fato da realização estética, mas sua eventual transcrição teórica, sua conscientização, por isso a unidade de realização do acontecimento é substituída pela unidade da consciência, da compreensão do acontecimento, e o sujeito, participante do acontecimento, torna-se o sujeito de um conhecimento puramente teórico, sem participação no acontecimento. A consciência gnosiológica, a consciência da ciência, é uma consciência única e singular (ou melhor, uma consciência só); tudo com que essa consciência lida deve ser determinado por ela mesma, toda determinidade deve ser a sua determinidade adequada: toda determinação do objeto deve ser uma determinação da consciência. Nesse sentido, a consciência gnosiológica não pode ter fora de si mesma outra consciência, não pode estabelecer uma relação com outra consciência que se-

A forma espacial da personagem

ja autônoma e não se funda com ela. Toda unidade é a unidade dela, ela não pode admitir a seu lado outra unidade independente dela (a unidade da natureza, a unidade da outra consciência), uma unidade soberana que lhe faça frente com seu próprio destino não determinado por ela. Essa consciência única cria e forma seu objeto somente enquanto objeto e não enquanto sujeito, e o sujeito não passa de objeto para ela. Não se compreende, não se conhece o sujeito apenas como objeto — só um julgamento de valor pode torná-lo sujeito, veículo de sua vida autolegitimada que vivencia seu próprio destino. Entretanto, a consciência estética, consciência que ama e acredita em valor, é a consciência da consciência, a consciência do eu autor da consciência do *herói-outro* —, no acontecimento estético há o encontro de duas consciências que, por princípio, não se fundem, verificando-se que a consciência do autor não encara a consciência da personagem do ponto de vista de sua composição concreta, da sua significação objetiva concreta, mas do ponto de vista da sua unidade subjetiva vital, e essa consciência da personagem se localiza concretamente (é claro que o grau de concretude varia), personifica-se e recebe acabamento amoroso. Já a consciência do próprio autor é inacabável, como a consciência gnosiológica.

Assim, a forma espacial não é, no sentido exato, a forma da obra como objeto, mas a forma da personagem e de seu mundo — a forma do sujeito; nisto a estética expressiva está essencialmente com a razão (claro, considerando a imprecisão, pode-se dizer que a vida representada no romance é a forma do romance, mas o romance, incluindo aí também o elemento do isolamento da invenção, é justamente a forma para a assimilação da vida); contudo, a despeito da estética expressiva, a forma não é a expressão pura da personagem e de sua vida, mas, ao traduzir tal expressão, ela exprime também a relação do autor com a personagem, sendo essa relação o elemento propriamente estético da forma. A forma estética não pode ser fundamentada de dentro da personagem, de dentro do seu propósito semântico, material, ou seja, de dentro da significação puramente vital; a forma é fundamentada do interior do *outro* — do autor, como sua resposta criadora à personagem e sua vida, resposta que cria valores que por princípio são transgredientes à personagem e sua vida, mas mantêm com elas uma relação essencial. Essa resposta criadora é o amor estético. A relação da forma estética, transgrediente à personagem e sua vida, tomada por dentro, é, no gênero, a única relação do amante com o amado (abstraindo-se, evidentemente, o elemento sexual), a relação do juízo de valor imotivado com o objeto ("seja lá o que ele for, eu o amo" e só depois vem a idealização ativa, a dádiva da forma), a relação da aceitação ratificante com o ratificado, com o aceito, a relação da dádiva com a necessidade, do perdão *grátis*[44] com o crime, da graça com o pecador: todas essas relações (a lista poderia ser aumentada) são análogas à relação estética do autor com a personagem ou da forma com a personagem e sua vida. O elemento essencial, comum a todas essas relações, é a dádiva essencialmente transgrediente ao agraciado, por um lado, e a sua *relação* profunda precisamente com o agraciado, por outro: não é ele, mas para ele; daí o enriquecimento ser de natureza formal, transformadora, transferir o agraciado para um novo plano de existência. Para este não se transfere o material (o objeto), mas o sujeito — personagem; só em relação a esta são possíveis o imperativo estético, o amor estético e a dádiva do amor.

A forma deve aproveitar o elemento que é transgrediente à consciência da personagem (ao seu possível covivenciamento e ao juízo de valor concreto que faz de si mesma), mas mantém com ela uma relação que a determina como um *to-*

---

[44] Compare-se a reflexão de Santo Agostinho sobre o fato de que "graça" é *gratia* em latim, em sinal de que ela se dá gratuitamente. (N. da E.)

do dado de fora, ou seja, determina a sua exteriorização, as suas fronteiras, fronteiras de seu todo. *A forma é uma fronteira* esteticamente elaborada. Além disso, trata-se das fronteiras do corpo, das fronteiras da alma e das fronteiras do espírito (propósito semântico). As fronteiras são vivenciadas de maneiras essencialmente distintas: por dentro, na autoconsciência, e por fora, no vivenciamento estético do outro. Em cada ato, seja interior ou exterior, eu parto de dentro de mim com meu propósito material de vida, não encontro uma fronteira *axiologicamente significativa* que me propicie um acabamento *positivo*, sigo à minha frente e atravesso as minhas fronteiras, posso percebê-las de dentro como obstáculo, mas nunca como acabamento; a fronteira do outro, vivenciada esteticamente, dá-lhe um acabamento positivo, ajusta-o por inteiro, ajusta também o seu ativismo, fecha-o. O propósito de vida da personagem aplica-se totalmente ao seu corpo como fronteira esteticamente significativa, *encarna-se*. Adiante esse duplo significado da fronteira se tornará mais claro. Nós abrimos as fronteiras quando nos compenetramos da personagem por dentro e voltamos a fechá-las quando de fora lhes damos acabamento estético. Se no primeiro movimento de dentro para fora somos passivos, no movimento de fora para dentro somos ativos, criamos algo absolutamente novo, excedente. É esse encontro de dois movimentos na superfície do homem que dá consistência às suas fronteiras axiológicas, que acende a centelha do valor estético.

Segue-se daí que a existência estética — o homem em sua integridade — não é fundamentada de dentro, a partir de uma eventual autoconsciência, razão por que a beleza se nos afigura passiva, ingênua e inorgânica, uma vez que abstraímos o ativismo do autor-contemplador; a beleza nada sabe de si mesma, não pode fundamentar a si mesma, limita-se a ser, é uma dádiva tomada ao doador em sua abstração e ao seu ativismo interiormente fundamentado (pois que ela é fundamentada do interior do ativismo doador).

A teoria impressiva da estética,[45] à qual relacionamos todas as teorias estéticas que situam o centro da gravidade no ativismo formal e produtivo do artista, como as teorias de Fiedler, Hildebrand, Hanslick, Riegl, Witasek e dos chamados formalistas (Kant ocupa uma posição ambivalente), ao contrário do que acontece com a teoria expressiva, perde não o autor, mas a personagem como elemento autônomo, ainda que passivo, do acontecimento artístico. É precisamente o acontecimento como relação viva entre duas consciências que não existe tampouco para a estética impressiva. Aí a criação do artista é igualmente interpretada como um ato unilateral, ao qual se contrapõe não outro sujeito, mas tão somente o objeto, o material. A forma se deduz das peculiaridades do material: visual, auditivo, etc. Tal abordagem não permite fundamentar a forma em profundidade e acaba encontrando apenas uma explicação hedônica mais ou menos sutil. O amor estético se torna abstrato, converte-se em mero processo de amor desprovido de conteúdo, em jogo com o amor. Os extremos se tocam: a estética impressiva também teria de chegar ao jogo, só que de outra espécie, não ao jogo com a vida em prol da vida — como jogam as crianças — mas ao jogo como mera aceitação vazia da vida possível, como elemento vazio de justificação estética e acabamento da vida apenas possível. Para a teoria impressiva, existe tão somente o autor sem personagem, cujo ativismo, voltado para o material, transforma-se em atividade meramente técnica.

Elucidado o significado dos elementos expressivos e impressivos do corpo exterior no acontecimento artístico da obra, fica clara a tese segundo a qual é precisamente o corpo *exterior* que constitui o centro axiológico da forma espacial.

---

[45] Uma análise fundamentada da "teoria impressiva da estética" foi apresentada por P. M. Medviédev no livro O *método formal nos estudos literários* (pp. 59-76). (N. da E.)

Doravante cabe desenvolver essa tese em relação à criação artística *verbalizada*.

7. O TODO ESPACIAL DA PERSONAGEM E DO SEU MUNDO

Em que medida a criação artística está relacionada com a *forma* espacial da personagem e do seu mundo? O fato de estar essa criação relacionada com a imagem exterior da personagem e com o mundo espacial em que se desenrola o acontecimento da sua vida é, evidentemente, questão fora de dúvida; no entanto já suscita dúvida considerável se ela opera ou não com a *forma espacial da personagem enquanto forma artística*, e a solução dessa questão é negativa na maioria dos casos. Para resolvê-la corretamente, é necessário levar em conta o significado ambíguo da forma estética. Esta, como já assinalamos, pode ser uma forma empírica externa e interna, ou, noutros termos, uma forma do objeto estético, isto é, forma do mundo que se irá construir à base de uma obra de arte mas sem coincidir com ela, e também forma da própria obra de arte, ou seja, forma material. É claro que, com base nessa distinção, não podemos afirmar que há identidade entre os objetos estéticos das diversas artes: pintura, poesia, música, etc., vendo diferença apenas nos meios de realização, de construção do objeto estético, isto é, reduzindo a diferença entre as artes a um mero elemento técnico. A forma material, que determina se uma obra é de pintura, poesia ou música, determina de maneira substancial também a estrutura do respectivo objeto estético, tornando-o um tanto unilateral e acentuando um ou outro aspecto seu. Ainda assim, o objeto estético é multifacetado, *concreto* como a realidade ético-cognitiva (o mundo vivenciável) que nele se justifica e se conclui artisticamente, cabendo observar que é na obra verbalizada (o menos possível na música) que esse mundo artístico é mais concreto e multifacetado. A criação verbalizada não constrói forma espacial *externa*, porquanto não opera com material espacial como a pintura, a escultura, o desenho; seu material é a palavra (a forma espacial da disposição do texto — estrofes, capítulos, figuras complexas da poesia escolástica, etc. — é sumamente insignificante), material não espacial pela própria substância (o som na música é ainda menos espacial); no entanto, o próprio objeto estético, representado pela palavra, evidentemente não se constitui só de palavras, embora haja nele muito de puramente verbal, e esse *objeto da visão estética possui uma forma espacial interna artisticamente significativa*, representada pelas palavras da mesma obra (enquanto na pintura essa forma é representada pelas cores, no desenho pelas linhas, de onde tampouco se conclui que o objeto estético correspondente seja constituído apenas de linhas ou cores; trata-se precisamente de criar um objeto concreto de linhas ou cores).

Portanto, a forma espacial contida no objeto estético, traduzido no discurso de uma obra, não deixa dúvidas. Outra questão é saber como se realiza essa forma espacial interna: deve ela reproduzir-se numa representação puramente *visual*, nítida e completa, ou só se realiza o seu equivalente volitivo-emocional, o tom sensorial que lhe corresponde, o colorido emocional, podendo a representação visual ser descontínua, fugidia ou até estar ausente, substituída pela palavra? (O tom volitivo-emocional, embora vinculado à palavra e como que fixado à sua imagem sonora tonalizante, evidentemente não diz respeito à palavra mas ao objeto que esta exprime, mesmo que este não se realize na consciência como imagem visual; só pelo objeto assimila-se o tom emocional, mesmo que este se desenvolva junto com o som da palavra.) Um estudo detalhado da questão assim colocada está fora do alcance deste ensaio; seu lugar é na estética da criação verbalizada. No nosso caso, bastam algumas indicações sumaríssimas sobre essa questão. A forma espacial interna nunca se realiza com toda a sua perfeição *visual* e plenitude (aliás, o mesmo se dá com a forma temporal, com toda a sua perfeição sonora e sua plenitude) nem no campo das artes plásticas, a plenitude visual e a perfeição só são próprias da forma material externa da obra, cujas qualidades são como que transferidas para a forma interna (até nas artes plásticas, a imagem visual da forma interna é consideravelmente subjetiva). A forma visual interna é vivenciada de modo volitivo-emocional, como se fosse perfeita e acabada, mas essa perfeição e esse acabamento nunca podem ser uma concepção efetivamente realizada. É claro que o grau de realização da forma interna da representação visual é diferente em modalidades diversas de criação verbalizada e em diversas obras particulares.

Esse grau atinge o ponto culminante na epopeia (por exemplo, a descrição da aparência externa da personagem no romance deve partir necessariamente de uma reconstituição visual, ainda que a imagem oriunda da matéria verbal seja visualmente subjetiva para leitores diferentes), é o mais baixo na lírica, particularmente na lírica romântica, onde o grau frequentemente elevado de atualização visual, hábito inculcado pelo romance, destrói a impressão estética, mas aí se verifica de forma generalizada um equivalente volitivo-emocional da imagem externa do objeto — o propósito volitivo-emocional para essa imagem possível, ainda que não representável visualmente, propósito que a cria como valor estético. Por isso deve-se reconhecer e compreender o elemento *plástico-pictural* da criação artística verbal.

O corpo exterior do homem é dado, suas fronteiras exteriores e seu mundo são dados (na concretude extraestética da vida), são um elemento indispensável e insuperável da concretude da existência, daí que necessitam, consequentemente, de recepção estética, de recriação, elaboração e justificação; é o que se faz por todos os meios de que a arte dispõe: cores, linhas, volumes, palavras, sons. Visto que o artista lida com a existência e o mundo do homem, lida também com a sua concretude espacial, com suas fronteiras exteriores como elemento indispensável dessa existência, e, ao transferir essa existência do homem para o plano estético, deve transferir para esse plano também a imagem externa dela nos limites determinados pelo tipo de material (cores, sons, etc.). O poeta cria a imagem, a forma espacial da personagem e de seu mundo com material verbal: por via estética assimila e justifica de dentro o vazio de sentido e de fora a riqueza factual cognitiva dessa imagem, dando-lhe significação artística.

A imagem externa expressa em palavras, representada visualmente (até certo ponto no romance, por exemplo) ou apenas vivenciada de modo volitivo-emocional, tem significado de acabamento formal, ou seja, não é só expressiva mas também artisticamente impressiva. Aqui se aplicam todas as teses que expusemos, o retrato verbal se subordina a elas assim como o retrato pictural. Aqui, também, só a posição de distância cria o valor estético da imagem externa, a forma espacial expressa a relação do autor com a personagem; ele deve ocupar uma posição firme fora desta e de seu mundo e usar todos os elementos transgredientes à imagem externa da personagem.

A obra de criação verbal é criada de fora para cada personagem e, quando a lemos, é de fora e não de dentro que devemos seguir as personagens. Mas é justamente na criação verbal (e, acima de tudo, na música) que parece muito sedutora e convincente a interpretação puramente expressiva da imagem externa (da personagem e do objeto), porquanto a distância do autor-espectador não tem a precisão espacial como nas artes plásticas (a substituição das representações visuais pelo equivalente volitivo-emocional fixado à palavra). Por outro lado, a linguagem como material não é suficientemente neutra em face da esfera ético-cognitiva, onde é empregada como autoexpressão e comunicação, ou seja, como

A forma espacial da personagem

recurso expressivo, e nós transferimos essas habilidades expressivas da linguagem (de traduzir a si mesmo e designar o objeto) para a percepção das obras de arte verbal. Por último, a isso vem acrescentar-se a nossa passividade espacial e visual no ato dessa percepção: a palavra representa um dado espacial como que pronto, uma vaga criação amorosa e ativa da forma espacial através de linhas e cores, o movimento--gesto que cria e gera de fora a forma com o movimento da mão e do corpo inteiro, que vence e imita. A articulação da linguagem e a mímica, por ocorrerem na vida como linguagem, possuem uma tendência expressiva (a articulação e o gesto expressam ou imitam) bem mais forte; os tons volitivo--emocionais criadores do autor-contemplador podem ser facilmente absorvidos pelos tons puramente vitais da personagem. Por isso cabe salientar particularmente que o conteúdo (aquilo que se *insere* na personagem, sua vida de dentro) e a forma não se justificam nem se explicam no plano de uma consciência, mas tão somente nas fronteiras de duas consciências; nas fronteiras do corpo realizam-se o encontro e a dádiva artística da forma. Sem essa atribuição principal ao outro como uma dádiva a ele que o justifica e o conclui (com a justificação estético-imanente), a forma, sem encontrar a fundamentação interna de dentro do ativismo do autor-contemplador, deve degenerar fatalmente em algo hedonicamente agradável, simplesmente "bonito" e imediatamente agradável para mim, assim como eu sinto diretamente frio ou calor: o autor cria tecnicamente o objeto do prazer, o contemplador se proporciona passivamente esse prazer. Os tons volitivo-emocionais do autor, que afirmam ativamente e criam a aparência externa como valor artístico, não podem ser combinados imediatamente com o propósito interior de vida da personagem centrado no sentido, sem aplicação da categoria axiológica mediadora de *outro* —, só graças a essa categoria é possível fazer com que a aparência externa abranja plenamente a personagem e lhe dê acabamento, com que seja inserido o propósito semântico de vida da personagem em sua aparência externa enquanto forma, completada e animizada a aparência externa, criado o homem integral como valor único.

Como são representados os objetos do mundo exterior em relação à personagem numa obra de arte verbal, que lugar eles ocupam nesta?

É possível uma dupla combinação do mundo com o homem: de dentro deste, como seu *horizonte*, e de fora, como seu *ambiente*. De dentro de mim, no contexto dos valores e sentidos de minha vida, o objeto a mim *se contrapõe* como objeto do propósito (ético-cognitivo e prático) dessa mesma vida; aqui ele é um elemento do acontecimento único, singular e aberto da existência, do qual participo com interesse forçado em seu desfecho. De dentro de minha participação real na existência, o mundo é um horizonte da minha consciência atuante, operante. Só (permanecendo dentro de mim mesmo) nas categorias cognitivas, éticas e prático-técnicas (de bem, verdade e clareza de fins práticos) consigo orientar-me nesse mundo como acontecimento, pôr-lhe ordem na composição material, condicionando-se desse modo a imagem de cada objeto para mim, sua tonalidade volitivo-emocional, seu valor, seu significado. De dentro da minha consciência participante da existência, o mundo é o objeto do ato, do ato-pensamento, do ato-sentimento, do ato-palavra, do ato-ação; seu centro de gravidade situa-se no futuro, no desejado, no devido, e não no dado autossuficiente do objeto, em sua presença, em seu presente, em sua integridade, em sua já-exequibilidade. Minha relação com os objetos do meu horizonte nunca é concluída, mas sugerida, pois o acontecimento da existência é aberto em seu todo; minha situação deve mudar a todo momento, não posso me demorar ou ficar em repouso. A contraposição espacial e temporal do objeto — eis o princípio do *meu horizonte*; os objetos não me rodeiam, não rodeiam meu corpo exterior em sua presença e em sua concretude axiológica, mas a mim se contrapõem como objetos do meu propósito de vida ético-cognitivo no acontecimento aberto e ainda arriscado da existência, cujos sentido, valor e unidade não são dados, mas sugeridos.

Se examinamos o mundo material de uma obra de arte, constatamos facilmente que sua unidade e sua estrutura não são a unidade e a estrutura do horizonte da vida da personagem, que o próprio princípio de sua estruturação e de seu ordenamento é transgrediente à consciência real e possível da própria personagem. A paisagem verbalizada, a descrição do ambiente, a representação dos usos e costumes, isto é, a natureza, a cidade, o cotidiano, etc. aqui não são elementos de um acontecimento aberto e único da existência, elementos do horizonte da consciência atuante e operante do homem (que procede de modo ético-cognitivo). Todos os objetos representados na obra têm e devem ter, indubitavelmente, uma relação essencial com a personagem, senão eles seriam *hors d'oeuvre*, entretanto, essa relação, em seu princípio estético, não é dada de dentro da consciência vital da personagem. O corpo exterior e a alma igualmente exterior do homem são o centro da disposição espacial e da assimilação axiológica dos objetos externos representados na obra. Todos os objetos estão correlacionados com a imagem externa da personagem, com suas fronteiras tanto internas quanto externas (fronteiras do corpo e fronteiras da alma).

No interior da obra de arte, o mundo material é assimilado e correlacionado com a personagem a quem serve de *ambiente*. A peculiaridade do ambiente se exprime, acima de tudo, na combinação externa formal de natureza plástico-pictural: na harmonia de cores, linhas, na simetria e em outras combinações não semânticas, puramente estéticas. Na criação verbalizada esse aspecto não atinge, evidentemente, uma perfeição externo-visual (na representação); no entanto, no objeto estético, equivalentes volitivo-emocionais de possíveis representações visuais correspondem a esse todo plástico-pictural não semântico (aqui omitimos a combinação de pintura, desenho e plástica). Enquanto combinação de cores, linhas e massa, o objeto é independente e age sobre nós ao lado da personagem e em torno dela, não se contrapõe à personagem no horizonte dela, é percebido como integral e pode ser como que contornado por todos os lados. É claro que esse princípio puramente plástico-pictural de ordenamento e enformação do mundo material externo é inteiramente transgrediente à consciência viva da personagem, porquanto as cores, as linhas e a massa, em seu tratamento estético, são as fronteiras extremas do objeto, do corpo vivo, onde o objeto está voltado para fora de si mesmo, onde ele existe axiologicamente apenas no outro e para o outro, onde é partícipe desse mundo em que ele não existe dentro de si mesmo.

A forma espacial da personagem

III.

O todo temporal da personagem.
A questão do homem interior — da alma

1. A PERSONAGEM E SUA INTEGRIDADE NA OBRA DE ARTE

O homem na arte é o homem integral. No capítulo anterior, definimos seu corpo exterior como elemento esteticamente significativo e o mundo dos objetos como ambiente do corpo exterior. Constatamos que, enquanto valor plástico-pictural, o homem exterior (o homem por fora) e o mundo que a ele se correlaciona e com ele se combina esteticamente são transgredientes à autoconsciência possível e real desse homem, ao seu *eu-para-si*, à sua consciência vivente e vivenciadora de sua vida, e não podem, por princípio, situar-se na linha da atitude axiológica desse mesmo homem para consigo. A assimilação estética e a estruturação do corpo exterior e de seu mundo são *dádiva* de outra consciência — da consciência do autor-contemplador à personagem; não é uma expressão desta de dentro de si mesma, mas uma atitude criadora do autor-outro para com ela. Neste capítulo, propomo-nos a fundamentar um enfoque similar do homem interior, do *todo* interior da alma da personagem enquanto fenômeno estético. E a alma, como um *todo dado* artisticamente vivenciável da vida interior da personagem, é transgrediente ao seu propósito semântico para a vida, à sua autoconsciência. Constataremos que a alma como um todo interior em processo de formação *no tempo*, como um *dado*, um todo *presente*, constrói-se à base de categorias estéticas; é o espírito em sua aparência *por fora*, no outro.

Em termos metodológicos, o problema da alma é uma questão de estética, não pode ser uma questão da psicologia, ciência causal que despreza o julgamento de valor, porquanto a alma, ainda que seu desenvolvimento e o seu processo de formação ocorram no tempo, é um todo individual, axiológico e livre; ela também não pode ser um problema da ética, uma vez que o sujeito ético é antedado para si mesmo como valor e por princípio não pode ser dado, estar presente, ser contemplado, é um *eu-para-si*. Também é puro antedado o espírito do idealismo, que pode ser construído à base do autovivenciamento e da relação solitária consigo mesmo; é de natureza puramente formal o *eu* transgrediente da gnosiologia (igualmente à base da empatia). Aqui omitimos a questão metafísico-religiosa (a metafísica só pode ser religiosa). Mas não há dúvida de que o problema da imortalidade concerne precisamente à alma e não ao espírito, àquele todo individual e axiológico da vida interior que transcorre no tempo e que vivenciamos no *outro*, que é descrito e representado na arte pela palavra, por cores, sons; concerne à alma que está situada no mesmo plano axiológico com o corpo exterior do outro e do qual não se separa no momento da morte e na imortalidade (a ressurreição na carne). De dentro de mim mesmo não tenho uma alma como um todo axiológico dado e já presente em mim, em minha relação comigo mesmo não lido com a alma; meu autorreflexo, por ser meu, não pode gerar a alma, mas tão somente uma subjetividade precária e dispersa, algo que não deve acontecer; minha vida interior, que transcorre no tempo, não pode condensar-se para mim em algo caro, de valor, que devo preservar e perpetuar (de dentro de mim, em minha relação pura e solitária comigo mesmo, só é intuitivamente compreensível a condenação eterna da alma, e só com essa condenação posso ser solidário); a alma desce sobre mim como a graça ao pecador, como uma dádiva imerecida e não esperada. No espírito, eu apenas posso e devo perder a minha alma, esta só pode ser protegida por forças que *não são minhas*.

Quais são, pois, os princípios de ordenamento, construção e enformação da alma (de sua integralização) numa visão artística ativa?

2. A RELAÇÃO VOLITIVO-EMOCIONAL COM A CLAREZA INTERIOR DO HOMEM. O PROBLEMA DA MORTE (DA MORTE POR DENTRO E DA MORTE POR FORA)

Os princípios de enformação da alma são princípios de enformação da vida interior *de fora*, de outra consciência; também aqui o trabalho do artista se desenvolve nas fronteiras da vida interior, onde a alma está interiormente voltada para *fora de si*. O outro indivíduo está fora e diante de mim não só externa, mas também internamente. Empregando um oxímoro, podemos falar de extralocalização (*vnienakhodímost*)[46] interior e defrontação interior do outro. Todos os vivenciamentos interiores do outro indivíduo — sua alegria, seu sofrimento, seu desejo, suas aspirações e, finalmente, seu propósito semântico, ainda que nada disso se manifeste em algo exterior, se enuncie, se reflita em seu rosto, na expressão do seu olhar, mas seja apenas adivinhado, captado por mim (do contexto da vida) — são por mim encontrados *fora de* meu próprio mundo interior (mesmo que de certo mo-

---

[46] Conceito fundamental da teoria bakhtiniana, criado por ele para designar os contextos distantes do leitor no grande tempo e do autor em relação a sua obra e personagens. Para uma visão mais ampla deste conceito, ver meu posfácio à Mikhail Bakhtin, *Notas sobre literatura, cultura e ciências humanas* (São Paulo, Editora 34, 2017). (N. do T.)

do eu experimente esses vivenciamentos, axiologicamente eles não me dizem respeito, não se impõem a mim como meus), fora de meu *eu-para-mim*, eles são *para mim na existência*, são momentos da existência axiológica do outro.

Ao vivenciar-me fora de mim no outro, os vivenciamentos têm uma exterioridade interior voltada para mim no outro, têm uma feição interna que posso e devo contemplar com amor, sem a esquecer, assim como não esquecemos o rosto de uma pessoa (e não do modo como recordamos uma vivência passada); devo reforçar, enformar, amimar, acariciar com olhos interiores e não com olhos físicos externos. Essa exterioridade da alma do outro, como uma espécie de sutilíssima carne interior, é precisamente o que constitui a individualidade artística intuitiva e visível: o caráter, o tipo, a posição, etc., a refração do sentido na existência, a refração individual e a condensação do sentido, seu revestimento de carne interior mortal — tudo o que pode ser idealizado, heroificado, ritmado, etc. Costuma-se denominar *compreensão simpática* esse meu ativismo que vem de fora e visa ao mundo interior do outro. Cumpre salientar o caráter absolutamente proveitoso, excedente, produtivo e enriquecedor da compreensão simpática. Em sua interpretação habitualmente ingênuo-realista, a palavra "compreensão" gera equívocos. Não se trata, de maneira alguma, de uma representação exata e passiva, de uma duplicação do vivenciamento de outro indivíduo em mim (aliás, tal duplicação é impossível), mas da transferência do vivenciamento para um plano axiológico inteiramente distinto, para uma nova categoria de valorização e enformação. O sofrimento *do outro*, que covivencio, é por princípio diferente — e ademais no sentido mais importante e essencial — do sofrimento dele para si próprio e do meu próprio sofrimento em mim; aqui só é comum o conceito de sofrimento logicamente idêntico a si mesmo: o elemento abstrato não é realizável em forma pura em parte alguma, porque no pensamento vivo até a palavra "sofrimento" é essencialmente ignorada. O sofrimento do outro, covivenciável, é uma formação *do existir* inteiramente nova, só realizável por mim de meu lugar único *interiormente fora* do outro. A compreensão simpática não é uma representação, mas uma valorização essencialmente nova, um emprego de minha posição arquitetônica na existência fora da vida interior do outro. A compreensão simpática recria todo o homem interior em categorias esteticamente afagantes para uma nova existência em um novo plano do mundo.

Antes de mais nada, é necessário estabelecer o caráter da relação volitivo-emocional com minha própria determinidade interior e com a determinidade interior do outro indivíduo e, acima de tudo, com a própria existência dessas determinidades, isto é, no que tange ao dado da alma, é necessário fazer a mesma descrição fenomenológica do covivenciamento e do vivenciamento do outro, já verificada em relação ao corpo como valor.

A vida interior, como o dado exterior do homem — seu corpo —, não é algo indiferente à forma. A vida interior — a alma — enforma-se na autoconsciência ou na consciência do outro, em ambos os casos supera-se de igual maneira a empiria propriamente anímica. A empiria anímica, enquanto neutra em face dessas formas, é apenas um produto abstrato do pensamento da psicologia. A alma é algo essencialmente enformado. Em que sentido e em que categorias realiza-se essa enformação da vida interior na autoconsciência (de minha vida interior) e na consciência do outro (da vida interior de outro indivíduo)?

Como a forma espacial do homem exterior, a forma *temporal* esteticamente significativa de sua vida interior se desenvolve a partir do *excedente* de visão temporal de outra alma, de um excedente que encerra todos os elementos do acabamento transgrediente do todo interior da vida anímica. Esses elementos, que são transgredientes à autoconsciência e a concluem, são as *fronteiras* da vida interior, onde ela está volta-

O todo temporal da personagem   165

da para fora e deixa de ser ativa a partir de si mesma, e são antes de tudo fronteiras temporais: são o princípio e o fim da vida, que não são dados a uma autoconsciência concreta e para cujo domínio a autoconsciência não dispõe de um enfoque axiológico ativo (uma diretriz volitivo-emocional que assimile axiologicamente), o nascimento e a morte em seu significado axiológico concludente (de enredo, lírico, caracterológico, etc.).

Na vida que vivencio por dentro não podem ser vivenciados os acontecimentos do meu nascimento e da minha morte; enquanto *meus*, o nascimento e a morte não podem se tornar acontecimentos da minha própria vida. Aqui, como no caso da imagem externa, não se trata apenas da impossibilidade factual de vivenciar esses momentos, mas antes de tudo da ausência total de um enfoque axiológico substancial deles. O medo de minha morte e a atração pela continuidade da vida é de índole essencialmente diversa que o medo da morte de outra pessoa íntima e do empenho de proteger-lhe a vida. Falta ao primeiro caso o elemento que no segundo é essencial: a perda, a perda da pessoa única qualitativamente definida do outro, o empobrecimento do mundo da minha vida onde esse outro estava e agora não está — esse outro único e definido (é claro que não se trata de uma perda vivenciada apenas de maneira egoísta, porquanto toda a minha vida pode perder seu valor depois que o outro a abandonou). Além desse elemento fundamental da perda, os coeficientes morais de medo da minha morte e da morte do outro são diferentes, à semelhança da autopreservação e da preservação do outro, e essa diferença não pode ser eliminada. A perda de mim mesmo não é uma separação de mim mesmo — de uma pessoa amada e qualitativamente definida —, já que minha vida-permanência também não é uma permanência alegre comigo mesmo como pessoa qualitativamente definida e amada. Tampouco posso vivenciar o quadro axiológico do mundo em que vivi e onde já não existo. Eu posso, evidentemente, imaginar o mundo depois da minha morte, mas de dentro de mim já não posso vivenciá-lo como um fato de colorido emocional de minha morte, de minha inexistência; para tanto, devo compenetrar-me do outro e dos outros, para quem a minha morte, minha ausência, será um acontecimento de sua vida; ao empreender a tentativa de perceber emocionalmente (axiologicamente) o acontecimento da minha morte no mundo, torno-me possuído pela alma de um outro possível, já não estou só quando tento contemplar o todo da minha vida no espelho da história, assim como não estou só quando contemplo no espelho a minha aparência externa. O conjunto da minha vida não tem significação no contexto axiológico da minha vida. Os acontecimentos do meu nascimento, da minha permanência axiológica no mundo e, por último, da minha morte não se realizam em mim nem para mim. O peso emocional da minha vida em *seu conjunto* não existe para mim mesmo.

Os valores do ser de uma pessoa qualitativamente definida são inerentes apenas ao outro. Só com ele é possível, para mim, a alegria do encontro, a permanência com ele, a tristeza da separação, a dor da perda; posso encontrar-me com ele no tempo e no tempo mesmo separar-me dele, só ele pode *ser e não ser* para mim. Eu estou sempre comigo, não pode haver vida para mim sem mim. Todos esses tons volitivo--emocionais, só possíveis em relação ao ser-existência do outro, criam para mim um peso-acontecimento particular da vida dele, desconhecido por minha vida. Aqui não se trata do grau mas do caráter qualitativo do valor. Esses tons como que condensam o outro e criam a originalidade do vivenciamento do todo de sua vida, dão colorido axiológico a esse todo. Em minha vida pessoas nascem, passam e morrem, e a vida-morte delas é frequentemente o acontecimento mais importante da minha vida, o que lhe determina o conteúdo (os elementos mais importantes do enredo da literatura universal). Os termos da minha própria vida não podem ter essa

O todo temporal da personagem   167

importância do enredo, minha vida é a existência que envolve no tempo as existências dos outros.

Quando o ser do outro vier a determinar de uma vez por todas e indiscutivelmente o *enredo* fundamental da minha vida, quando as fronteiras da existência-inexistência axiológica do outro estiverem plenamente envolvidas pelas minhas fronteiras nunca dadas nem essencialmente vivenciadas, quando o outro for vivenciado (abrangido no tempo) por mim do *natus est anno Domini* ao *mortuus est anno Domini*,[47] ficará mais que evidente que esses *natus-mortuus*, em toda a sua concretude e força, não são, por princípio, vivenciáveis em relação à minha própria existência, uma vez que minha vida não pode vir a ser esse acontecimento, minha própria vida transparece para mim de modo totalmente distinto da vida do outro; ficará mais que evidente a imponderabilidade estética do enredo da minha vida em seu próprio contexto, que seu valor e sentido estão em um plano axiológico totalmente distinto. Eu mesmo sou a condição que possibilita a minha vida, mas não sou seu herói no plano dos valores. Não posso vivenciar o tempo emocionalmente condensado que engloba a minha vida. Meu tempo e meu espaço-tempo são o tempo e o espaço do autor e não da personagem, neles só posso ser esteticamente ativo em relação ao outro que eles englobam, e não esteticamente passivo, posso justificar e concluir esteticamente o outro, mas não a mim mesmo.

É claro que isso não atenua em nada o significado da consciência moral de minha natureza mortal e da função biológica do medo e da fuga da morte, mas essa morte que presumo de dentro se distingue radicalmente do acontecimento da morte do outro, vivenciado de fora, do mundo onde esse outro não existe como individualidade singular qua-

---

[47] Em latim no original: "nasceu em tal ano d.C." e "morreu em tal ano d.C.", respectivamente. (N. do T.)

litativamente determinada e do valor ativo da minha diretriz para esse acontecimento; só essa diretriz é esteticamente produtiva.

Meu ativismo prossegue também depois da morte do outro, e nele os elementos estéticos (comparados aos éticos e aos práticos) começam a prevalecer: tenho à minha frente o todo de sua vida, liberto dos elementos do futuro temporal, dos objetivos e do imperativo. Depois do enterro, depois do monumento tumular vem a *memória*. Tenho *toda* a vida do outro *fora* de mim, e aí começa a construção estetizante de sua personalidade, sua consolidação e seu acabamento numa imagem esteticamente significativa. A diretriz volitivo-emocional centrada na homenagem ao falecido engendra essencialmente as categorias estéticas de enformação do homem interior (e do exterior também), pois só essa diretriz para o outro domina o enfoque axiológico do conjunto temporal e já acabado da vida interior e exterior do homem; voltemos a reiterar que aqui não se trata da presença de todo o material da vida (de todos os fatos da biografia) mas, acima de tudo, da presença de um enfoque axiológico capaz de enformar esteticamente esse material (o conjunto dos acontecimentos e do enredo de dado indivíduo). A *memória* sobre o outro e sua vida difere radicalmente da contemplação e da lembrança da minha própria vida: a memória vê a vida e seu conteúdo de modo diferente, e só ela é esteticamente produtiva (o elemento de conteúdo pode, evidentemente, proporcionar a observação e a lembrança de minha própria vida, mas não o ativismo que lhe dá forma e acabamento). A memória da vida finda do outro (também é possível a antecipação do fim) possui a chave de ouro do acabamento estético do indivíduo. O enfoque estético do homem vivo como que previne a sua morte, predetermina o futuro e torna-o como que inútil, torna o fado imanente a toda e qualquer determinidade da alma. A memória é um enfoque construído do ponto de vista do acabamento axiológico; em certo sentido ela é inviável,

O todo temporal da personagem

mas, por outro lado, só ela é capaz de julgar a vida finda e toda presente, independentemente do objetivo e do sentido.

O dado das fronteiras temporais da vida do outro, ainda que se trate de possibilidade, é o dado do próprio enfoque axiológico da vida finda do outro; mesmo que o outro efetivamente determinado venha a sobreviver a mim, a percepção dele sob o signo da morte, da ausência possível, é um dado que condiciona o adensamento e a mudança formal da vida, de todo o seu fluxo temporal dentro dessas fronteiras (a antecipação moral e biológica dessas fronteiras por dentro não tem esse significado formalmente transformador, assim como o conhecimento teórico de suas limitações no tempo é ainda mais desprovido de tal significado). Quando as fronteiras estão dadas, nelas a vida pode ser disposta e enformada de modo inteiramente distinto, da mesma forma que a exposição do fluxo do nosso pensamento pode ser construída de maneira diferente de quando a conclusão já foi encontrada e dada (foi dado o dogma) e quando ainda está sendo procurada. A vida determinada, livre das garras do porvir, do futuro, do objetivo e do sentido, torna-se emocionalmente mensurável, musicalmente exprimível, basta-se a si mesma, à sua presença; sua já-determinidade torna-se uma determinidade axiológica. O sentido não nasce nem morre; não pode ser iniciada nem concluída a série de sentidos da vida, ou seja, a tensão ético-cognitiva da vida por dentro de si mesma. A morte não pode ser a conclusão dessa série de sentidos, isto é, não pode ganhar significado de fechamento do positivo; por dentro de si mesma essa série de sentidos desconhece o acabamento positivo e não pode voltar-se para si com o fito de coincidir tranquilamente com a sua já-presença; *só* onde essa série está voltada para fora de si, onde não existe para si mesma, pode ela ser agraciada com a aceitação conclusiva.

À semelhança das fronteiras espaciais, as fronteiras temporais da minha vida não têm para mim o significado *formal-*

mente organizativo que têm para a vida do outro. Vivo — penso, sinto, ajo — dentro da série de sentidos da minha vida e não dentro do todo temporal e acabável da minha presença vital. Isto não pode determinar e organizar meus pensamentos e atos de dentro de mim, porquanto estes também são cognitivamente éticos e significativos (extratemporais). Posso afirmar; não sei que aparência minha alma tem por fora na existência, no mundo, se eu o soubesse sua imagem não conseguiria fundamentar e organizar nenhum ato da minha vida por dentro de mim mesmo, pois a significação axiológica (estética) dessa imagem me é transgrediente (é possível que haja falseamento, mas este também ultrapassa os limites da imagem, não é fundamentado por ela e a destrói). Todo acabamento é um *deus ex machina* para a série vital orientada de dentro para a significação do sentido.

Existe uma analogia quase total entre os significados das fronteiras temporais e espaciais na autoconsciência e na consciência do outro. O exame fenomenológico e a descrição do autovivenciamento e do vivenciamento do outro, tendo em vista que a genuinidade dessa descrição não é turvada pela inserção de generalizações e leis teóricas (em linhas gerais, o homem é uma equação do *eu* e do *outro*, um desvio em face das significações axiológicas), revelam nitidamente a diferença essencial que tem o significado do tempo na organização do meu autovivenciamento e do vivenciamento do outro por mim. O outro está mais intimamente ligado ao tempo (não se trata, claro, do tempo elaborado pela matemática nem pelas ciências naturais, pois isto subentenderia uma generalização correspondente do homem), está por inteiro inserido no tempo como o está inteiramente no espaço, no vivenciamento dele por mim nada perturba a temporalidade contínua de sua existência. Eu não estou para mim mesmo inteiramente no tempo, mas "minha maior parte" é vivenciada intuitivamente pela minha própria pessoa fora do tempo, eu disponho de um apoio imediatamente dado no sentido. Esse apoio não me é dado *imediatamente* no outro; eu o alojo por inteiro no tempo, enquanto vivencio a mim mesmo *no ato* que engloba o tempo. Como sujeito do ato que pressupõe o tempo, estou fora do tempo. O outro sempre se contrapõe a mim como objeto, sua imagem externa está no espaço, sua vida interior, no tempo. Como sujeito, jamais coincido comigo mesmo: eu sou o sujeito do ato de autoconsciência, vou além dos limites do conteúdo desse ato; isto não é um juízo abstrato, mas uma escapatória intuitivamente vivenciada e seguramente dominada por mim fora do tempo, de todo o dado, do terminal-presente (*koniétcho-nalitchni*), eu não me vivencio por inteiro no tempo. É evidente, ainda, que eu não disponho de minha vida, de meu pensamento, de meus atos, que não os organizo no tempo (num certo todo temporal) — o horário de um dia evidentemente não organiza a vida —, mas, antes, de forma sistemática; em todo caso trata-se de uma organização dos sentidos (abstraímos aqui a psicologia especializada do conhecimento da vida interior e a psicologia da introspecção; Kant tinha em vista a vida interior como objeto do conhecimento teórico); eu não vivo o aspecto temporal da minha vida, ela não é o princípio diretivo nem o ato prático elementar; o tempo é técnico para mim, como técnico é o espaço (eu domino a técnica do tempo e do espaço). A vida do outro concreto e definido, eu a organizo essencialmente no tempo — onde, evidentemente, não abstraio seus afazeres de sua personalidade —, e não num tempo cronológico nem matemático, mas no tempo emotivo-axiológico ponderável da vida, capaz de tornar-se rítmico-musical. Minha unidade é uma unidade de sentidos (a transcendência é dada na minha experiência espiritual), é a unidade espaçotemporal do outro. Também aqui podemos dizer que o idealismo convence intuitivamente no autovivenciamento; o idealismo é uma fenomenologia do autovivenciamento, mas não do vivenciamento do outro, a concepção naturalista da consciência e do homem no mundo é uma fenomenologia do outro. Nós, evidentemente, omitimos a significação filosófica dessas concepções, tratando apenas da experiência fenomenológica que lhes serve de base; elas não são uma elaboração teórica dessa experiência.

Vivencio a vida interior do outro como alma, em mim mesmo eu vivo no espírito. A alma é a imagem do conjunto de todo o efetivamente vivenciado, de tudo o que no tempo se faz presente na alma, ao passo que o espírito é o conjunto de todas as significações do sentido (*smislovíe znátchimosti*), de todos os propósitos de vida, dos atos de procedência de mim mesmo (sem abstração do *eu*). Do ponto de vista do autovivenciamento, convence intuitivamente a imortalidade semântica do espírito; do ponto de vista do vivenciamento do outro por mim, torna-se convincente o postulado da imortalidade da alma, ou seja, da determinidade interior do outro — da sua imagem interior (a memória) —, amada a despeito do sentido (assim como o postulado da imortalidade da carne amada — Dante).[48]

A alma vivenciada de dentro é espírito, e este é extraestético (assim como o corpo vivenciado de dentro é extraestético): o espírito não pode ser agente do enredo porque este não existe, é antedado em um momento dado, ainda está por vir; para ele é impossível a tranquilidade por dentro dele mesmo: não há um ponto, não há uma fronteira, um período, não há apoio para o ritmo ou uma mensuração emotivo-positiva absoluta, ele não pode ser o portador do ritmo (e de uma exposição de ordem geralmente estética). A alma é o espírito que não se realizou, refletido na consciência amorosa do outro (do homem, de Deus); é aquilo com que eu mesmo nada tenho a fazer, em que sou passivo, receptivo (dentro de si mesma, a alma pode apenas envergonhar-se de si, mas de fora pode ser bela e ingênua).

[48] Cf. a nota 34, p. 113. (N. da E.)

O todo temporal da personagem

A determinidade interna — a carne mortal do sentido —, que nasce e morre no mundo e para o mundo, inteiramente dada no mundo e nele acabada, reunida num objeto finito, pode ter significado de enredo e ser personagem. Assim como o enredo da minha vida pessoal é construído por outros indivíduos, seus heróis (só em minha vida exposta para o outro, aos olhos dele e em seus tons volitivo-emocionais eu me torno o herói dela), também a visão estética do mundo, a imagem do mundo, é construída apenas pela vida concluída ou concluível dos outros, que são seus heróis. Compreender esse mundo como mundo dos outros, que nele concluíram as suas vidas — o mundo de Cristo, de Sócrates, de Napoleão, de Púchkin, etc. —, é a primeira condição para uma abordagem estética do mundo. É preciso sentir-se em casa no mundo dos outros para passar da confissão para a contemplação estética objetiva, das questões atinentes ao sentido e à busca de um sentido para o dado maravilhoso do mundo. Cumpre compreender que todas as definições positivamente valiosas do dado do mundo, todas as fixações — valiosas em si mesmas — da presença no mundo dispõem de um outro que pode ser justificado e concluído por seu herói; sobre o outro foram compostos todos os enredos, escritas todas as obras, derramadas todas as lágrimas, a ele se erigiram todos os monumentos, só os outros povoaram todos os cemitérios, só o outro é conhecido, lembrado e recriado pela memória produtiva, para que minha memória do objeto, do mundo e da vida se torne memória estética. Só no mundo dos outros torna-se possível o movimento estético, o movimento do enredo, dotado de valor próprio — um movimento no passado que tem valor a despeito do futuro, no qual foram perdoadas todas as circunstâncias e dívidas e todas as esperanças foram abandonadas. O interesse artístico é o interesse fora do sentido por uma vida concluída por princípio. Preciso me afastar de mim de modo a libertar o herói para o livre desenvolvimento do enredo no mundo.

3. O RITMO

Analisamos o próprio fato da existência-inexistência da determinidade interior do homem do ponto de vista do caráter do valor e estabelecemos que o meu ser-existência carece de valor estético, de significado de enredo, assim como a minha existência física carece de significação plástico-pictural. Não sou o herói da minha vida. Cabe-nos agora examinar as condições de elaboração estética da determinidade interior do vivenciamento particular, da posição interior e, por último, do todo da vida anímica. Neste capítulo, estamos interessados apenas nas condições gerais em que essa vida interior ganha a forma de "alma" e, em particular, apenas nas condições (condições do sentido) do *ritmo* como ordenamento puramente temporal; já as formas específicas de expressão da alma na criação verbal — confissão, autobiografia, biografia, caráter, tipo, posição, personagem — serão o objeto do capítulo seguinte (o todo semântico).

À semelhança do movimento físico exterior vivenciado de dentro, também o movimento interior, o propósito e o vivenciamento carecem de determinidade significativa, de uma já-presença, não vivem de sua presença. A vivência como algo determinado não é vivenciada pelo próprio vivenciador, está voltada para um sentido, um objeto, para um estado, e não para si mesma, para a determinidade e a plenitude de sua presença na alma. Eu vivencio o objeto de meu pavor como objeto apavorante, o objeto de meu amor como objeto amado, o objeto de meu sofrimento como objeto penoso (aqui o grau de determinidade cognitiva, evidentemente, não é essencial), mas não vivencio meu pavor, meu amor, meu sofrimento. Aqui o vivenciamento é uma diretriz axiológica de *todo* o meu eu para um objeto qualquer, nessa diretriz minha "postura" não me é dada. Devo fazer de meus vivenciamentos um

O todo temporal da personagem   175

objeto especial do meu ativismo para que eu possa vivê-los. Devo abstrair dos objetos, fins e valores para os quais estava endereçado o vivenciamento vivo, e os quais assimilaram e completaram esse vivenciamento, para que eu possa sobreviver à sua própria vivência como algo determinado e presente. Devo deixar de ter pavor para sobreviver ao meu próprio pavor em sua determinidade anímica (e não em sua materialidade), devo deixar de amar para sobreviver ao meu próprio amor em todos os momentos de sua presença na alma. Não se trata de uma impossibilidade psicológica, de "estreiteza da consciência", mas de uma impossibilidade semântico-axiológica: devo sair dos limites do contexto axiológico em que transcorreu a minha vivência para fazer da própria vivencialidade, da carne de minha alma, o meu objeto, devo ocupar outra posição em outro horizonte, axiológico, cabendo observar que a reconstrução dos valores é de natureza essencialíssima. Devo tornar-me outro em face de mim mesmo, que vivo essa minha vida nesse mundo de valores, e esse outro deve ocupar uma posição axiológica essencialmente fundamentada fora de mim (psicólogo, artista, etc.). Podemos formular a questão assim: não é no contexto axiológico da minha própria vida que minha vivência pode ganhar significação como determinidade interior. Em minha vida ele não existe para mim. Preciso de um ponto de apoio semântico fora do contexto da minha vida, um ponto de apoio vivo e criador — logo, *de direito* — para tirar o vivenciamento do acontecimento singular e único da minha vida e, consequentemente, da existência como acontecimento único, pois este só me é dado do meu interior — e perceber-lhe a determinidade enquanto característica, como traço do todo interior, da minha face interior (quer se trate de caráter integral, de tipo ou apenas de estado interior).

Em verdade, é possível um reflexo moral sobre si mesmo que não ultrapasse os limites do contexto da vida; o reflexo moral não se desvia do objeto e do sentido que movem o vivenciamento; é justamente do ponto de vista do objeto antedado que ele reflete o dado ruim do vivenciamento. O reflexo moral ignora o dado positivo, a presença em seu autovalor, pois, do ponto de vista do antedado, o dado sempre é algo ruim, indevido; o *meu* no vivenciamento é uma subjetividade ruim do ponto de vista do objeto significativo a que visa o vivenciamento; daí que só nos tons contritos pode ser percebido o interiormente dado no reflexo moral de si mesmo, mas a reação arrependida não cria uma imagem integral esteticamente significativa da vida interior; do ponto de vista da significação forçada do próprio sentido antedado, na forma como este a mim se contrapõe em toda a sua seriedade, a existência interior não encarna, mas distorce (subjetiva) o sentido (em face do sentido, o vivenciamento não pode tranquilizar-se de maneira justificada e ser autossuficiente). O reflexo gnosiológico, em geral o reflexo filosófico (a filosofia da cultura) também desconhece o dado individual positivo do vivenciamento e não opera com a forma individual de vivenciamento do objeto, com o elemento do todo interior da alma individualmente dado, mas com as formas transgredientes do objeto (e não do vivenciamento) e com sua unidade ideal (antedada). O *meu* no vivenciamento do objeto é estudado pela psicologia, só que esta o faz abstraindo inteiramente o peso axiológico do *eu* e do *outro*, da sua singularidade; a psicologia conhece apenas a "individualidade possível" (*Ebbinghaus*). O dado interior não é contemplado mas estudado sem interferência axiológica na unidade proposta da lei psicológica.

O *meu* só se torna um dado positivo contemplável do vivenciamento no enfoque estético, mas o *meu* não está em mim nem para mim, porém no outro, porque em mim, sob a luz imediata do sentido e do objeto, ele não pode congelar e condensar-se numa presença tranquila, tornar-se centro axiológico de uma contemplação aceitável não como fim (no sistema de fins práticos) mas como *ausência-de-fim*. Isso só ocorre com a determinidade interna, sobre a qual não é o sentido, mas o amor que lança luz, independentemente do sentido. A contemplação estética deve abstrair a significação forçada do sentido e do fim. O objeto, o sentido e o fim deixam de ser guias axiológicos e se tornam meras características do dado da vivência em seu autovalor. A vivência é o rastro, o reflexo do sentido na existência, por dentro ela não vive de si mesma, mas desse sentido que está fora dela e que ela capta, pois se ela não capta o sentido este não existe; a vivência é uma relação com o sentido e com o objeto e fora dessa relação não existe para si mesma, nasce enquanto carne (carne interior) de modo involuntário e ingênuo, por conseguinte, não para si mas para o outro, para quem ela se torna valor a ser contemplado independentemente da significação do sentido, torna-se forma dotada de valor enquanto o sentido se torna conteúdo. O sentido se submete ao valor da existência individual, à carne mortal da vivência. Esta, evidentemente, leva consigo o reflexo do seu sentido antedado, pois sem esse reflexo seria vazia; no entanto, recebe acabamento positivo independentemente desse sentido em toda a sua inexequibilidade forçada (inexequibilidade principial na existência).

Para conseguir densidade estética, definir-se positivamente, a vivência deve ser purificada de todas as impurezas indissolúveis dos sentidos, de todo o transcendentemente significativo, de tudo o que ela assimila não no contexto axiológico de um indivíduo objetivo e da vida concluída, mas no contexto objetivo e sempre antedado do mundo e da cultura: todos esses elementos devem se tornar imanentes ao vivenciamento, reunidos numa alma essencialmente final e concluída, ajustados e fechados nesta, em sua unidade individual internamente manifesta; só uma alma assim pode ser colocada no mundo presente dado e combinar-se com ele, só essa alma concentrada se torna herói esteticamente significativo no mundo.

Mas essa libertação essencial do antedado é impossível para o meu próprio vivenciamento, minha aspiração, minha ação. A antecipação do futuro interior do vivenciamento e da ação, seu objetivo e sentido, decompõem a determinidade interna da via da aspiração; por essa via nenhum vivenciamento se torna um vivenciamento independente para mim, determinado, adequadamente descritível e exprimível em palavra ou mesmo em som de certa tonalidade (de dentro de mim não há outra tonalidade senão a da oração-súplica e do arrependimento); ademais, esse não repouso (*neuspokóiennost*) e essa indeterminidade (*neopredeliónnost*) são principiais: o retardamento amoroso do vivenciamento é necessário na aspiração interior para interpretá-lo e defini-lo, e as próprias forças volitivo-emocionais, necessárias a essa interpretação e a essa definição, seriam uma traição à seriedade forçada do sentido-fim da aspiração, um resvalo do ato do antedado vivo para o dado. Devo sair do âmbito da aspiração, colocar-me fora dela, para então vê-la dentro da carne interior significativa. Para tanto é insuficiente sair do âmbito apenas de uma dada vivência temporalmente afastada das outras (o afastamento semântico ou seria de natureza sistemática ou uma imanentização (*imanentizátsiia*) estética do sentido desprovido de significação), o que é possível quando o vivenciamento foge de mim para o *tempo passado* — neste caso, eu fico *temporalmente fora* dele; para a definição esteticamente absolvente e a enformação do vivenciamento, não basta só essa distância temporal em relação a ele; é necessário sair do âmbito de todo o conjunto que vivencia e assimila vivências particulares, isto é, ir além dos limites da alma que vivencia. O vivenciamento deve afastar-se para o *passado* absoluto *dos sentidos* com todo o contexto semântico com o qual estava inseparavelmente entrelaçado e no qual era assimilado. Só sob essa condição o vivenciamento da aspiração pode atingir certa extensão, uma riqueza de conteúdo quase manifestamente contemplável; só sob essa condição a via interior da ação pode ser fixada, determinada, amorosamente condensada e mensurada *pelo ritmo*, e isso só pode ser realizado pelo ativismo de outra alma, em seu contexto semântico-axiológico abrangente. Para mim mesmo, nenhum vivenciamento ou aspiração minha pode afastar-se para o passado absoluto, semântico, eximido e isolado do futuro, justificado e concluído independentemente dele; uma vez que encontro precisamente *a mim* em tal vivenciamento, não renuncio a ele *como meu* na unidade singular de minha vida, eu o vinculo ao futuro dos sentidos, torno-o não indiferente a esse futuro, transfiro a justificação definitiva e a execução dele para o porvir (ele ainda não é inviável): uma vez que nele sou um vivente, ele ainda não existe na plenitude. Assim chegamos plenamente ao problema do *ritmo*.

O ritmo é um ordenamento axiológico do dado interior, da presença. Não é expressivo no sentido exato do termo, não exprime o vivenciamento, não é fundamentado de dentro dele, não é uma reação volitivo-emocional ao objeto e ao sentido, mas uma reação a essa reação. O ritmo é vago no sentido de que não opera imediatamente com um objeto, mas com o vivenciamento do objeto, é uma reação a ele, por isso rebaixa a significação concreta dos elementos da série.

O ritmo pressupõe a imanentização do sentido ao próprio vivenciamento, do objetivo à própria aspiração; o sentido e o objetivo devem se tornar apenas um elemento do vivenciamento-aspiração dotado de autovalor. O ritmo pressupõe certa predeterminidade da aspiração, da ação, do vivenciamento (certa inviabilidade do sentido); supera o futuro real, arriscado e absoluto, a própria fronteira entre passado e futuro (e presente, é claro) em proveito do passado; o futuro semântico como que se dissolve no passado e no presente, é predeterminado artisticamente por eles (porquanto o autor-contemplador sempre engloba temporalmente o conjunto, sempre vem *mais tarde* não só em termos temporais como também *no sentido* de mais tarde). No entanto, o próprio momento da transição, do movimento do passado e do presente para o futuro (para o futuro semântico, absoluto, não para o futuro que deixa todas as coisas no lugar, mas o que deve finalmente cumprir, realizar, o futuro que *contrapomos* ao presente e ao passado como salvação, transfiguração e redenção, ou seja, o futuro não como categoria temporal vazia, mas como categoria de sentido, aquilo que ainda não existe no plano dos valores, que ainda não foi predeterminado, que ainda não foi *desacreditado* pela existência nem maculado pelo dado-existência do qual está livre, é incorruptível e idealmente desconjuntado, mas não em termos gnosiológicos e teóricos e sim práticos — como um imperativo) — e esse momento é um momento de pura acontecência (*sobitiínost*)[49] em mim, na qual estou em comunhão interior com o acontecimento único e singular da existência: nele está a indeterminidade arriscada e absoluta do desfecho do acontecimento (uma indeterminidade fabular e não semântica; como o ritmo, como todos os elementos estéticos em linhas gerais, a fábula é orgânica e interiormente predeterminada, pode e deve ser abrangida toda, inteiramente, do começo ao fim, em todos os momentos, por um olhar interior abrangente, pois só o todo, ainda que em potencial, pode ser esteticamente significativo), o "ou-ou" do acontecimento; é por esse elemento que passa a fronteira absoluta do ritmo, esse elemento não se presta ao ritmo, é por princípio extrarrítmico, inadequado a ele; aqui o ritmo se torna distorção e mentira. É o momento em que a existência em mim deve superar-se em prol do imperativo, em que o imperativo e a existência confluem de maneira hostil, encontram-se em mim, onde o "é" e o "deve" se excluem mutuamente; é o momento da dissonância principal, pois de dentro de mim, em mim mesmo, a existência e o imperativo, o dado e o antedado não podem

---

[49] Termo que em Bakhtin significa o processo ou as potencialidades do acontecer. (N. do T.)

O todo temporal da personagem

ser ritmicamente vinculados, percebidos em um plano axiológico, tornar-se elemento do desenvolvimento de uma série axiológica positiva (tornar-se ársis ou tese[50] do ritmo, da dissonância e cadência, pois os dois momentos estão situados num plano axiológico igualmente positivo, a dissonância no ritmo é sempre convencional). Mas é precisamente esse momento, em que o imperativo como outro mundo se me contrapõe em mim por princípio, que se constitui em momento de minha suprema seriedade criadora, de minha pura produtividade. Consequentemente, o ato criador (o vivenciamento, a aspiração, a ação), que enriquece o acontecimento da existência (o enriquecimento do acontecimento só é possível por via qualitativa, formal, e não quantitativa, material, se ele não se transforma em qualitativo) e cria o novo, é essencialmente extrarrítmico (em sua realização, evidentemente; uma vez realizado, ele passa para a existência: em mim mesmo — em tons de arrependimento, no outro — em tons heroicos).

O livre-arbítrio e o ativismo são incompatíveis com o ritmo. A vida (o vivenciamento, a aspiração, o ato, o pensamento), vivenciada nas categorias de liberdade moral e ativismo, não pode ser ritmada. A liberdade e o ativismo criam um ritmo para uma existência não livre (eticamente) e passiva. O criador é livre e ativo, o objeto da criação é não livre e passivo. É verdade que a não liberdade, a necessidade da vida enformada pelo ritmo não é uma necessidade (cognitiva) malévola nem indiferente ao valor, mas uma necessidade bela, doada, concedida pelo amor. A existência ritmada "visa a uma finalidade sem fim", o fim não é escolhido, discutido, não há uma responsabilidade pelo fim; o lugar ocupado pelo todo esteticamente percebido no acontecimento aberto da existência única e singular não é discutido, não faz parte

---

[50] Os termos do metro antigo ("elevação" e "omissão") que designavam a parte átona fraca e a parte tônica forte do pé. (N. da E.)

do jogo, o todo é axiologicamente independente do futuro arriscado no acontecimento da existência, é justificado independentemente desse futuro. Mas é precisamente pela escolha do fim, pelo lugar que ocupa no acontecimento da existência que responde o ativismo moral, e nisto ele é livre. Nesse sentido, a liberdade ética (o chamado livre-arbítrio) não é liberdade apenas em face da necessidade cognitiva (causal), mas também da necessidade estética, é a liberdade de meu ato em relação à existência dentro de mim, seja da existência não ratificada, seja da ratificada axiologicamente (a existência da visão artística). Onde quer que eu esteja, sou sempre livre e não posso me libertar do imperativo; tomar consciência de mim mesmo ativamente significa lançar sobre mim a luz do sentido que está por vir, fora do qual não existo para mim mesmo. A relação consigo mesmo não pode ser rítmica, é impossível encontrar-se a si mesmo no ritmo. A vida que reconheço como *minha*, na qual eu encontro ativamente a mim mesmo, não pode ser expressa pelo ritmo, sente-se acanhada diante dele; aqui todo ritmo deve suspender-se, esta é a região da sobriedade e do silêncio (dos baixos planos práticos às alturas ético-religiosas). Posso apenas ser possuído pelo ritmo, no ritmo, como sob anestesia, não tomo consciência de mim. A vergonha do ritmo e da forma é a raiz da alienação, é a solidão altiva e a resistência ao outro, é a autoconsciência que atravessou suas fronteiras e quer traçar a seu redor um círculo infrangível.

Na existência interior do outro vivenciada por mim (vivenciada ativamente na categoria de *alteridade*), a existência e o imperativo não estão rompidos nem são hostis, mas estão organicamente vinculados, situados no mesmo plano axiológico; o *outro* cresce organicamente no sentido. Seu ativismo é heroico para mim e amimado pelo ritmo (pois para mim ele pode estar todo no passado, e eu o liberto de forma justificada do imperativo, que se contrapõe como imperativo categórico apenas a mim e em mim mesmo (demais, aqui se trata da impossibilidade de uma diretriz axiológica). O ritmo é um beijo e um abraço no tempo axiologicamente adensado da vida mortal do outro. Onde há ritmo, há duas almas (mais exatamente, alma e espírito), dois ativismos; a vida que vivencia e a que se tornou passiva para a outra, que a enforma e a celebra ativamente.

Às vezes me alieno justificada e axiologicamente de mim mesmo, vivo no outro e para o outro, e então posso me incorporar ao ritmo, mas nele sou eticamente passivo para mim. Na vida estou familiarizado com os costumes, com um modo de vida, com a nação, o Estado, a sociedade humana, o mundo de Deus, aqui eu vivo em toda parte axiologicamente no outro e para os outros, estou revestido da carne axiológica do outro, aqui minha vida pode efetivamente estar subordinada ao ritmo (o próprio momento da subordinação é sóbrio), aqui eu vivencio, aspiro a algo e falo *no coro* dos outros. No entanto, no coro eu não canto para mim, sou ativo apenas em relação ao outro e passivo na atitude do outro para comigo, troco presentes mas o faço de maneira desinteressada, sinto em mim o corpo e a alma do outro. (Onde quer que o objetivo do movimento ou da ação esteja encarnado no outro ou coordenado com a ação do outro — no trabalho conjunto — e minha ação integre o ritmo, eu não o crio para mim, mas me familiarizo com ele para o outro.) Em mim, é a natureza humana e não a minha que pode ser bela, e a alma humana é harmoniosa.

Agora podemos desenvolver com maiores detalhes a tese que antes formulamos sobre a diferença essencial entre o meu tempo e o tempo do outro. Em relação a mim mesmo, eu vivencio o tempo em termos extraestéticos. O dado imediato das significações semânticas, fora das quais não posso criar nada ativamente como *meu*, inviabiliza o acabamento axiológico positivo da temporalidade. No covivenciamento vivo, o sentido extratemporal ideal não é indiferente ao tempo, mas se contrapõe a ele como futuro semântico, como algo que deve ser, em contraposição ao que já é. Toda a temporalidade, toda a durabilidade se contrapõe ao sentido como uma *ainda-inexequibilidade*, como algo ainda não definitivo, como um *ainda-não-é-tudo*: só assim é possível vivenciar a temporalidade, o dado da existência em si, em face do sentido. Não há o que fazer ou não se pode viver com a consciência da plena concludibilidade temporal — de que o que existe já é tudo; não pode haver nenhuma diretriz axiológica ativa para a minha própria vida já finda; é claro que essa consciência pode estar presente na alma (a consciência da finitude), no entanto não é ela que organiza a vida; ao contrário, sua vivencialidade viva (elucidação, peso axiológico) haure seu ativismo, sua ponderabilidade do dado forçadamente contraposto, só ela organiza a exequibilidade-por-dentro da vida (transforma possibilidade em realidade). Esse futuro semântico absoluto que se contrapõe axiologicamente a mim, a toda a minha temporalidade (a tudo o que já é presente em mim), não é um futuro no sentido da continuidade temporal *da mesma vida*, mas no sentido da possibilidade permanente e da necessidade de transformá-la *formalmente*, de inserir nela um novo sentido (a última palavra da consciência).

O futuro semântico é hostil ao presente e ao passado como ao desprovido de sentido, hostil como o são o objetivo ao ainda-não-cumprido, o imperativo à existência, a remissão ao pecado. Nenhum momento da já-presença pode tornar-se autossuficiente, já justificado para mim; minha justificação está sempre no futuro, e essa justificação, sempre à minha frente, revoga o meu passado e o meu presente para mim em sua pretensão à já-presença contínua, ao repouso no dado, à autossuficiência, à realidade verdadeira da existência em sua pretensão a ser eu essencialmente em tudo, a me definir completamente na existência (na pretensão de meu dado a declarar-se *eu* em tudo, verdadeiramente *eu*, à impostura do dado). A realização futura não é para mim mesmo uma continuação orgânica, um crescimento do meu passado e do meu presente, o coroamento deles, mas a eliminação essencial, a sua revogação, assim como a graça não é o crescimento orgânico da natureza pecadora do homem. O que no *outro* é aperfeiçoamento (categoria estética), em mim é novo nascimento. Em mim mesmo vivo sempre diante de uma exigência-objetivo absoluta que me é colocada, e de mim para ela não pode haver uma aproximação gradual, parcial e relativa. Eis a exigência: vive como se cada momento dado de tua vida pudesse ser o conclusivo e último, mas, ao mesmo tempo, também o momento inicial de uma nova vida; essa exigência é para mim irrealizável por princípio, porque nela a categoria estética (a relação com o *outro*) ainda continua viva, mesmo que enfraquecida. Para mim mesmo, nenhum momento pode tornar-se autossuficiente a ponto de conscientizar-se axiologicamente de si mesmo como conclusão justificada de toda a vida e digno começo de uma vida nova. E em que plano axiológico poderiam situar-se essa conclusão e esse começo? Essa mesma exigência, tão logo eu a reconheço, torna-se uma tarefa essencialmente irrealizável, sob cuja luz ficarei sempre em necessidade absoluta. Para mim mesmo só é possível a história da minha queda, ao passo que a história da minha ascensão gradual é por princípio impossível. O mundo do futuro eivado de sentido é estranho ao mundo do meu passado e do meu presente. Em cada ato meu, em cada ação minha, interna ou externa, no ato-sentimento, no ato cognitivo, aquela exigência se coloca diante de mim como sentido significativo puro e move o meu ato, mas para mim mesmo nunca se realiza nele, permanece sempre como mera exigência à minha temporalidade, à minha historicidade, às minhas limitações.

Uma vez que não se trata do valor da vida para mim, mas do meu próprio valor para mim mesmo e não para os outros, suponho esse valor no futuro eivado de sentido. Em nenhum momento o meu reflexo sobre mim mesmo é realista, não conheço a forma do dado a respeito de mim: a forma do dado deturpa radicalmente o quadro da minha existência interior. Eu — no meu sentido e no meu valor para mim mesmo — fui largado num mundo de sentido infinitamente exigente. Assim que tento definir-me *para mim mesmo* (não para o outro e a partir do outro), encontro a mim mesmo apenas nele, nesse mundo do antedado, fora da minha já-presença temporal, encontro a mim mesmo como algo ainda vindouro em seu sentido e valor; já no tempo (se abstraio totalmente o antedado), encontro apenas um propósito disperso, um desejo e uma aspiração irrealizados — *os membra disjecta*[51] de minha integridade possível; no entanto, o que poderia reuni-los, dar-lhes vida e forma — a alma deles, a unidade de meu *eu-para-mim* — ainda não tem existência, é apenas antedado e ainda vindouro. Minha determinação de mim mesmo não me é dada (ou melhor, é dada como tarefa, como um dado do antedado) nas categorias da existência temporal, mas nas categorias da *ainda-não-existência*, nas categorias de objetivo e sentido, no futuro rico de sentido, hostil a qualquer presença minha no passado e no presente. Ser para mim mesmo significa ser ainda vindouro para mim (*deixar de ser vindouro para mim, ser já tudo aqui, significa morrer espiritualmente*).

Na determinidade do meu vivenciamento para mim mesmo (determinidade do sentimento, da aspiração, do desejo, do pensamento) nada pode ter valor a não ser o objeto e o sentido antedados que se realizavam através do meu vivenciamento. Porque uma determinidade substancial do meu ser interior rica de conteúdo não é só o reflexo do objeto e do sentido com os quais me confronto, um vestígio deles. Qualquer antecipação do sentido, até a mais completa e perfeita (determinação para o outro e no outro), de dentro de mim é sempre subjetiva, e sua condensação e determinidade — des-

---

[51] Em latim no original: "membros apartados". (N. do T.)

de que não introduzamos de fora categorias estéticas da justificação e do acabamento, ou seja, as formas do outro — são uma condensação precária que limita o sentido, são como que uma condensação do estado espaçotemporal do sentido e do objeto. E se o ser interior se separa do sentido contraposto e vindouro — com o qual só ele criou absolutamente tudo e o assimilou em todos os seus momentos —, contrapõe-se a ele como valor autônomo e torna-se autossuficiente diante do sentido; desse modo ele cai numa contradição profunda consigo mesmo, na autonegação, nega com a existência da sua presença o conteúdo do seu ser, torna-se mentira; existência da mentira ou mentira da existência. Podemos afirmar que se trata do pecado original imanente ao ser e vivenciado de dentro dele; ele é parte da tendência do ser para a autossuficiência; é a autocontradição interior do ser — uma vez que pretende permanecer presunçosamente em sua presença em face do sentido —, é a autoafirmação autocondensada do ser a despeito do sentido que o gerou (o afastamento da fonte), é o movimento que súbito se deteve, deu uma parada sem justificação, virou as costas ao objetivo que o criou (a matéria que de repente se solidificou na rocha de determinada forma). É o acabamento desajeitado e vacilante que se envergonha de sua forma.

Entretanto, essa determinidade do ser interior e exterior é vivenciada *no outro* como uma passividade deplorável e carente, como um movimento indefeso no sentido da existência e da eterna permanência, movimento ingênuo em sua sede de existir a qualquer custo; situado fora de mim e em suas pretensões mais monstruosas, o ser como tal é apenas ingênuo e feminilmente passivo, e meu ativismo estético assimila, ilumina e enforma de fora as suas fronteiras, dá-lhe acabamento axiológico (quando eu mesmo me diluo inteiramente no ser, extingo a clareza do acontecimento do ser para mim, nela me torno um participante obscuro, espontaneamente passivo).

O vivenciamento vivo em mim, no qual sou ativamente ativo (*aktivno aktíven*), nunca pode entrar em repouso em si mesmo, parar, terminar, concluir-se, não pode desprender-se do meu ativismo, solidificar-se subitamente num ser concluído com autonomia, com o qual meu ativismo nada tem a fazer, pois, se vivencio alguma coisa, nela há sempre o forçadamente antedado, de seu interior ela é infinita e justificadamente não pode deixar de ser vivenciada, ou seja, livrar-se de todas as obrigações em face do objeto e do seu próprio sentido. Não posso deixar de ser ativo nesse objeto, isso implicaria revogar-me em meu sentido, transformar a mim mesmo apenas em máscara do meu ser; eu sou em mim mesmo uma mentira para mim. Posso esquecer o objeto, mas então ele deixará de existir para mim; só posso recordá-lo axiologicamente no antedado dele (renovando a tarefa), não posso recordar a sua presença. Para mim, a memória é a memória do futuro, para o outro, a do passado.

O ativismo da minha autoconsciência é sempre eficaz e passa constantemente por todas as vivências enquanto *minhas*, de sua parte ele não libera nada e revivifica as vivências que tendem a diluir-se e concluir-se: nisso está a minha responsabilidade, a minha fidelidade a mim em meu futuro, em meu propósito.

Tenho da minha vivência uma lembrança axiologicamente ativa não da parte do seu conteúdo presente, tomado isoladamente, mas do seu sentido antedado e do objeto, isto é, da parte do que assimilou o surgimento dele em mim, e assim torno a renovar o antedado de cada vivência minha, reúno todas as minhas vivências, reúno a mim todo não no passado, mas no futuro eternamente vindouro. Minha unidade para mim mesmo é uma unidade eternamente vindoura; ela me é dada e não dada, é continuamente conquistada por mim na essência do meu ativismo; não se trata da unidade do meu ter e da minha posse, mas da unidade do meu não ter e da minha não posse, não é a unidade do meu já-ser mas a unidade do meu ainda-não-ser. Tudo o que é positivo nessa unidade é apenas o antedado, ao passo que o dado é só negativo, só me é dado quando todo e qualquer valor já me foi antedado.

Só quando não me protejo do sentido antedado tenho o domínio tenso de mim mesmo no futuro absoluto, mantenho-me em meu antedado, conduzo-me realmente a partir da distância infinita do meu futuro absoluto. Posso retardar-me em minha presença somente em tons de arrependimento, porque esse retardamento se realiza à luz do antedado. Mas tão logo deixo escapar do campo axiológico da minha visão o meu antedado e deixo de estar tensamente no futuro, meu dado perde sua unidade vindoura para mim, desintegra-se, estratifica-se em fragmentos da existência toscos e presentes. Resta-me refugiar-me no *outro* e do outro juntar os fragmentos dispersos de meu dado para com eles criar uma unidade parasitariamente acabada na alma do outro e com os esforços dele. Assim o espírito decompõe a alma em mim mesmo.

Assim é o tempo no covivenciamento, que atingiu a plena pureza da relação consigo, a diretriz axiológica do espírito. Contudo, na consciência mais ingênua, em que o *eu-para-mim* ainda não se diferenciou integralmente (a consciência antiga no campo da cultura), ainda assim eu me determino em termos de futuro.

Em que consiste a minha certeza interior, que me apruma a coluna, me levanta a cabeça, me faz olhar para a frente? Não seria o dado puro, nem completado nem continuado pelo desejado e pelo antedado? Também nesse caso o estar-adiante de mim mesmo é o sustentáculo do orgulho e da presunção, e aqui o centro axiológico da autodeterminação desloca as coisas para o futuro. Eu não quero só parecer mais do que sou na realidade, eu realmente não posso ver minha presença genuína, efetivamente nunca creio até o fim que sou apenas o que de fato sou aqui e agora, completo-me com o vindouro, o desejado, o devido; só no futuro está o centro real de gravidade da minha determinação de mim mesmo. Por mais casual e ingênua que seja a forma que venham a assumir esse devido e esse desejado, o importante é que eles não se situam aqui, nem no passado, nem no presente. E o que quer que eu obtenha no futuro, mesmo que seja tudo o que anteriormente eu antecipara, ainda assim o centro de gravidade da minha determinação de mim mesmo mais uma vez irá deslocar-se para a frente, para o futuro, e eu irei apoiar--me no que me está por vir. Até o orgulho e a satisfação com o presente serão completados por conta do futuro (mal comece a enunciar-se, já irá revelar sua tendência a marchar à frente de si mesmo).

Só a consciência de que ainda não existo no essencial é princípio organizador de minha vida vivenciada por dentro de mim (em minha relação comigo). A justa loucura da minha não coincidência principial comigo mesmo condiciona como um dado a forma da minha vida-por-dentro. Não aceito a minha presença; acredito insensata e infinitamente em minha não coincidência com esta minha presença interior. Não posso calcular a mim mesmo inteiramente, afirmando: aqui estou *eu inteiro*, e *não existo* mais em parte alguma e em nada, já sou integralmente. Vivo nas profundezas de mim mesmo com a eterna fé e a esperança na permanente possibilidade do milagre interior de um novo nascimento. Não posso acomodar axiologicamente toda a minha vida no tempo e nele justificá-la e concluí-la integralmente. A vida temporalmente concluída é inviável do ponto de vista do sentido que a move. Por dentro de si mesma ela é inviável, só de fora pode lhe chegar a justificação absolvente, salvo o sentido não atingido. Enquanto a vida não cessa no tempo (para si mesma ela cessa, mas não se conclui), ela continua vivendo em seu interior na fé e na esperança de não coincidir consigo mesma, na iminência do seu sentido para si, e nisso a vida é louca do ponto de vista de sua presença, pois do ponto de vista de sua existência presente essa confiança e essa espe-

O todo temporal da personagem

rança em nada se fundam (na existência não há garantia do dever-ser, "não há garantias dos céus").[52] Daí que essa confiança e esperança têm caráter de prece (de dentro da própria vida só o são os tons de oração-súplica e arrependimento). Também em mim mesmo, essa loucura da confiança e da esperança continua sendo a última palavra de minha vida, por dentro de mim e em relação ao meu dado só há oração-arrependimento, ou seja, o dado se finda na carência (a última coisa que ele pode fazer é pedir e arrepender-se; a última palavra de Deus que desce sobre nós é a redenção ou a condenação). Minha última palavra carece de todas as energias conclusivas e positivamente afirmativas, é improdutiva em termos estéticos. Nela eu me volto para fora de mim e me entrego ao perdão do *outro* (é o sentido da confissão na hora da morte). Sei que também há no outro a mesma loucura da não coincidência principial consigo mesmo, esse mesmo inacabamento da vida, mas para mim esta não é a última palavra dele, não é para mim que ela soa: estou situado fora dele, e a palavra última e conclusiva me pertence. Essa palavra é condicionada e exigida pela minha distância concreta e plena em relação ao outro, pela distância no tempo, no espaço e no sentido em relação à vida do outro em seu todo, à sua diretriz axiológica e sua responsabilidade. Essa posição da extralocalização torna possível não só física mas também eticamente o que era impossível em mim e para mim, isto é, a afirmação axiológica e a aceitação de todo o dado presente da existência interior do outro; sua própria não coincidência consigo mesmo, sua tendência a situar-se fora de si mesmo como de seu dado, ou seja, o profundíssimo ponto de conta-

---

[52] Do poema de V. A. Jukóvski, "Desejo" (1811), tradução de Friedrich Schiller: "Acredita no que fala o coração:/ Não há garantias dos céus". Esses dois versos de Jukóvski serão lembrados mais tarde pelo autor nas notas para o ensaio "Fundamentos filosóficos das ciências humanas". (N. da E.)

to dele com o espírito, são para mim apenas uma característica do seu ser interior, apenas um elemento de sua alma dada e presente; para mim como que se condensam na carne delicadíssima totalmente abrangida pelo meu carinho. Nesse ponto externo, *eu* e o *outro* nos encontramos mutuamente na contradição absoluta do acontecimento: onde o outro nega a si mesmo dentro de si e ao seu dado-existência, de meu lugar único no acontecimento da existência eu afirmo e consolido axiologicamente a presença dele, que ele mesmo nega, e para mim essa negação é apenas um momento de sua presença. Aquilo que o outro verdadeiramente nega em si mesmo é o que eu verdadeiramente afirmo e preservo, e com isso crio pela primeira vez a alma dele em um novo plano axiológico da existência. Os centros axiológicos de sua própria visão de sua vida e da minha visão da vida dele não coincidem. No acontecimento da existência, essa interpenetração axiológica não pode ser destruída. Ninguém pode ocupar uma posição neutra em relação a *mim* e ao *outro*; o ponto de vista abstrato-cognitivo carece de enfoque axiológico, a diretriz axiológica pede que ocupemos uma posição singular no acontecimento único da existência, que nos encarnemos. Todo juízo de valor é sempre uma tomada de posição individual na existência; até Deus precisou encarnar-se para amar, sofrer *e perdoar*, teve, por assim dizer, de abandonar o ponto de vista abstrato sobre a justiça. A existência foi estabelecida de uma vez por todas e de forma irrevogável entre mim, que sou único, e todos os outros para mim; a posição na existência está tomada, e agora qualquer ato e qualquer juízo de valor só podem partir dessa posição, e eles a antecipam para si. Em toda a existência só eu sou o único *eu-para-mim*, e todos os demais são *outros-para-mim* — eis a posição fora da qual não há nem pode haver nada de valor para mim, fora da qual me é impossível um enfoque do acontecimento da existência, de onde começou e começa eternamente todo e qualquer acontecimento para mim. O ponto de vista abstra-

O todo temporal da personagem

to não conhece nem percebe o movimento-acontecente (*sobitiínnoe dvijénie*) da existência, a sua realização axiológica ainda aberta. No acontecimento singular e único da existência é impossível ser neutro. Só de meu lugar singular é possível elucidar o sentido do acontecimento em processo de realização, que se torna mais claro à medida que aumenta a intensidade com que nele me radico.

Para mim, o outro coincide consigo mesmo; com essa coincidência-integridade, que lhe dá acabamento positivo, eu o enriqueço de fora e ele se torna esteticamente significativo, torna-se personagem. Daí, da parte de sua forma, em seu todo, a personagem sempre é ingênua e espontânea, por mais desdobrada e profunda que seja em seu interior; a ingenuidade e a espontaneidade são elementos da forma estética como tal; onde elas não são atingidas, a personagem não está esteticamente objetivada até o fim, o autor ainda não conseguiu ocupar uma posição firme fora dela, ali ele ainda tem autoridade interior para ela do ponto de vista da significação do seu sentido. A forma esteticamente significativa não procura na personagem revelações semânticas, sua última palavra é o acabamento na existência como passado essencial. Perceber na *existência* a contradição sumamente profunda sem se incorporar a ela, mas envolvendo-a com um olhar único como elemento da existência, significa tornar essa contradição imediata e ingênua.

Onde *o outro* e a sua tensão semântica são internamente autoridades para nós, onde coparticipamos da sua orientação semântica e sua superação estética e seu acabamento se complexificam, o sentido autorizado lhe desintegra a carne externa e interna, destrói-lhe a forma significativa ingênuo-imediata. (É difícil traduzi-lo para a categoria de existência, uma vez que eu a integro.) A antecipação da morte tem essencial importância para o acabamento estético da pessoa. É essa antecipação da morte que está inserida como elemento necessário na forma esteticamente significativa do ser interior do homem, na forma de sua alma. Nós antecipamos a morte do outro como uma inevitável inexequibilidade do sentido, como um fracasso do sentido em toda a sua vida, criando formas de sua justificação que, por princípio, ele mesmo não consegue encontrar do lugar que ocupa. Em cada momento do seu enfoque estético (desde o início) ele deve coincidir positivamente consigo mesmo, em cada momento devemos vê-lo *por inteiro*, ainda que potencialmente. A abordagem artística do ser interior do homem o predetermina: a alma é sempre predeterminada (ao contrário do espírito). Ver meu retrato interior é o mesmo que ver meu retrato exterior; é mirar o mundo onde por princípio não existo e onde nada tenho a fazer se permaneço eu mesmo; minha face interna esteticamente significativa é uma espécie de horóscopo (com o qual também nada tenho a fazer; o homem que conhecesse efetivamente seu próprio horóscopo ficaria numa situação internamente contraditória e absurda: seriam impossíveis a seriedade e o risco de vida, seria impossível uma diretriz correta de seu ato).

O enfoque estético do ser interior do outro exige, em primeiro lugar, que não confiemos nem depositemos esperança nele, mas que o aceitemos com seus valores afora a confiança e a esperança, que não estejamos com ele nem nele mas fora dele (porque nele, por dentro dele, não pode haver nenhuma posição axiológica fora da confiança e da esperança). A memória começa a agir com força aglutinante e conclusiva desde o primeiro momento de surgimento da personagem, ela nasce nessa memória (morte), o processo de enformação é um processo de memorização. A personificação estética do homem interior antecipa desde o início a inviabilidade semântica da personagem. A visão artística nos fornece a personagem total, numerada e mensurada até o fim; nela não pode haver mistério semântico para nós, nossa confiança e nossa esperança devem calar. Desde o início devemos apalpar-lhe as fronteiras do sentido, deliciarmo-nos com ela co-

O todo temporal da personagem

mo formalmente acabada, mas sem esperar dela revelações semânticas, desde o início devemos vivenciá-la integralmente, operar com ela toda, com o todo, no sentido ela deve ser morta para nós, formalmente morta. Nesse caso, podemos dizer que a morte é uma forma de acabamento estético do indivíduo. A morte como fracasso do sentido e não justificação resume o sentido, coloca o problema e fornece os métodos de justificação estética sem o concurso do sentido. Quanto mais profunda e completa é a personificação, tanto mais agudamente se fazem ouvir nela o acabamento da morte e concomitantemente a vitória estética sobre a morte, a luta da memória contra a morte (memória em termos de tensão axiológica determinada, de fixação e aceitação afora o sentido). Tons de réquiem ecoam ao longo de toda a trajetória da vida da personagem encarnada. Daí a original inviabilidade do ritmo e sua leveza alegre-dorida, a leveza proveniente da inviável seriedade semântica. O ritmo abrange a vida *vivenciada*, nas cantigas de ninar já começam a ecoar os tons do réquiem do fim. Mas essa vida vivenciada na arte está protegida, justificada e concluída na memória eterna; daí a inviabilidade bondosa e absolvente do ritmo.

Se, porém, o sentido motriz da vida da personagem nos atrai enquanto sentido pelo aspecto do seu antedado e não pelo dado individual em sua existência interior, isso dificulta a forma e o ritmo; a vida da personagem começa a tentar abrir caminho através da forma e do ritmo, a ganhar um significado semântico autorizado, de cujo ponto de vista a refração individual do sentido na existência da alma, presença do sentido personificado, afigura-se a deformação do sentido; o acabamento artístico convincente se torna impossível: a alma da personagem se transfere da categoria de *outro* para a categoria de *eu*, desintegra-se e perde a si mesma no espírito.

4. A ALMA

Assim é o todo esteticamente significativo da vida interior do homem, a sua alma; esta é ativamente criada e só se enforma positivamente e se conclui na categoria de *outro*, que permite afirmar positivamente a presença além do sentido-imperativo. A alma é o todo fechado da vida interior, o qual é igual a si mesmo, coincide consigo e postula o ativismo amoroso distanciado do outro. A alma é uma dádiva do meu espírito *ao outro*.

Na arte, o mundo dos objetos em que vive e se movimenta a alma da personagem é esteticamente significativo como ambiente dessa alma. O mundo da arte não é o *horizonte* do espírito ascendente mas o ambiente da alma que se afastou ou está se afastando. A relação do mundo com a alma (relação esteticamente significativa e combinação do mundo com a alma) é análoga à relação da sua imagem visual com o corpo, ele não se contrapõe a ela mas a envolve e abarca, combinando-se com as fronteiras dela; o dado do mundo se combina com o dado da alma.

O momento da já-presença em todo o ser, *a face* do ser — o *ser-aí* (*étost*) da existência —, que já *se definiu* conteudisticamente, necessita de justificação fora do sentido, pois é apenas factual (teimosamente presente) em relação à plenitude antedada do sentido do acontecimento. Mesmo onde o sentido e o imperativo são antecipados como determinados conteudisticamente em imagens ou conceitos, essa determinidade da antecipação se afasta imediatamente e por iniciativa própria para o campo da existência, da presença. Toda personificação do sentido vindouro do acontecimento da existência em sua *determinidade*, na já-expressividade de sua face, é injustificável apenas factualmente, e justamente naquilo em que ela *já* está presente. Tudo o que já existe sem justificação como que ousou já determinar-se e estar aqui (por teimosia) nessa sua determinidade no mundo, que *ainda* é to-

O todo temporal da personagem

do vindouro em seu sentido, em sua justificação, à semelhança da palavra que gostaria de determinar-se inteiramente numa frase ainda não emitida nem pensada inteiramente. Todo o mundo em sua já-realidade, já-presença (isto é, onde ele pretende coincidir consigo mesmo, com seu dado, tranquila e independentemente do presente, onde o ser se basta a si mesmo), não resiste à crítica dos sentidos imanente a ele.

"O pensamento proferido é uma mentira" — o mundo real (abstraído do vindouro e do antedado, ainda não proferido) é o sentido já proferido, já enunciado do acontecimento da existência, o mundo em sua presença é uma expressividade, uma palavra que já foi dita, já se fez ouvir. A palavra pronunciada se envergonha de si mesma à luz única do sentido que precisaria enunciar (se, além desse sentido contraposto, não há nada de valor). Enquanto a palavra não havia sido pronunciada, era possível acreditar e esperar — pois se tinha pela frente essa plenitude forçada do sentido —, mas eis que foi pronunciada, eis tudo aqui em sua concretude obstinado-existencial, tudo, e nada mais! A palavra já dita soa no impasse de sua já-proferição; a palavra proferida é a carne mortal do sentido. A existência, já presente no passado e na atualidade, é mera carne mortal do sentido vindouro do acontecimento da existência — do futuro absoluto; ela é inviável (fora de uma realização futura). Mas outro homem está inteiramente nesse mundo, é personagem dele, e sua vida está inteiramente realizada nesse mundo. Ela é carne da carne e osso dos ossos do mundo presente, fora do qual ela não existe. Fora do outro — como seu mundo — a presença da existência encontra fora do sentido afirmação e acabamento positivos. A alma está coesa e entrelaçada com o dado do mundo e o sagra a partir de si mesma. Para mim o mundo se volta pelo lado do seu antedado, da ainda inexequibilidade; esse é o *horizonte* da minha consciência ascendente (que vê à sua frente); a luz do futuro desintegra a estabilidade e o autovalor da carne do passado e do presente. Positivamente significativo em seu dado total, o mundo se posta para mim apenas como o *ambiente* do outro. Todas as definições axiologicamente concludentes e características do mundo na arte e na filosofia estetizada estão axiologicamente orientadas *no outro*, no seu herói. Esse mundo, essa natureza, essa história determinada, essa cultura determinada, essa visão de mundo historicamente determinada como elementos positivamente axiológicos que, descartando-se o sentido, podem ser ratificados, reunidos e concluídos pela memória, são o mundo, a natureza, a história, a cultura do homem-outro. Todas as caracterizações e definições que se fazem da existência presente e levam-na para o movimento dramático, do antropomorfismo ingênuo do mito (a cosmogonia, a teogonia), aos procedimentos da arte moderna e das categorias de uma filosofia intuitiva estetizante — princípio e fim, nascimento e aniquilamento, existência e formação, vida, etc. —, brilham pela luz axiológica tomada de empréstimo à *alteridade*. Nascimento e morte e todos os elos da vida situados entre eles são o âmbito do enunciado axiológico sobre a presença da existência. A carne mortal do mundo só tem significação axiológica se animada pela alma mortal *do outro* —, no espírito ela se desintegra (o espírito não a vivifica, julga-a).

Segue-se do acima exposto que a alma e todas as formas de encarnação estética da vida interior (ritmo) e as formas do mundo dado, esteticamente correlacionado com a alma, por princípio não podem ser formas de autoexpressão pura, de expressão *de si* e *do próprio*, mas são formas de atitude em face do outro e de sua autoexpressão. Todas as definições esteticamente significativas são transgredientes à própria vida e ao dado do mundo vivenciado de dentro dela, e só essa transgrediência cria para elas a força e a significação (assim como a força e a significação do perdão e da expiação dos pecados foram criadas pelo fato de que o outro os comete; eu mesmo não posso perdoar e expiar meus pecados, esse perdão e essa expiação não teriam significação axiológica),

O todo temporal da personagem

caso contrário elas seriam falsas e vazias. O ativismo do autor acima da existência é condição indispensável da enformação estética da existência presente. Preciso ser ativo para que a existência possa ser credulamente passiva, preciso enxergar mais que a existência (para ter esse excedente essencialmente axiológico de visão, preciso ocupar uma posição fora da existência esteticamente enformada) para que a existência seja ingênua para mim. Devo pôr meu ato criativamente ativo fora das pretensões à beleza para que a existência me possa parecer bela. O ativismo criador puro, que emana de mim, começa onde termina axiologicamente em mim toda presença, onde termina em mim toda a existência como tal. Na medida em que encontro ativamente e conscientizo algo como dado e presente, definido, em meu ato de definição já me coloco acima desse algo (e sendo a definição axiológica, é axiológica acima dele); nisto reside o meu privilégio arquitetônico: partindo de mim, fora de mim encontrar o mundo, que se esgota no ato. Por isso só eu, situado fora da existência, posso aceitá-la e dar-lhe acabamento descartando o sentido. Esse é um ato absolutamente produtivo, proveitoso, oriundo do meu ativismo. Mas para ser efetivamente produtivo, para enriquecer a existência, esse ato deve se desenvolver inteiramente acima dela. Devo afastar-me por inteiro e axiologicamente da existência para que, numa existência sujeita ao ato de recepção e acabamento estético, *de mim* e *do meu eu* nada reste de valor para mim mesmo: preciso limpar todo o campo do dado pré-jacente da existência para o outro, direcionar todo o meu ativismo num sentido à minha frente (para que esse ativismo não entorte a visão de si mesmo ao procurar colocar também a si mesmo no campo de visão e também a si mesmo abranger com um olhar), e só então a existência se colocará diante de mim como carente, como fraca e frágil qual uma criança sozinha e desamparada, como passiva e provida de uma ingenuidade santa. *Já-ser* significa necessitar: necessitar de ratificação de fora, de carinho e proteção de fora; ser presente (de fora) significa ser feminil para o ativismo ratificador puro do *eu*. Mas para que a existência se revele perante mim em sua passividade feminil, devo colocar-me inteiro por fora dela e ser totalmente ativo.

A existência em sua presença, em sua expressividade, em sua característica fabular, já é dada ao meu ativismo puro no clima de carência e vazio, que por princípio não é preenchido de dentro dela mesma, pelas próprias forças dela; todo o ativismo que nela pode ser encontrado é passivo para o ativismo decorrente de mim; todas as fronteiras de seu sentido são dadas de maneira nítido-palpável; toda a sua presença pede, reclama minha extralocalização tensa em relação a ela; e esse ativismo da extralocalização deve realizar-se na plenitude da ratificação da existência com descarte do sentido, apenas pela existência, e nesse ato a passividade feminil e a ingenuidade da existência presente se tornam beleza. Se eu mesmo me dissolvo na existência com meu ativismo, no mesmo instante destrói-se a sua beleza expressa.

É, evidentemente, possível a minha familiarização com o dado justificado da existência, o dado *da alegria*. A alegria é estranha a uma atitude ativa em face da existência; devo tornar-me ingênuo para me alegrar. Por dentro de mim mesmo, em meu ativismo, não posso tornar-me ingênuo, por isso não posso me alegrar. Só a existência é ingênua e alegre, não o ativismo: este é desoladamente sério. A alegria é o estado da existência mais passivo, porém desamparadamente deplorável. Até o sorriso mais sábio é deplorável e feminil (ou é impostor ou autossuficiente). A alegria só é possível para mim em Deus e no mundo, isto é, só onde me familiarizo de forma justificada com a existência através do outro e para o outro, onde sou passivo e aceito a dádiva. Minha alteridade se alegra em mim, mas não o eu para mim. E só a força ingênua e passiva da existência pode triunfar, o triunfo é sempre espontâneo; no mundo e em Deus eu posso triunfar, mas não em mim mesmo. Posso apenas refletir a alegria da existência ratificada dos outros. O sorriso do espírito é um sorriso refletido, não um sorriso que parte de mim (o sorriso refletido na hagiografia e na iconografia).

Uma vez que me familiarizo de modo justificado com o mundo da alteridade, nele sou passivamente ativo. Uma imagem clara desse ativismo passivo é a dança (*pliáska*).[53] Na dança, minha imagem externa, que só os outros veem e só existe para eles, funde-se com o meu ativismo interior orgânico que sente a si mesmo; na dança, tudo o que em mim é interior procura exteriorizar-se, coincidir com a imagem externa; na dança eu me condenso mais na existência, familiarizo-me com a existência dos outros; em mim dança a minha *presença* (ratificada axiologicamente de fora), a minha *sofia-nidade*,[54] o *outro* dança em mim. Vive-se nitidamente na dança um momento de possessão, de possessão pela existência. Daí o significado cultual da dança nas religiões da existência. A dança é o limite extremo do meu ativismo passivo, mas ela acontece em todos os rincões da vida. Sou passivamente ativo quando minha ação não está condicionada a um ativismo puramente semântico do meu *eu-para-mim*, mas é justificada a partir da própria existência presente, da natureza, quando não é o espírito — isto é, aquilo que ainda não existe e não foi predeterminado, que é louco do ponto de vista da existência presente — mas essa existência presente que é espontaneamente ativa em mim. O ativismo passivo está condicionado às forças já dadas, já presentes, está predeterminado pela existência; ele não enriquece a existência por ser essencialmente inatingível por dentro de si mesmo, não mu-

---

[53] Note-se que Bakhtin não emprega a palavra *tániets*, que significa dança em sentido amplo, incluindo o balé clássico, mas *pliáska*, que se refere estritamente à dança popular. (N. do T.)

[54] Conceito derivado do termo grego *sofia*, ligado a uma concepção segundo a qual os objetos são preenchidos por sentidos; o homem opera com objetos na medida em que lhes imprime sentido. (N. do T.)

da a face do sentido da existência. O ativismo passivo nada transforma em termos formais.

O acima exposto esboça com firmeza ainda maior a fronteira entre autor e personagem, entre o portador do conteúdo do sentido da vida e o portador do seu acabamento estético.

A tese que antes apresentamos sobre a combinação estética da alma e do corpo encontra aqui sua conclusão definitiva. Pode haver conflito entre o espírito e o corpo interior, mas não pode haver conflito entre alma e corpo, uma vez que estes são construídos à base das mesmas categorias, traduzem uma relação única e criativamente ativa com o dado do homem.

IV.

O todo semântico da personagem

Ato, autoinforme-confissão, autobiografia, personagem lírica, biografia, caráter, tipo, posição, personagem, hagiografia.

A arquitetônica do mundo da visão artística não ordena só os elementos espaciais e temporais, mas também os de sentido; a forma não é só espacial e temporal, mas também do sentido. Até agora, estudamos as condições em que o espaço e o tempo do homem e da sua vida se tornam esteticamente significativos; mas também ganha significação estética a diretriz semântica da personagem na existência, a posição interior que ela ocupa no acontecimento único e singular da existência, sua posição axiológica nele; a personagem se isola do acontecimento e ganha acabamento artístico; a escolha de certos elementos de sentido no acontecimento determina também a escolha dos respectivos elementos do acabamento que lhe são transgredientes, o que se expressa na diversidade das formas do todo semântico da personagem. É isso que vamos examinar neste capítulo. Cumpre observar que o todo espacial, o temporal e o semântico não existem isoladamente: como na arte o corpo é sempre animado pela alma (ainda que ela esteja morta nas representações mortuárias), a alma também não pode ser percebida descartando-se a posição semântico-axiológica que ocupa, fora de sua especificação, como caráter, tipo, posição, etc.

1. O ATO E O AUTOINFORME-CONFISSÃO

O homem vivente se estabelece ativamente de dentro de si mesmo no mundo, sua vida conscientizável é a cada momento um agir: eu ajo através do ato, da palavra, do pensamento, do sentimento; eu vivo, eu me torno um ato; contudo, não expresso nem determino imediatamente a mim mesmo através do ato; por seu intermédio realizo uma significação concreta, semântica, mas não a mim mesmo enquanto algo determinado e determinável; só o objeto e o sentido se contrapõem ao ato. Neste está ausente o elemento do autorreflexo do indivíduo atuante, que se movimenta em um contexto objetivo, significativo: no mundo de objetivos estritamente práticos, de valores políticos e sociais, de significações cognitivas (atos de cognição), de valores estéticos (atos de criação ou de percepção artística) e, por último, no campo propriamente moral (no mundo dos valores estritamente éticos, na *relação imediata com o bem e o mal*). Todos esses mundos de objetos determinam axiológica e totalmente o ato para o próprio sujeito atuante. Para a própria consciência atuante, seu ato não necessita de herói (ou seja, da determinidade do indivíduo) mas tão somente de objetivos e valores que o dirijam e o assimilem. Minha consciência atuante só formula perguntas deste tipo: Por quê? Para quê? Como? Está certo ou não? Cabe ou não fazer isso? É ou não necessário? Dará certo ou não? Ela nunca pergunta: Quem sou? O que sou e como sou? Para mim, minha determinidade (eu sou assim) não integra a motivação do ato; a determinidade do indivíduo realizador não está no contexto que assimila o ato para a própria consciência atuante (no classicismo, o ato é sempre motivado pela determinidade do caráter da personagem; esta age não só porque é assim que deve e precisa ser, mas ainda porque ela mesma é assim, ou seja, o ato é determinado também pela posição e pelo caráter, expressa a posição do caráter não para a própria personagem atuante, evidentemente, mas para o autor-contemplador distanciado. Isso acontece em toda obra de arte que se propõe a criar o caráter ou o tipo). A ausência de determinidade do indivíduo (eu sou assim) no contexto motivacional do ato não pode suscitar nenhuma dúvida quando se trata de atos de criação cultural: assim, quando eu ajo através da cognição, o ato do meu pensamento é determinado e motivado unicamente por aquelas significações dos objetos às quais esse pensamento visa; além disso, posso, é claro, atribuir o sucesso às minhas aptidões, os erros à minha incapacidade, em linhas gerais, operar com semelhantes determinações de mim mesmo, mas elas não podem integrar o contexto motivacional do ato como suas determinadoras, pois são do conhecimento de uma consciência cognitivamente inoperante. O ato de criação artística também só opera com significações dos objetos para as quais se volta a atividade artística, e, se o artista procura aplicar sua individualidade em sua criação, essa individualidade não lhe é dada como ato que a determina, mas é antedada no objeto, é um valor ainda a ser realizado nele, não é portadora, mas objeto do ato, e só no objeto ela entra no contexto motivacional da criação. Está claro que o ato estritamente técnico, social e político encontra-se na mesma situação.

A questão se complica um pouco quando se trata meramente do ativismo vivo, em que amiúde o ato parece motivado pela determinidade de seu agente. Mas também aí *todo o meu âmago* integra o antedado objetivo do ato, opõe-se a ele como objetivo determinado, e aqui o contexto motivacional do próprio ato não tem herói. Em suma, o ato expresso, enunciado em toda a sua pureza, sem incorporação de elementos e valores transgredientes e alheios a ele mesmo, vem a ser desprovido de herói como determinidade essencial. Se restabelecermos com exatidão o mundo em que o ato tomava consciência de si mesmo por via axiológica e se determinava, em que ele se definia de modo responsivo, e descrevermos esse mundo, nele não haverá herói (não haverá valores do enredo, valores caracterológicos, tipológicos, etc.). O ato carece de uma determinidade de fins, de meios, e não de uma determinidade do seu agente — a personagem. O próprio ato nada diz do atuante, diz apenas de sua ambiência material, e não é a personagem, mas tão somente essa ambiência que gera o ato. Daí a ideia da liberdade ética do ato; este é determinado pelo ainda-não-ser, pelo antedado dos objetos, dos fins; suas fontes estão no porvir e não no passado, não estão no que existe mas no que ainda não existe. Por isso o reflexo incidente sobre o ato já consumado não lança luz sobre o autor (quem é ele, como é ele) e é mera crítica imanente do ato do ponto de vista dos próprios fins deste e do imperativo; e se vez por outra ela vai além do âmbito da consciência atuante, de modo algum visa a incorporar elementos que em essência são transgredientes à consciência atuante, mas tão somente aqueles que de fato estavam ausentes e foram desprezados e que, em linhas gerais, poderiam ter sido levados em consideração (se não inserimos um valor alheio ao ato: como o outro vê meu ato). Na consciência atuante, mesmo quando ela presta contas, enuncia a si mesma, não há herói como fator significativo, determinante; ela é objetivada, não psicologicamente nem esteticamente (não é dirigida por lei causal nem estética — da caracterologia ou do enredo, etc.). Se meu ato é guiado pelo imperativo como tal, avalia imediatamente seus objetos nas categorias do bem e do mal (excluindo por via puramente técnica a série cultural dos juízos de valor), é um ato propriamente moral; neste caso, meu reflexo e meu informe sobre ele começam a determinar também a mim, abrangem a minha determinidade.

O arrependimento passa do plano psicológico (do agastamento) para o plano criativo-formal (arrependimento, autocrítica), tornando-se princípio organizador e enformador da vida interior, princípio da visão valorativa e da fixação de si mesmo. Onde aparece a tentativa de fixar a si mesmo em tons de arrependimento à luz de um imperativo moral, surge a primeira forma essencial de objetivação verbal da vida e do indivíduo (da vida pessoal, isto é, sem abstração de seu agente) — o autoinforme-confissão. O elemento essencial, *constitutivo* dessa forma é o fato de que se trata precisamente de uma auto-objetivação, de que *o outro* é excluído com sua abordagem particular, *privilegiada*; aqui, só a relação pura do eu consigo mesmo é princípio organizador do enunciado. Só integra o autoinforme-confissão aquilo que eu mesmo posso dizer de mim mesmo (no essencial e não de fato, é claro); ele é imanente à consciência moralmente atuante, não lhe ultrapassa os limites essenciais, excluem-se todos os elementos transgredientes à autoconsciência. Em relação a esses elementos transgredientes, à possível consciência axiológica do outro, o autoinforme-confissão se estabelece de forma negativa, luta contra eles pela pureza da autoconsciência, pela pureza de uma relação solitária consigo mesmo. Porque o enfoque estético e a justificação do outro podem penetrar em minha relação axiológica comigo mesmo e turvar-lhe a pureza (a glória mundana, a opinião dos outros, a vergonha diante dos outros, a benevolência dos outros, etc.). Uma relação axiológica solitária consigo mesmo é o limite a que visa o autoinforme-confissão, superando todos os momentos transgredientes da justificação e do juízo de valor possíveis na consciência dos outros indivíduos; a caminho desse limite *o outro* vem a ser necessário como juiz, que deve me julgar como eu mesmo me julgo, sem me estetizar, necessário para destruir sua possível influência sobre minha própria autoavaliação, para, através da minha auto-humilhação perante ele, libertar-me dessa influência da posição axiológica dele, que está situada fora de mim, e das possibilidades vinculadas a essa distância (não temer a opinião das pessoas, superar a vergonha). Neste sentido, qualquer tranquilização, qualquer suspensão de minha autocensura, qualquer avaliação positiva (eu já me torno melhor) são interpretadas como

O todo semântico da personagem

queda da pureza da relação comigo mesmo, como prevalência de um possível outro que me avalia (as ressalvas nos diários de Tolstói).

Essa luta contra a eventual posição axiológica do outro coloca de modo original o problema da forma externa autoinforme-confissão; aqui é inevitável o conflito com a forma e a própria linguagem da expressão, que, por um lado, são indispensáveis e, por outro, essencialmente inadequadas por conterem elementos estéticos fundados na consciência valorativa do outro (as raízes da loucura profética [*iuródstvo*][55] como forma de negação, principial, da significação da forma de expressão). Por princípio o autoinforme-confissão não pode ser concluído, por não haver para ele elementos transgredientes que lhe deem acabamento; se estes entram no plano da consciência do autoinforme, carecem de significado axiológico positivo, isto é, de suas forças concludentes e tranquilizantes; tudo o que já foi determinado e se firmou foi mal determinado e firmou-se indignamente; não pode haver um ponto de vista axiológico esteticamente significativo. Nenhum reflexo sobre mim mesmo pode me concluir integralmente, pois, sendo imanente à minha consciência responsável e única, torna-se fator de sentido e valor do desenvolvimento ulterior dessa consciência; minha própria palavra sobre mim mesmo não pode ser essencialmente a última palavra, a que me conclui; para mim, minha palavra é um ato, e este só vive no acontecimento singular e único da existência; é por isso que nenhum ato pode dar acabamento à própria vida, pois ele a vincula à infinitude aberta do acontecimento da existência. O autoinforme-confissão não se isola desse acontecimento único, daí ser potencialmente infinito; ele é precisamente um ato de incoincidência principial e atual consigo mesmo (por falta de força distanciada capaz de

---

[55] Comportamento de pedinte ou louco com pretensos dons proféticos. (N. do T.)

realizar essa coincidência — da posição axiológica do outro), um ato de pura superação valorativa de si mesmo, do final alheio justificado de dentro de si mesmo (que ignora esse final justificado); ele supera coerentemente todas essas forças axiológicas que poderiam me obrigar a coincidir comigo mesmo, e essa mesma superação não pode realizar-se, terminar de forma justificada e tranquilizar-se. No entanto, essa impossibilidade de tranquilização e essa inconcludibilidade em si são apenas um aspecto do autoinforme-confissão, apenas um dos limites a que ela aspira em seu desenvolvimento concreto. A negação da justificação aqui se converte em necessidade de justificação religiosa; o autoinforme-confissão está cheio de necessidade de perdão e redenção como *dádiva* absolutamente *pura* (não por méritos), de graça e felicidade axiologicamente oriundas do outro mundo. Essa justificação não é imanente ao autoinforme, mas se situa além das suas fronteiras, no futuro não predeterminado e arriscado do real acontecimento, como realização real do pedido e da súplica — realização dependente de vontade alheia situa-se além das fronteiras do próprio pedido, da própria súplica, de forma transgrediente a eles; o pedido e a súplica permanecem abertos, inacabados, como que se fragmentam em direção ao futuro não predeterminado do acontecimento. É o momento propriamente confessional do autoinforme-confissão. É impossível o autoinforme puro, isto é, o apelo axiológico só para si mesmo na solidão absoluta; esse é um limite contrabalanceado por outro limite — pela confissão, ou seja, por um apelo súplice para fora de si, para Deus. Com os tons de arrependimento se entrelaçam os tons de súplica-oração.

O autoinforme puro e solitário é impossível; quanto mais perto chega desse limite tanto mais claro se torna o outro limite, a ação do outro limite; quanto mais profunda é a solidão (axiológica) consigo mesmo e, consequentemente, o arrependimento e a superação de si mesmo, tanto mais clara e mais substancial é a entrega a Deus. No vazio axiológico

O todo semântico da personagem

absoluto não é possível nenhum enunciado, é impossível a própria consciência. Fora de Deus, fora da confiança na alteridade absoluta, são impossíveis a autoconsciência e o autoenunciado, evidentemente, não porque pudessem ser praticamente desprovidas de sentido, mas porque a confiança em Deus é um elemento constitutivo imanente da pura autoconsciência e do autoenunciado. (Onde se supera em si a autossuficiência axiológica do ser-presença, supera-se precisamente aquilo que empanava Deus, onde eu não coincido absolutamente comigo mesmo, abre-se espaço para Deus.) Faz-se necessária certa dose de calor na atmosfera axiológica que me envolve para que a autoconsciência e o autoenunciado possam realizar-se nela, para que a vida tenha início. O fato de eu dar importância, ainda que infinitamente negativa, à minha determinidade, de eu, em linhas gerais, colocá-la em discussão, isto é, o próprio fato de eu ter consciência de mim na existência já sugere que não estou só no autoinforme, que me reflito axiologicamente em alguém, que alguém está interessado em mim, que alguém necessita que eu seja bom.

No entanto, esse momento de alteridade é axiologicamente transgrediente à autoconsciência e *em essência não está garantido*, porquanto a garantia o reduziria ao grau de ser-presença (estetizado no melhor dos casos, como acontece na metafísica). Não se pode viver e ter consciência de si nem na garantia, nem no vazio (garantia e vazio axiológicos), mas tão somente *na fé*. A vida (e a consciência) de dentro de si mesma não é senão a realização da fé; a autoconscientização pura da vida é a conscientização da fé (ou seja, da necessidade e da esperança, da não autossatisfação e da possibilidade). É ingênua a vida que ignora o ar que respira. Assim se implantam nos tons de arrependimento e súplica do autoinforme-confissão os novos tons da fé e da esperança, que tornam possível a disposição da prece. Os modelos profundos e puros do autoinforme-confissão, com todos os momentos (constitutivos) por nós examinados e seus tons — as preces

212   O autor e a personagem na atividade estética

do publicano e da mulher cananeia ("Eu creio, ajuda-me na minha falta de fé")[56] em forma idealmente sucinta; mas eles não se esgotam, podem ser eternamente repetidos, de dentro de si mesmos não podem ser acabados, são o próprio movimento (repetição das preces).

Quanto mais atual se torna o elemento de *confiança* e o tom de fé e de esperança, tanto mais começam a penetrar certos elementos estéticos. Quando a função organizadora do arrependimento passa para a confiança, torna-se possível a forma estética, a *disposição*. Antecipando pela fé minha justificação em Deus, pouco a pouco *eu-para-mim me torno outro* para Deus, ingênuo em Deus. É nessa etapa de *ingenuidade religiosa* que se situam os Salmos (assim como muitos hinos e orações cristãs); torna-se possível o ritmo que acaricia e sublima a imagem, etc. — a tranquilização, a disposição e a medida na antecipação da beleza em Deus. É sobretudo profundo o modelo de autoinforme-confissão, no qual o papel organizador passa do arrependimento para a fé, a confiança e a esperança (a confissão ingênua), como se vê nos salmos contritos de Davi (aqui os tons já puramente suplicantes geram modelos estetizados: "Cria em mim, ó Deus, um coração puro", "lava-me e ficarei mais alvo que a neve").[57] O modelo de construção de um sistema com elementos do autoinforme-confissão em Santo Agostinho: a incapacidade para o bem, a não liberdade no bem, a bem-aventurança, a predeterminação; o modelo de uma concepção estética em Bernard de Clairvaux (o comentário do *Cântico dos*

---

[56] Tem-se em vista uma série de textos do Evangelho unificados pela unidade do sentido. Em primeiro lugar, temos a parábola do publicano (Lucas, 18, 13). Em segundo lugar, o episódio da cananeia (Mateus, 15, 27). Em terceiro, o relato sobre o pai do jovem possesso, que exclamou em lágrimas: "Eu creio, ajuda-me na minha falta de fé!" (Marcos, 9, 24). (N. da E.)

[57] Salmos, 51, 10, 7. (N. da E.)

O todo semântico da personagem

cânticos): a beleza em Deus, o noivado da alma em Cristo. Entretanto, a oração também não é uma obra, mas um ato. (A força organizadora do *eu* é substituída pela força organizadora de Deus: superação da determinidade terrestre, do nome que trago no mundo, elucidação do nome inscrito nos céus no livro da vida, *memória* do futuro.)

Essa correlação entre os elementos axiológicos e o sentido, que acabamos de examinar no autoinforme-confissão, às vezes sofre modificações substanciais, complexificando-se o tipo básico. São possíveis elementos de teomaquia (*bogobórstvo*) e antropomaquia (*tcheloviekobórstvo*) no autoinforme-confissão, rejeição de um eventual juízo de Deus e do homem, daí os tons de raiva, desconfiança, cinismo, ironia, desafio. (À loucura profética é quase sempre inerente o elemento da antropomaquia, o requinte cínico, a franqueza provocante, acintosa.)

Assim são a confissão e a franqueza diante do indivíduo que é desprezado em Dostoiévski (em linhas gerais, quase todas as confissões-franquezas de suas personagens). A colocação da alteridade (do outro possível, do ouvinte, do leitor) no romantismo tem caráter de antropomaquia (a atitude totalmente original de Hippolit em *O idiota* de Dostoiévski e também do homem do subsolo). Os elementos de antropomaquia, assim como os de teomaquia (resultado do desespero), tornam impossível a disposição estética da prece (às vezes a paródia vem em socorro). É possível a infinitude da autor revogação da contrição. Esse momento é análogo ao ódio à possessão pelo espelho: a imagem refletida do rosto pode também ser a da alma. Ainda voltaremos a essas variações da forma básica do autoinforme-confissão ao analisarmos a relação entre autor e personagem na obra de Dostoiévski. Uma deformação original da forma do autoinforme-confissão é o insulto em suas mais profundas e, consequentemente, piores manifestações. É o autoinforme-confissão às avessas. A tendência desses piores insultos é dizer ao outro o que só este pode e *deve* dizer sobre si mesmo, "atingir-lhe o ponto fraco"; o pior insulto é o insulto justo, que expressa o que o outro poderia dizer de si mesmo em tons de súplica-arrependimento, em tons de raiva e zombaria, o uso de sua posição privilegiada fora do outro para fins diametralmente opostos ao imperativo ("Fica na solidão, não há outro para ti"). Assim, o lugar determinado do salmo arrependido se torna o pior insulto.

Em resumo, tiremos conclusões de tudo o que afirmamos. No autoinforme-confissão não há personagem nem autor por não haver uma posição para realizar a inter-relação dos dois, uma posição de extralocalização axiológica; personagem e autor estão fundidos em um todo único: são o espírito que supera a alma em seu processo de formação, não pode concluir-se mas apenas condensar-se um pouco em Deus (o espírito tornado ingênuo) de forma antecipada. Aqui não há elemento que seja autossuficiente e tenha sido retirado do acontecimento único e singular da existência em inviável processo de formação, que esteja livre do futuro absoluto do sentido. Está claro que o enredo como elemento esteticamente significativo é impossível no autoinforme-confissão (a carne fechada do acontecimento, autossuficiente e limitada, isolada, dotada de princípio e fim justificados); não pode haver tampouco um mundo dos objetos como ambiente esteticamente significativo, ou seja, um elemento artístico-descritivo (uma paisagem, um ambiente, um modo de vida, etc.). O todo biográfico da vida com todos os seus acontecimentos não se basta a si mesmo tampouco é um valor (esse valor da vida só pode ser artístico); o autoinforme-confissão simplesmente ignora esse objetivo: construir um todo biograficamente valioso da vida vivida (em potencial). A forma da relação consigo mesmo torna impossíveis todos esses elementos axiológicos.

Como o leitor percebe o autoinforme-confissão? Com olhos de quem ele o lê? Nossa percepção desse informe ten-

O todo semântico da personagem

derá inevitavelmente à sua estetização. Sob esse enfoque, a confissão se apresentará como matéria bruta para uma eventual elaboração estética, para o eventual conteúdo de uma eventual obra de arte (biográfica, em termos mais imediatos). Lendo a confissão com nossos próprios olhos, acrescentamos uma posição axiológica de extralocalização em relação ao sujeito do autoinforme-confissão com todas as possibilidades relacionadas a essa posição, inserimos toda uma série de elementos transgredientes: damos importância de acabamento ao final e a outros elementos (pois estamos temporariamente de fora), lançamos o fundo (percebemos tudo na determinidade da época e da situação histórica, se isso é do nosso conhecimento, e, por último, simplesmente percebemos sobre o fundo daquilo que conhecemos melhor), colocamos no espaço abrangente elementos particulares da realização, etc. De todos esses elementos do excedente trazidos de fora pela percepção, pode desdobrar-se uma forma esteticamente acabada de obra. O contemplador começa a tender para a autoria, o sujeito do autoinforme-confissão se torna personagem (é claro que aqui o espectador não cocria com o autor, como na percepção de uma obra de arte, mas realiza um ato criador primário, primitivo). Esse enfoque do autoinforme-confissão não corresponde em sua base ao seu desígnio, que é notoriamente não artístico. Pode-se, evidentemente, fazer de qualquer documento humano objeto de percepção artística, e com particular facilidade um documento que já faça parte da vida passada (aqui o acabamento na memória estética é frequentemente obrigação nossa), mas nem sempre essa percepção é fundamental, é determinada pelo próprio objetivo do documento, e até mais: a perfeição e a profundidade da estetização pressupõem que o documento seja realizado previamente, em toda a sua plenitude e autodeterminação, na concepção do objetivo extraestético imanente (o que a "escrevinhadura" não faz). *Quem* então deve ser o leitor do autoinforme-confissão e *como* ele deve percebê-lo para realizar o objetivo extraestético que lhe é imanente? O essencial é que não há diante de nós um autor com quem se poderia cocriar, nem uma personagem a quem poderíamos dar apenas acabamento estético junto com o autor. O sujeito do autoinforme-confissão se nos contrapõe no acontecimento da existência realizando o seu ato, que não devemos nem reproduzir (por imitação) nem contemplar por via artística, mas ao qual devemos reagir com nosso ato responsivo (assim como não devemos nem reproduzir — covivenciar, imitar — um pedido a nós dirigido, nem aceitá-lo artisticamente); devemos reagir a ele com um ato responsivo: executá-lo ou recusá-lo; esse ato não é imanente ao pedido, ao passo que a contemplação estética — a cocriação — é imanente à própria obra de arte, se bem que não seja dada empiricamente. Nós nos contrapomos ao sujeito do autoinforme-confissão no acontecimento único da existência que abrange nós dois, e nosso ato responsivo não deve isolá-lo nesse acontecimento, o futuro em perspectiva do acontecimento nos liga a nós dois e determina a nossa correlação mútua (estamos ambos frente a frente neste mundo). É claro que a posição de extralocalização em relação a ele permanece e até se torna mais tensa (do contrário não seria criativamente produtiva), mas não é usada em termos estéticos e sim ético-religiosos. Porque além da memória estética e da memória histórica, existe ainda a memória eterna proclamada pela Igreja, a memória que não conclui o indivíduo (no plano fenomênico), o culto eclesiástico de súplica pela alma do morto ("em memória do servo morto do Senhor") e a prece pelo descanso eterno. O primeiro ato, que é determinado pelo objetivo do autoinforme-confissão — a *prece* que implora o perdão e a remissão dos pecados (essencial, ou seja, que pressupõe um estado interior correspondente ao perdão em minha própria alma). Todo ato secular-cultural imanente será aqui insuficiente, superficial. A análise desse elemento ultrapassa o âmbito do nosso trabalho, que é totalmente secular. Existe ainda um segundo elemento da

O todo semântico da personagem

tarefa do autoinforme-confissão — o *sermão* (o conhecimento ético-religioso puramente prático). Na tarefa de realização do sermão ocorrem a nossa compenetração no sujeito e a reprodução em nós mesmos do acontecimento interior do seu ser, mas isso não visa ao acabamento e à libertação dele, mas ao nosso próprio crescimento espiritual, ao enriquecimento pela experiência espiritual; o autoinforme-confissão informa e instrui sobre Deus, porquanto, como vemos, por meio do autoinforme solitário compreende-se Deus, toma-se consciência da fé, já vivente na própria vida (vida-fé). (O significado puramente edificante da parábola do publicano, parcialmente nos Salmos.) Esse é, no essencial, o objetivo do autoinforme-confissão para o leitor. No entanto, isso não exclui a possibilidade de dar a ele um enfoque estético e outro teoricamente cognitivo, mas estes não lhe realizam o objetivo no que ele tem de essencial.

2. A AUTOBIOGRAFIA E A BIOGRAFIA

Cabe agora examinar a *autobiografia*, seu herói e seu autor. Formas originais, internas, contraditórias e transitórias entre o autoinforme-confissão e a autobiografia aparecem no fim da Idade Média, período que desconhece os valores biográficos, e no início do Renascimento. A *Historia calamitatum mearum* de Abelardo[58] já é essa forma mista, na qual surgem os primeiros valores biográficos em base confessional um tanto matizada de antropomaquia: começa o adensamento da alma, mas não em Deus. Em Petrarca, a diretriz axiológica biográfica para a sua própria vida vence a diretriz confessional. Confissão ou biografia, descendentes ou Deus, Santo Agostinho ou Plutarco, herói ou monge — esse dile-

---

[58] *História das minhas desgraças*, do teólogo, filósofo escolástico e poeta francês Abélard (século XII). (N. da E.)

ma, com inclinação para o segundo termo, atravessa toda a vida e a obra de Petrarca e encontra sua expressão mais clara (um tanto primitiva) no *Secretum*.[59] (O mesmo dilema se verifica na segunda metade da vida de Boccaccio.) No início do Renascimento, o tom confessional irrompe frequentemente na autossuficiência da vida e em sua expressão. Mas é o valor biográfico que acaba vencendo. (Observamos o mesmo choque, luta, compromissos ou vitória desse ou daquele princípio nos diários da Idade Moderna. Os diários são ora confessionais, ora biográficos: são confessionais todos os diários tardios de Tolstói, o que se pode julgar pelos que estão disponíveis; é inteiramente autobiográfico o diário de Púchkin, como em geral o são todos os diários clássicos não turvados por nenhum tom penitente.)

Não existe um limite acentuado e principial entre a autobiografia e a biografia, e isso é de grande importância. Diferença existe, evidentemente, e pode ser grande, mas não se situa no plano da diretriz axiológica básica da consciência. Nem na biografia, nem na autobiografia o *eu-para-mim* (a relação consigo mesmo) é elemento organizador constitutivo da forma.

Entendo por biografia ou autobiografia (descrição de uma vida) a forma transgrediente imediata em que posso ob-

---

[59] *Secretum* — outras variantes do título: *De contemptu mundi* ("Sobre o desprezo pelo mundo") e *De secreto conilictu curarum mearum* ("A secreta contestação das minhas preocupações") —, diálogo de Francesco Petrarca surgido em 1342-43 e reformulado em 1353-58. As personagens do diálogo são Petrarca, a Verdade personificada e Santo Agostinho. O conteúdo do diálogo é a discussão da imagem da vida de Petrarca, que é condenado como pecador (pela Verdade e por Santo Agostinho e em parte pelo próprio Petrarca), defendida, ou melhor, descrita de modo não crítico como dado objetivo não suscetível de mudanças (a poesia básica de Petrarca como participante do diálogo). Cf. o artigo de M. Gerchenzon, "Francesco Petrarca", no livro *Petrarca: autobiografia, confissão, sonetos*, Petersburgo, 1914. (N. da E.)

O todo semântico da personagem

jetivar artisticamente[60] a mim mesmo e a minha vida. Vamos examinar a forma da biografia apenas naqueles sentidos em que ela pode servir para a auto-objetivação, isto é, ser auto-biografia, ou seja, do ponto de vista de uma eventual coincidência entre a personagem e o autor na forma, ou melhor (porque coincidência entre personagem e autor é *contradictio in adjecto*,[61] o autor é elemento do todo artístico e como tal não pode coincidir dentro desse todo com a personagem, outro elemento seu. A coincidência pessoal "na vida" da pessoa de quem se fala com a pessoa que fala não elimina a diferença entre esses elementos no interior do todo artístico. Pode-se perguntar como eu represento a mim mesmo diferentemente da pergunta: quem sou?), do ponto de vista do caráter particular do autor em sua relação com a personagem. Aqui também não nos interessa a autobiografia como uma comunicação de informações sobre mim mesmo — ainda que apresentadas externamente no todo conexo da narração — que não realize os valores artístico-biográficos e vise a quaisquer objetivos ou fins práticos. Não há desígnio artístico-biográfico tampouco na forma puramente científica de biografia de uma personalidade cultural — esse desígnio puramente histórico-científico tampouco pode nos interessar aqui. No que concerne aos chamados elementos autobiográficos na obra, eles podem variar muito, podem ter caráter confessional, caráter de informe prático puramente objetivo sobre o ato (o ato cognitivo do pensamento, o ato político, prático, etc.), ou, por último, caráter de lírica; eles só podem nos interessar quando têm precisamente caráter biográfico, ou seja, quando realizam o valor biográfico.

De todos os valores artísticos, o biográfico é o menos

[60] Artístico e literário em Bakhtin são sinônimos. (N. do T.)

[61] Em latim no original: "contradição entre partes de um argumento". (N. do T.)

transgrediente à autoconsciência; por isso na biografia o autor está mais próximo do herói desta, os dois como que podem trocar de lugar, e por esta razão é possível a coincidência pessoal entre personagem e autor além dos limites do todo artístico. O valor biográfico pode organizar não só a narração sobre a vida do outro, mas também o vivenciamento da própria vida e a narração sobre a minha própria vida, pode ser forma de conscientização, visão e enunciado da minha própria vida.

A forma biográfica é a mais "realista", pois nela há menos elementos de isolamento e acabamento, aí o ativismo do autor é menos transformador, ele aplica de modo menos principial sua posição axiológica fora da personagem, quase se limitando à sua extralocalização exterior, espacial e temporal; não há fronteiras precisas do caráter, um isolamento preciso, um enredo acabado e tenso. Os valores biográficos são valores comuns na vida e na arte, isto é, podem determinar os atos práticos como objetivos das duas; são as formas e os valores da *estética da vida*. O autor de biografia é aquele outro possível, pelo qual somos mais facilmente possuídos na vida, que está conosco quando nos olhamos no espelho, quando sonhamos com a fama, fazemos planos externos para a vida; é o outro possível que se infiltrou na nossa consciência e frequentemente dirige os nossos atos, nossas apreciações e nossa visão de nós mesmos ao lado do nosso *eu-para-mim*, é o outro na consciência, com quem a vida exterior pode ser suficientemente móvel (a tensa vida interior sob possessão do outro é evidentemente impossível; aqui começam o conflito e a luta contra ele pela libertação do meu *eu-para-mim* em toda a sua pureza — o autoinforme-confissão), que pode, não obstante, tornar-se duplo-impostor se lhe dermos liberdade e sofrermos um revés, mas, em compensação, com quem se pode viver uma vida de modo espontaneamente ingênuo, tempestuoso e alegre (é verdade que ele mesmo se entrega ao poder do fado, a vida de possuído sempre pode tor-

O todo semântico da personagem

nar-se uma vida fatal). Em nossas lembranças habituais do nosso passado, o frequentemente ativo é esse outro, em cujos tons axiológicos recordamos a nós mesmos (nas lembranças da infância é a mãe encarnada em nós). A maneira de recordação tranquila do nosso passado que ficou distante é estetizada e formalmente próxima da narração (as lembranças à luz do futuro do sentido são lembranças penitentes). Qualquer memória do passado é um pouco estetizada, a memória do futuro é sempre moral.

Esse outro que se apossou de mim não entra em conflito com meu *eu-para-mim*, uma vez que não me desligo axiologicamente do mundo dos outros, percebo a mim mesmo numa coletividade: na família, na nação, na humanidade culta; aqui a posição axiológica do outro em mim tem *autoridade* e ele pode narrar minha vida com minha plena concordância com ele. Enquanto a vida flui em indissolúvel unidade axiológica com a coletividade dos outros, é assimilada, construída e organizada no plano da possível consciência alheia dessa vida, é percebida e construída como uma possível narração que sobre ela o outro faz para os outros (os descendentes); a consciência do possível narrador e o contexto axiológico do narrador organizam o ato, o pensamento e o sentimento em que estes estão incorporados em seus valores ao mundo dos outros; cada um desses momentos da vida pode ser percebido no todo da narração — a história dessa vida pode estar na boca das pessoas; minha contemplação de minha própria vida é apenas uma antecipação da recordação dessa vida pelos outros, pelos descendentes, simplesmente pelos meus familiares, pelas pessoas íntimas (varia a amplitude do aspecto biográfico da vida); os valores que organizam a vida e a lembrança são os mesmos. O fato de que o outro não foi *inventado* por mim para uso interesseiro, mas é uma força axiológica que eu realmente sancionei e determina minha vida (como a força axiológica da mãe que me determina na infância), confere-lhe *autoridade* e o torna autor interiormente compreensível de minha vida; não sou eu munido dos recursos do outro, mas é o próprio outro que tem valor em mim, é o homem em mim. Não sou eu, mas o outro, investido de afetuosa autoridade interior em mim, quem me guia, e eu não o reduzo a meios (não é o mundo *dos outros* em mim, mas sou eu no mundo dos outros, familiarizado com ele); não há parasitismo. Aqui a personagem e o narrador podem facilmente intercambiar posições: seja eu a começar narrando sobre o outro, que me é íntimo, com quem vivo uma só vida axiológica na família, na nação, na sociedade humana, no mundo, ou o outro a narrar a meu respeito, de qualquer forma eu me entrelaço com a narração nos mesmos tons, na mesma configuração formal que ele. Sem me desvincular da vida em que as personagens são os outros e o mundo é o seu ambiente, eu, narrador dessa vida, como que me identifico com as personagens dessa vida. Ao narrar sobre minha vida cujas personagens são os outros para mim, passo a passo eu me entrelaço em sua estrutura formal da vida (não sou o herói da minha vida, mas tomo parte nela), coloco-me na condição de personagem, abranjo a mim mesmo com minha narração; as formas de percepção axiológica dos outros são transferidos para mim onde sou solidário com eles. É assim que o narrador se torna personagem. Se o mundo dos outros goza de autoridade axiológica para mim, ele me assimila enquanto outro (claro, nos momentos precisos em que ele tem autoridade). Tomo conhecimento de uma parte considerável da minha biografia através das palavras alheias das pessoas íntimas e em sua tonalidade emocional: meu nascimento, minha origem, os acontecimentos da vida familiar e nacional na minha tenra infância (tudo o que não podia ser compreendido ou simplesmente percebido por uma criança). Todos esses momentos me são necessários para a reconstituição de um quadro minimamente inteligível e coerente de minha vida e do mundo, e eu, narrador de minha vida pela boca das suas outras personagens, tomo conhecimento de todos aque-

O todo semântico da personagem

les momentos. Sem essas narrações dos outros, minha vida não só seria desprovida de plenitude de conteúdo e de clareza como ainda ficaria interiormente dispersa, sem *unidade biográfica* axiológica. Porque os *fragmentos* de minha vida (fragmentos do ponto de vista do todo biográfico), vivenciados por dentro, podem adquirir apenas a unidade interior do *eu-para-mim* (a futura unidade do desígnio), a unidade do autoinforme-confissão, mas não a unidade da biografia, porque apenas a unidade antedada do *eu-para-mim* é imanente à vida vivenciada por dentro. O princípio interno da unidade não serve para a narração biográfica, meu *eu-para-mim* nada conseguiria *narrar*, mas essa posição axiológica do outro, necessária à biografia, é a mais próxima de mim; eu adentro imediatamente nela através das personagens de minha vida — os outros, e *através dos seus narradores*. É assim que o herói da vida pode tornar-se o seu narrador. Portanto, só a familiarização axiológica estreita e orgânica com o mundo dos outros torna produtiva a auto-objetivação biográfica da vida e a reveste de autoridade, fortalece e torna não fortuita em mim a posição do outro, possível autor da minha vida (torna firme o ponto de extralocalização de mim mesmo, que tem como sustentáculo o querido mundo dos outros, de quem não me separo e ao qual não me contraponho; a força e o poder do ser axiológico da alteridade, da *natureza* humana, estão em mim, não de uma natureza bruta e indiferente e sim sancionada axiologicamente e enformada por mim mesmo; ademais, ela não é desprovida de certa espontaneidade).

São possíveis dois tipos básicos de consciência biográfica axiológica e enformação da vida em função da amplitude do mundo biográfico (da amplitude do contexto axiológico assimilativo) e do caráter da alteridade investida de autoridade; ao primeiro tipo chamamos de *heroico-aventuresco* (época do Renascimento, época do *Sturm und Drang*, do nietzschianismo), ao segundo, de tipo *social-de-costumes* (o sentimentalismo e, em parte, o realismo). Examinemos inicialmente as peculiaridades do primeiro tipo de valores biográficos. Os valores biográficos heroico-aventurescos se baseiam no seguinte: a vontade de ser herói, de ter importância no mundo dos outros; a vontade de ser amado; a vontade de superar a fabulação da vida, a diversidade da vida interior e exterior. Todos esses três valores, que organizam a vida e os atos do herói biográfico para ele mesmo, são até certo ponto estéticos e podem ser valores que organizam também a representação artística de sua vida pelo autor. São todos eles valores individualistas, mas esse individualismo imediato, ingênuo, não está dissociado do mundo dos outros, está familiarizado com a existência da alteridade, necessita dela, alimenta sua força com a autoridade dela (aqui não há contraposição do meu *eu-para-mim* solitário ao *outro* como tal, próprio do tipo antropomáquico de autoinforme-confissão). Esse individualismo ingênuo está vinculado a um parasitismo ingênuo, imediato. Detenhamo-nos no primeiro desses valores: a aspiração à heroicidade da vida, à obtenção de importância no mundo dos outros, à glória.

A aspiração à glória organiza a vida do herói ingênuo; a glória organiza também a narração da sua vida: sua glorificação. Aspirar à glória é tomar consciência de si na sociedade culta e histórica dos homens (ou na nação), é afirmar e construir sua vida na possível consciência dessa sociedade humana, é crescer não em si nem para si, mas nos outros ou para os outros, é ocupar um lugar no mundo imediato dos contemporâneos e descendentes. É claro que também aqui o futuro tem importância organizadora para o indivíduo que se vê axiologicamente no futuro e guia seus passos baseando-se nesse futuro, mas este não é o futuro absoluto, do sentido, e sim o futuro temporal, histórico (o amanhã); não é um presente negativo, mas organicamente contínuo; não é o futuro do *eu-para-mim*, mas dos outros — dos descendentes (quando o futuro meramente semântico é guiado pelo indivíduo, todos os elementos estéticos da vida desaparecem para o próprio indivíduo, perdem sua significação, logo, o valor biográfico também deixa de existir para ele). Ao heroificar os outros, ao criar um panteão de heróis, ele irá familiarizar-se com ele, colocar a si mesmo nele, guiar de lá sua imagem futura desejada, criada à semelhança dos outros. Pois é essa sensação orgânica que o indivíduo tem de si mesmo na sociedade histórica heroificada dos homens, de sua familiarização com ela, do seu crescimento substancial nela, de seu arraigamento, da tomada de consciência e da assimilação dos seus trabalhos nela que constitui o elemento heroico do valor biográfico. (Aqui o parasitismo pode ser mais ou menos forte em função do peso que os valores puramente objetivos do sentido podem ter para o indivíduo; o desejo de glória e a sensação de estar familiarizado com a existência heroico-histórica podem ser apenas um acompanhamento confortante, pois os trabalhos e os dias serão guiados pelas significações puramente semânticas, isto é, o futuro temporal será apenas uma sombra leve a turvar o futuro do sentido, e além disso a biografia se desagregará, sendo substituída por um informe concreto ou pelo autoinforme-confissão.)

O *amor* é o segundo elemento dos valores biográficos do primeiro tipo. A sede de ser amado, a tomada de consciência, a visão e a enformação de si mesmo na possível consciência amorosa do outro, a aspiração de fazer do amor almejado do outro a força motriz e organizadora de minha vida em toda uma série de seus momentos também constituem um crescimento no clima da consciência amorosa do outro. Enquanto os valores heroicos determinam os momentos fundamentais e os acontecimentos da vida privado-social, privado-cultural e privado-histórica (a *gesta*) e seu propósito volitivo basilar, o amor determina a carga emocional e a tensão dessa mesma vida, assimilando axiologicamente e condensando todos os seus detalhes internos e externos.

Meu corpo, meu aspecto externo, meu traje, toda uma série de pormenores internos e externos da minha alma, os detalhes e minúcias da minha vida, que não podem ter significado axiológico e refletir-se no contexto histórico-heroico, na sociedade humana, na nação (tudo o que é historicamente secundário, mas está presente no contexto da vida) —, tudo isso ganha um peso axiológico, é assimilado e se forma na consciência amorosa do outro; todos os elementos estritamente privados são ordenados e governados por aquilo que eu gostaria de ser na consciência amorosa do outro, por minha imagem antecipável, que deve ser criada de modo axiológico nessa consciência (com exceção, claro, de tudo o que foi determinado e predeterminado axiologicamente em minha imagem externa, na minha aparência, nas maneiras, no meu modo de vida, etc. pelos costumes, pela etiqueta, isto é, também pela consciência axiologicamente condensada dos outros; o amor introduz formas individuais e emocionalmente mais intensas nesses aspectos extra-históricos da vida).

No amor, o homem procura como que superar a si mesmo em determinado sentido axiológico e na tensa possessão emocional pela consciência amorosa do outro (o papel da amada no *dolce stil nuovo*,[62] que organiza formalmente a vida interna e externa e a expressão lírica da vida; na escola de Bolonha, de Guido Guinizelli, Dante, Petrarca). Para o próprio herói, a vida tende a tornar-se bela e chega a experimentar sua beleza nessa possessão intensa pela consciência amorosa desejada do outro. Mas o amor transborda também para a esfera heroico-histórica da vida do herói; o nome de Laura se entrelaça com loureiro (Laura/lauro), a antecipação da imagem entre os descendentes se entrelaça com a imagem na alma da amada, a força axiologicamente formadora dos descendentes se entrelaça com a força axiológica da amada, elas se reforçam mutuamente na vida e se fundem em um motivo

---

[62] "Novo estilo doce", fase intermediária, formado na Toscana entre o lirismo medieval dos trovadores e a lírica amorosa do Renascimento. (N. da E.)

O todo semântico da personagem

na biografia (mormente na lírica): é isso que sucede na autobiografia poética de Petrarca.[63]

Passemos agora ao terceiro elemento dos valores biográficos do primeiro tipo: à aceitação positiva da fabulação da vida pela personagem. Trata-se do desejo de superar a fabulação da vida, precisamente a fabulação, e não um enredo determinado e concluído com precisão; vivenciar a determinidade das situações vitais no dia a dia, a sua alternância, a sua variedade, mas não a alternância que determina e conclui a personagem; vivenciar uma fabulação que nada conclui e mantém tudo em aberto. Essa alegria que emana da fabulação da vida não se equipara, evidentemente, à vitalidade meramente biológica; a mera concupiscência, a necessidade, a atração biológica só podem gerar a *factualidade* de um ato e não a consciência axiológica (e menos ainda a enformação). Onde o processo vital é axiologicamente conscientizado e preenchido com conteúdo, temos a fabulação como série axiologicamente afirmada de realizações da vida, do dado da riqueza de conteúdo da vida em formação. Nesse plano axiológico da consciência, até a luta pela vida (a autopreservação biológica e a adaptação do organismo), em certas condições do mundo axiologicamente consolidado — *desse* mundo sob esse sol, etc. —, torna-se um valor aventuresco (ela é quase totalmente isenta das significações semânticas objetivas; é um *jogo* com a pura vida como valor da fabulação, livre de qualquer responsabilidade no acontecimento único e singular da existência). O individualismo do aventureiro é imediato e ingênuo; o valor aventuresco pressupõe o mundo consolidado dos outros, no qual está arraigado o herói da aventura, por

---

[63] Como se sabe, o mais importante acontecimento da vida de Petrarca foi a sua coroação no Capitólio com uma coroa de louros pelos méritos poéticos. Em sua imaginação age a consonância entre o nome da sua amada, Laura, e a palavra "louro" como símbolo da glorificação entusiástica e patética do amor. (N. da E.)

cuja existência valorativa esse mundo está possuído; privem-
-no desse solo e do clima axiológico da alteridade (dessa terra, desse sol, dessa gente) e o valor aventuresco morre, não
terá o que respirar; o aventurismo crítico é impossível; a significação semântica o decompõe, ou ele se desespera (esqui-
sitice e depressão). No mundo de Deus, na terra de Deus e
sob o céu de Deus, onde transcorre a existência, o valor aventuresco também é impossível, evidentemente. A fabulação
axiológica da vida é inconscientemente um oxímoro: alegria
e tristeza, verdade e mentira, bem e mal estão numa indissolúvel fusão na unidade do fluxo da fabulação ingênua da vida, porquanto o ato não é determinado pelo contexto do sentido forçadamente contraposto ao *eu-para-mim*, mas pelo
outro que se apossou de mim, pela existência axiológica da
alteridade em mim (é claro que não se trata de força espontânea e em tudo indiferente ao valor, mas da *natureza* axiologicamente consolidada e enformada *no homem*, e neste sentido a bondade é axiologicamente ponderável justamente como bondade, assim como o mal o é como mal, a alegria o é
como alegria e o sofrimento o é como sofrimento, mas eles
são contrabalançados pelo peso axiológico mais pesado do
próprio dado da riqueza de conteúdo da vida, da própria
existência-alteridade humana em mim; daí por que a significação semântica desses elementos não se torna forçadamente inviável, a única a resolver e a determinar a vida pela força, uma vez que não está na base a conscientização da singularidade do próprio lugar que o indivíduo ocupa no acontecimento único e singular da existência em face do futuro do
sentido).

Essa fabulação axiológica, que organiza a vida e o ato-
-aventura do herói, organiza igualmente a narrativa acerca
dessa vida, o enredo sem fim e sem sentido da forma puramente aventuresca: o interesse da fabulação e da aventura do
autor-leitor ingênuo não é transgrediente ao interesse vital do
herói ingênuo.

O todo semântico da personagem

São esses os três elementos basilares dos valores biográficos heroico-aventurescos. É claro que um ou outro elemento pode predominar numa determinada forma concreta, mas todos os três estão presentes na biografia do primeiro tipo. Essa forma é a mais próxima do sonho de vida. Mas só o sonhador (do tipo da personagem central de *Noites brancas*)[64] é personagem biográfica, que perdeu a espontaneidade e a ingenuidade e começou a refletir.

À personagem biográfica do primeiro tipo são inerentes também critérios específicos de valores, méritos biográficos: bravura, honradez, magnanimidade, generosidade, etc. Trata-se de uma moralidade ingênua, que de tão condensada chega a ser um dado: são as virtudes da superação do ser neutro, espontâneo e natural (da autopreservação biológica, etc.) em prol do próprio ser, mas consolidado axiologicamente (do ser da alteridade), da existência cultural, do ser da história (o vestígio congelado do sentido no ser, vestígio dotado de valores no mundo dos outros; o crescimento orgânico do sentido no ser).

A vida biográfica do primeiro tipo é uma espécie de dança em ritmo lento (a dança em ritmo acelerado é a lírica); aqui todo o interno e todo o externo procuram coincidir na consciência axiológica do outro; o externo procura interiorizar-se, o interno, exteriorizar-se. A concepção filosófica, surgida à base dos elementos essenciais do primeiro tipo de biografia, é a filosofia estetizada de Nietzsche; em parte ela é também a concepção de Jacobi (neste caso há o elemento religioso, a fé); a atual filosofia da vida, de orientação biológica, nutre-se igualmente dos valores biográficos do primeiro tipo, acrescentados de fora.

Passemos à análise da biografia do segundo tipo — a social-de-costumes. Neste tipo não há história como força or-

---

[64] Novela de Dostoiévski. (N. do T.)

230   O autor e a personagem na atividade estética

ganizadora da vida; a sociedade humana dos outros, à qual a personagem está integrada e na qual vive, é dada num corte não histórico (a sociedade humana da história) mas social (a humanidade social); é a humanidade dos heróis vivos (dos atualmente vivos) e não dos mortos e dos descendentes que irão viver, na qual os viventes de hoje e suas relações são apenas um momento passageiro. Na concepção histórica de sociedade humana, quem ocupa o centro axiológico são os valores culturais históricos que organizam a forma do herói e da vida heroica (a grandeza, a força, a importância histórica, a façanha, a glória, etc., e não a felicidade e a abundância, a pureza e a honra); numa concepção social, o centro axiológico é ocupado por valores sociais e acima de tudo familiares (a "boa glória" junto aos contemporâneos, o "homem bom e honesto", e não a glória histórica junto aos descendentes), que organizam a forma privada de vida (de "vida em seu dia a dia"), valores da vida familiar e pessoal em seus pormenores rotineiros, cotidianos (não os acontecimentos mas o dia a dia), cujos acontecimentos mais importantes não ultrapassam, por sua importância, o âmbito dos valores da vida familiar ou pessoal, mas nele se esgotam do ponto de vista da felicidade ou da infelicidade do indivíduo ou de seus familiares (cujo círculo pode ampliar-se à vontade na humanidade social). Nesse tipo biográfico também não há o elemento aventuresco, aí predomina o elemento descritivo — o apego às coisas e pessoas comuns, que criam a uniformidade rica de conteúdo e positivamente axiológica da vida (na biografia do primeiro tipo, os grandes contemporâneos, as personalidades históricas e os grandes acontecimentos). Na biografia do segundo tipo, o amor à vida é o amor à permanência prolongada das pessoas amadas, dos objetos, das posições e relações (não se trata de estar no mundo e ter importância nele, mas de estar com o mundo, observá-lo, vivê-lo e revivê-lo reiteradas vezes). No contexto axiológico da biografia social, o amor evidentemente se modifica de maneira

O todo semântico da personagem

condizente, vinculando-se não mais ao louro e sim a outros valores próprios desse contexto, e no entanto ele conserva a função de ordenamento e enformação dos detalhes e minúcias situadas fora do sentido da vida, no plano da consciência axiológica do outro (porque no plano da autoconsciência não podem ser assimilados nem ordenados).

No segundo tipo costuma ser mais individualizada a maneira de narrar, mas a personagem-narradora se limita a amar e observar e quase não age, não é produto da fabulação, vive "cada dia" e gasta seu ativismo observando e narrando.

No segundo tipo de biografia podemos distinguir constantemente dois planos: 1) a própria personagem-narradora, representada do interior na forma como vivenciamos a nós mesmos na personagem dos nossos sonhos e lembranças, é fracamente identificada com os outros que a rodeiam; diferentemente destes, ela está deslocada para o plano interior, embora não se costume perceber acentuadamente a diferença de planos; ela parece situar-se na fronteira da narração, ora entrando nela como personagem biográfica, ora procurando coincidir com o autor — o portador da forma —, ora aproximando-se do sujeito do autoinforme-confissão (como acontece na trilogia de Tolstói, *Infância*, *Adolescência* e *Juventude*: em *Infância*, quase não se percebe a diferença de planos, em *Adolescência* e particularmente em *Juventude* ela se torna consideravelmente mais forte: o autorreflexo e a lentidão psíquica da personagem; o autor e a personagem se aproximam); 2) as outras personagens; em sua representação há muitos traços transgredientes; elas podem ser não só caracteres, mas até mesmo tipos (esses elementos, transgredientes a essas personagens, são dados na consciência da personagem principal-narrador, do herói propriamente biográfico, aproximando-o do autor). Sua vida pode ter constantemente um enredo acabado, desde que não esteja excessivamente entrelaçada com a vida do herói biográfico — narrador.

A duplicidade de planos na construção da biografia sugere que o mundo biográfico começa a desintegrar-se: o autor se torna crítico, sua posição de distância em relação a todo e qualquer outro se torna essencial, sua integração axiológica ao mundo dos outros se debilita, decresce a autoridade da posição axiológica do outro. O herói biográfico se torna apenas aquele que vê e ama e não o que vive; os outros que a ele se contrapõem, que começaram a separar-se axiologicamente dele, revestem-se de uma forma transgrediente no essencial. Tais são os dois tipos basilares de valor biográfico. (Alguns elementos complementares de valor biográfico: o clã, a família, a nação; a justificação da determinidade nacional, da tipicidade nacional extrassemântica, a casta, a época e sua tipicidade extrassemântica, o colorido. A ideia de paternidade, de maternidade e da condição de filho no mundo biográfico. A biografia social-de-costumes e o realismo: esgotar a si mesmo e sua própria vida no contexto da atualidade. Isolar o contexto axiológico da atualidade do passado ao futuro. A "vida" é tomada ao contexto axiológico das revistas, dos jornais, dos protocolos, da vulgarização das ciências, das conversas atuais, etc. O valor biográfico do tipo social-de-costumes e a crise das formas transgredientes de autoridade e sua unidade — de autor, de estilo.)

Assim é a forma biográfica em suas variantes basilares. Formulemos com precisão a relação entre personagem e autor na biografia.

Ao criar a personagem e sua vida, o autor se orienta pelos mesmos valores com que a personagem vive a sua vida; no essencial, ele não é mais rico que a personagem, não possui para a criação elementos excedentes e transgredientes que a personagem não possua para a vida; em sua criação, o autor apenas dá continuidade ao que já está alicerçado na própria vida das personagens. Aí não há contraposição principial do ponto de vista estético ao ponto de vista da vida, não há diferenciação: a biografia é sincrética. Só o que a perso-

O todo semântico da personagem

nagem viu e quis em si e para si em sua vida o autor vê e quer nela e para ela. A personagem com interesses aventurescos vive as suas aventuras; ao representá-las o autor também parte desse mesmo interesse pelas aventuras; a personagem age de modo deliberadamente heroico, o autor a heroifica do mesmo ponto de vista. Os valores por que se guia o autor em sua representação da personagem e as potencialidades interiores desta são os mesmos que guiam a vida da personagem, pois esta vida é imediata e ingenuamente estética (os valores-guia são estéticos, ou melhor, sincréticos); na mesma medida também é imediata e ingenuamente sincrética a criação do autor (cujos valores não são puramente estéticos, não se contrapõem aos valores da vida, isto é, aos valores ético-cognitivos); o autor não é artista puro, assim como a personagem não é sujeito ético puro. Naquilo que a personagem acredita o autor também acredita como artista, o que a personagem considera bom o autor também considera bom, e não contrapõe sua bondade puramente estética à personagem; para o autor, a personagem não sofre um fracasso semântico principial; logo, não deve ser salva por via axiológica inteiramente distinta e transgrediente a toda a sua vida. O momento da morte da personagem é considerado, mas não lhe tira o sentido da vida por não ser um sustentáculo principial da justificação fora do sentido; a despeito da morte, a vida não exige um valor novo, este só precisa ser guardado na memória e fixado na forma como se realizou. Assim, na biografia o autor não só combina com a personagem na fé, nas convicções e no amor, mas também em sua criação artística (sincrética), tomando como guia os mesmos valores que a personagem toma em sua vida estética. A biografia é produto orgânico de épocas orgânicas.

Na biografia o autor é ingênuo, está ligado à personagem por relação de parentesco, os dois podem trocar de lugar (daí a possibilidade de coincidência pessoal na vida, isto é, a possibilidade autobiográfica). É claro que o autor, como elemento constitutivo da obra de arte, nunca coincide com a personagem: eles *são dois*, mas entre eles não há contraposição principial, seus contextos axiológicos são congêneres, o portador da unidade da vida — a personagem — e o portador da unidade da forma — o autor — pertencem ambos ao mesmo universo de valores. O autor, portador da unidade formal que propicia o acabamento, não tem de superar a *resistência* puramente vital (ético-cognitiva) *da personagem* no campo do sentido; esta, em sua vida, está possuída pelo *autor-outro* axiologicamente possível. Ambos — personagem e autor — são *os outros* e pertencem ao mesmo mundo de valores e autoridade dos *outros*. Na biografia, não ultrapassamos os limites do mundo dos outros; nem o ativismo criador do autor nos leva além desses limites — ele se situa inteiramente no ser da alteridade, é solidário com a personagem em sua ingenuidade passiva. A criação do autor não é um ato, mas uma existência, e por isso ela mesma é carente de recursos e necessitada. O ato de biografia é um tanto unilateral: aí há duas consciências e não duas posições valorativas, há dois indivíduos, mas não um *eu* e um *outro*, e sim *dois outros*. A natureza essencial da alteridade da personagem não está expressa: a tarefa de salvação extrassemântica do passado não foi levantada com toda a sua clareza forçada. Aí também há o encontro de duas consciências, mas ambas estão de acordo, seus universos axiológicos quase coincidem, não há excedente principial no mundo do autor; não há autodeterminação essencial de duas consciências contrapostas (uma no plano vital — passiva, outra no plano estético — ativa).

É claro que no seu íntimo o autor de biografia vive a incoincidência consigo e com sua personagem, não se entrega plenamente na biografia, preservando para si uma escapatória interior para fora das fronteiras do dado, e alimenta o seu viver, evidentemente, com esse seu excedente sobre o dado--existência, mas esse excedente não encontra expressão positiva no interior da própria biografia. Contudo, alguma expressão negativa ele acaba encontrando; o excedente do autor é transferido para a personagem e não permite fechá-los e concluí-los.

O mundo da biografia não é fechado nem concluído, não está isolado do acontecimento único e singular da existência por fronteiras sólidas e principiais. É verdade que essa comunhão no acontecimento único é indireta; a biografia está diretamente integrada ao mundo imediato (ao clã, à nação, ao Estado, à cultura), e esse mundo imediato, a que pertencem a personagem e o autor — o mundo da alteridade —, é um tanto condensado em termos de valores, consequentemente, um tanto isolado, mas esse isolamento é natural-ingênuo, relativo e não principial, não estético. A biografia não é uma obra, mas um ato estetizado orgânico e ingênuo, praticado em um mundo imediato investido de autoridade semântica, por princípio aberto mas organicamente autossuficiente. A vida biográfica e o enunciado biográfico são sempre cercados de uma fé ingênua, seu clima é quente; a biografia é profundamente crédula, mas de uma credulidade ingênua (sem crises), pressupõe um ativismo bondoso, que se situa fora dela e a engloba; no entanto, esse não é o ativismo do autor; este necessita dele junto com a personagem (pois ambos são passivos e ambos se encontram no mesmo universo da existência); esse ativismo deve situar-se além das fronteiras de toda a obra (porque esta não está plenamente acabada e isolada); como o autoinforme-confissão, a biografia indica seus próprios limites. (O valor biográfico, enquanto possuído pela alteridade, carece de meios; a vida dotada de valor biográfico está por um fio, uma vez que não pode ser inteiramente fundamentada; quando o espírito desperta, ela só pode persistir à custa da insinceridade consigo mesma.)

O desígnio da biografia visa a um leitor íntimo, partícipe do mesmo mundo da alteridade; esse leitor ocupa a posição do autor. O leitor crítico percebe a biografia até certo ponto como material semibruto para a enformação e o acabamento artísticos. A percepção costuma completar a posição do autor até atingir a plena distância axiológica e insere elementos transgredientes mais substanciais e concludentes.

É claro que a biografia assim entendida e formulada é uma espécie de forma ideal, um limite a que aspiram as obras concretas de natureza biográfica ou apenas as partes biográficas de obras concretas não biográficas. É possível, evidentemente, a estilização da forma biográfica por um autor crítico.

O autor pode tornar-se puro artista onde deixa de ser ingênuo e inteiramente enraizado no mundo da alteridade, onde há *ruptura do parentesco* entre personagem e autor, onde ele é cético em face da vida da personagem; aos *valores da vida* da personagem ele irá opor sempre os valores transgredientes *do acabamento*, irá concluir essa vida de um ponto de vista essencialmente distinto da maneira pela qual ela foi superada de dentro de si mesma pela personagem; ali cada linha, cada passo do narrador tenderá a utilizar o *excedente essencial* de visão; uma vez que a personagem necessita de uma justificação transgrediente, a visão e o ativismo do autor irão *abranger* substancialmente e elaborar precisamente as *fronteiras semânticas essenciais da personagem*, onde a vida desta está voltada para fora de si. Está claro que a biografia não fornece o todo da personagem, esta é inacabável no âmbito dos valores biográficos.

A biografia é uma dádiva que recebo dos outros e para os outros, mas eu a domino ingênua e tranquilamente (daí o caráter um tanto fatal da vida de valor biográfico). É claro que a fronteira entre horizonte e ambiente não é estável nem tem importância essencial na biografia; o momento de empatia tem a máxima importância. Assim é a biografia.

O todo semântico da personagem

3. A PERSONAGEM LÍRICA E O AUTOR

A objetivação lírica do homem interior pode tornar-se auto-objetivação. Aqui também personagem e autor estão próximos, no entanto há mais elementos transgredientes à disposição do autor e estes são mais substanciais. No capítulo anterior verificamos que o ritmo é, em essência, transgrediente à alma vivenciadora. Por dentro de si mesma a vida interior não é rítmica e — podemos falar em termos mais amplos — não é lírica. A forma lírica aí se introduz de fora e expressa não a relação da alma vivenciadora consigo mesma, mas a relação axiológica do outro como tal com ela. Isso torna essencial e axiologicamente tensa a posição de extralocalização axiológica do autor na lírica; ele deve aproveitar ao máximo o privilégio de estar fora da personagem. Mas ainda assim a proximidade entre personagem e autor na lírica não é menos evidente que na biografia. Entretanto, se na biografia, como já vimos, o mundo dos outros, das personagens, da minha vida assimilou a mim, autor, e o autor nada tem a contrapor à sua personagem forte e investida de autoridade, restando-lhe apenas concordar com ela (o autor é como que mais pobre que a personagem), na lírica dá-se um fenômeno oposto: a personagem quase não tem nada a contrapor ao autor; este como que a penetra por inteiro, deixando nela, bem no seu íntimo, apenas a possibilidade virtual de autonomia. A vitória do autor sobre a personagem é por demais completa, a personagem fica totalmente esgotada (essa vitória é ainda mais completa na música; esta é uma forma quase pura de alteridade, por trás da qual quase não se percebe a resistência puramente vital da personagem eventual). Tudo o que é interior na personagem parece inteiramente voltado para fora, para o autor, e foi elaborado por ele. Quase todos os elementos dos objetos e do sentido no vivenciamento da personagem, que poderiam revelar obstinação diante da ple-

238   O autor e a personagem na atividade estética

nitude do acabamento estético, estão ausentes na lírica, daí a fácil *coincidência da personagem consigo mesma, sua igualdade a si mesma* (até na lírica filosófica o objeto e o sentido são inteiramente imanentizados à vivência, concentrados nela, e por isso não deixam espaço para a incoincidência consigo mesmos e para a saída para o acontecimento aberto da existência; é um pensamento vivenciado, que acredita somente em sua própria presença e fora de si mesmo nada supõe e nada vê). O que dá ao autor esse poder pleno sobre a personagem? O que faz a personagem tão fraca interiormente (pode-se dizer, não séria)? O que torna tão completo o isolamento do vivenciamento a partir de um acontecimento? Noutros termos: o que torna o autor e sua posição axiológica criadora investida de tanta *autoridade* na lírica, que possibilita a auto-objetivação lírica (a coincidência pessoal da personagem com o autor fora do âmbito de uma obra)? (Pode parecer que na lírica não existem duas unidades, mas tão somente uma; os círculos do autor e da personagem se fundiram e seus centros coincidiram.) Dois elementos fundamentam essa autoridade.

1. A lírica exclui todos os elementos da expressividade e do esgotamento espacial do homem, não restringe a personagem a um espaço nem a delimita por inteiro no mundo exterior e, por conseguinte, não cria uma clara sensação de finitude do homem no mundo (a fraseologia romântica centrada na infinitude do espírito é a mais compatível com os elementos da forma lírica); a lírica não determina nem restringe o movimento vital de sua personagem com um enredo preciso e acabado; por último, a lírica não visa a criar para a personagem um caráter acabado, não traça um limite nítido entre o conjunto de sua alma e toda a sua vida interior (opera apenas com um momento desse conjunto, com um episódio da alma). Esse primeiro momento cria a ilusão de autopreservação da personagem e de sua posição interior, de experiência de puro vivenciamento de si mesma, cria a apa-

O todo semântico da personagem

rência de que na lírica ela só cuida de si e para si, de que é *solitária* e não *possuída* por outrem, e essa ilusão facilita ao autor penetrar em pleno âmago da personagem e assumir o domínio completo sobre ela, penetrá-la inteiramente com seu ativismo e torná-la dócil e por inteiro subordinada a esse ativismo. Por outro lado, para ter domínio sobre a personagem nessa sua posição interior, íntima, o próprio autor deve aprimorar-se até chegar à extralocalização puramente interior em relação a ela, recusar-se a lançar mão da extralocalização espacial e externamente temporal (a distância externamente temporal se faz necessária a uma concepção precisa de enredo acabado) e do excedente de visão externa e conhecimento ligado a tal extralocalização, deve aprimorar-se até atingir uma posição puramente axiológica — *fora da linha de orientação interior da personagem* (e não fora do homem integral), fora do seu *eu* empenhado, fora da linha de sua possível relação pura consigo mesma. E verifica-se que a personagem externamente solitária não é internamente solitária em termos de valores: o outro que nela penetra desvia-a da linha da relação axiológica consigo mesma e impede que tal relação venha a ser a única força a formar e ordenar sua vida interior (impede que ela se arrependa, que suplique e supere a si mesma), a entregá-la ao inviável antedado do acontecimento singular e único da existência, no qual a vida da personagem só pode expressar-se no ato, no autoinforme objetivo, na confissão e na oração (na lírica, a própria confissão e a oração como que se dirigem a si mesmas, começam a ser tranquilamente autossuficientes, a coincidir alegremente com sua pura presença, sem nada pressupor fora de si mesmas, no acontecimento em perspectiva. O arrependimento já não é acarinhado em tons arrependidos, mas afirmativos, a súplica e a carência são acarinhadas sem a necessidade de serem realmente satisfeitas). Portanto, da parte da personagem o primeiro elemento denuncia a sua possessão interior pela posição axiológica também interna do outro.

2. A autoridade do autor é a autoridade do *coro*. A possessão lírica é, em seu fundamento, uma *possessão pelo coro* (é o ser que encontrou consolidação, apoio no coro). Em mim não é uma natureza indiferente que canta, pois ela só pode gerar fatos de concupiscência, fatos de ação e não uma expressão axiológica desses fatos, por mais natural que seja essa expressão; só no coro dos outros essa expressão se torna potente, forte — potente e forte não em termos naturais e físicos, mas axiológicos — vencedora e dominante. Nesse coro ela passa do plano da pura factualidade, da presença física, a outro plano axiológico do ser consolidado de fora e sancionado em termos emocionais. A lírica é uma visão e uma audição do interior de mim mesmo pelos olhos emocionais e *na voz* emocional do outro; eu me escuto no outro, com os outros e para os outros. A auto-objetivação lírica é uma possessão *pelo espírito da música*, uma impregnação e uma penetração por ele. O espírito da música, o coro possível — eis a posição autorizada e firme da autoria interna situada fora de mim, dessa autoria de minha vida interior. Eu encontro a mim mesmo na voz inquieto-emocionada do outro, encarno-me na voz cantante do outro, encontro nela um enfoque autorizado de minha própria emoção interior; pelos lábios de uma possível alma amorosa eu canto a mim mesmo. Essa voz alheia, que escuto de fora e organiza minha vida interior na lírica, é o coro possível, a voz harmonizada com esse coro, que percebe fora de si mesma o possível apoio do coro (no clima do silêncio e do vazio absolutos ela não poderia ecoar dessa maneira; a violação individual e totalmente solitária do silêncio absoluto é de índole horrenda e pecaminosa, degenera em grito que assusta a si mesmo e exerce opressão sobre si mesmo, sobre sua presença pobre e importuna; a violação solitária e totalmente arbitrária do silêncio impõe uma responsabilidade infinita ou é cinicamente injustificada. A voz pode cantar somente *num clima cálido*, num clima de possível apoio do coro, de uma *não solidão sonora* principial).

O todo semântico da personagem

Também pode ser lírico o sonho consigo mesmo, mas um sonho possuído pela música da alteridade e por isso tornado criativamente eficaz. A lírica também é plena de uma confiança profunda, imanentizada em sua forma poderosa, autorizada, amorosamente consolidadora no autor — portador da unidade do acabamento formal. Para fazer meu vivenciamento ecoar liricamente, preciso sentir nele não a minha responsabilidade solitária, mas a minha natureza axiológica, o outro em mim, minha passividade no coro possível dos outros, no coro que me envolveu de todos os lados e como que bloqueou o antedado *imediato* e indiferente do acontecimento único e singular da existência. Eu ainda não saí do coro como personagem que dele ainda traz em si a densidade axiológica na alma — a alteridade, mas que já sentiu a sua solidão — de herói trágico (o outro solitário); na lírica eu ainda estou por inteiro no coro e falo de dentro dele. É claro que a força organizadora do amor é particularmente grande na lírica, como não o é em nenhum valor artístico formal, é força de um amor desprovido de quase todos os elementos objetivos, de sentido e de objetos, de um amor que organiza a pura autossuficiência do processo da vida interior — o amor de mulher, que protege o homem e a sociedade humana social e histórica (a Igreja e Deus). Um clima amoroso sufocante e ardente é necessário para condensar o movimento da alma, puramente interior, quase material, por vezes caprichoso (só se pode andar com caprichos no amor do outro, esse é um jogo do desejo no clima denso e condimentado do amor; o pecado é constantemente um capricho tolo em Deus). A lírica do amor desesperançado movimenta-se e vive apenas em um clima de amor possível, vive da antecipação do amor. (A tipicidade e o sentido modelar da lírica do amor e da morte. A imortalidade como postulado do amor.)

É possível uma forma peculiar de desintegração da lírica, condicionada pelo enfraquecimento da autoridade da posição axiológica interior do outro fora de mim, pelo enfraquecimento da *confiança* no apoio eventual do coro, e daí decorre a original vergonha lírica de si mesma, a *vergonha do páthos lírico*, a vergonha da franqueza lírica (o *requinte lírico*, a ironia e o *cinismo lírico*). É como se ouvíssemos a interrupção da *voz*, como se nos sentíssemos *fora do coro*. (Do nosso ponto de vista, não há fronteira rígida entre a chamada lírica coral e a individual; toda lírica vive exclusivamente da confiança em um possível apoio do coro, podendo haver diferença apenas na determinidade dos elementos estilísticos e das peculiaridades técnico-formais; só onde se debilita a confiança no coro começa a haver uma diferença substancial, começa a desintegração da lírica. O individualismo pode determinar positivamente a si mesmo e não ter vergonha de sua determinidade apenas no clima de confiança, de amor e de um possível apoio do coro. O indivíduo não existe fora da alteridade.) Isso ocorre no decadismo e também na chamada lírica realista (Heine). Encontramos exemplos em Baudelaire, Verlaine, Laforgue; entre os russos destacam-se particularmente Slutchevski e Ánnienski — *vozes fora do coro*. Na lírica são possíveis formas singulares de *loucura profética*. Onde a personagem começa a libertar-se da possessão pelo outro — pelo autor (este deixa de ser autoridade), onde os elementos do sentido e dos objetos *tornam-se imediatamente significativos*, onde a personagem encontra subitamente a si mesma no acontecimento único e singular da existência à luz do sentido antedado, então os extremos do círculo lírico deixam de confluir, a personagem começa a não mais coincidir consigo mesma, começa a perceber a sua nudez e envergonhar-se de si mesma, e então destrói-se o paraíso. (Em parte a lírica em prosa de Biéli, com certa mescla de loucura profética. Protótipos de lírica em prosa, em que a força organizadora é a vergonha de si mesmo, podem ser encontrados em Dostoiévski. É uma forma que se aproxima do autoinforme-confissão com sentido de antropomaquia.) Assim são a lírica e a relação da personagem e do autor com ela. A posição

O todo semântico da personagem

do autor é forte e investida de autoridade, já a independência da personagem e de sua orientação vital é mínima, ela quase não tem vida, limitando-se a refletir-se na alma do autor ativo que se lhe apossou do outro. O autor quase não tem de superar a resistência interior da personagem. Mais um passo e a lírica está pronta para tornar-se uma forma sem objeto, purificada da possível graça de uma possível personagem (porque só a personagem pode ser portadora do conteúdo, do contexto axiológico da prosa). O isolamento em face do acontecimento da existência na lírica é completo, mas é dispensável salientá-lo. Aqui não nos importa a diferença entre lírica declamatória e lírica melódica; a diferença não é principial mas de graus de independência da personagem em relação ao sentido e aos objetos.

4. O CARÁTER COMO INTERAÇÃO PERSONAGEM-AUTOR

Cabe agora passar ao exame do *caráter* exclusivamente pelo ângulo da relação que nele se estabelece entre personagem e autor; descartamos a análise dos elementos estéticos da estrutura do caráter, uma vez que eles não têm relação direta com o nosso problema. Por isso não apresentaremos uma estética minimamente completa do caráter.

O caráter se distingue acentuada e substancialmente de todas as formas de expressão da personagem que até agora examinamos. O *todo da personagem* não foi desígnio artístico basilar nem centro axiológico da visão artística no autoinforme-confissão, na biografia nem na lírica (a personagem sempre é o centro da visão, mas não o seu *todo*, não é a plenitude e o acabamento da sua determinidade). Em geral, no autoinforme-confissão não há tarefa artística, e por isso não há valores puramente estéticos do todo, do todo dado e presente. Na biografia, a tarefa artística basilar é a *vida* como valor biográfico, a vida da personagem, mas não a sua determinidade interior e exterior, a imagem concluída da sua personalidade como objetivo basilar. O importante não é quem era ele, mas o que ele viveu e o que fez. É claro que a biografia também conhece os elementos que determinam a imagem do indivíduo (a heroificação), mas nenhum deles encerra o indivíduo nem o conclui; a personagem é importante como portadora de uma vida determinada, rica e plena, historicamente significativa; é essa vida que ocupa o centro axiológico da visão e não o todo da personagem, cuja vida pessoal apenas a caracteriza em sua determinidade.

Na lírica também não existe o desígnio de construir o todo da personagem; aqui o centro axiológico da visão é ocupado pelo estado interior ou por um acontecimento que de modo algum é mera caracterização da personagem que vivencia; esta é apenas portadora de uma vivência que, entretanto, não a encerra nem a conclui como um todo. Por isso, em todas as formas de relação entre personagem e autor até aqui examinadas foi possível tamanha proximidade entre eles (e coincidência pessoal fora do âmbito da obra), porquanto o ativismo do autor não visou, aqui, a criar e elaborar *fronteiras* nítidas e substanciais *para a personagem* e, consequentemente, *fronteiras essenciais entre autor e personagem*. (São importantes o mundo que abarca igualmente tanto o autor quanto a personagem, seus elementos e posições nesse mundo.)

Denominamos *caráter* uma forma de correlação entre o autor e a personagem, que realiza o desígnio de criar o todo da personagem como indivíduo determinado, e note-se que esse desígnio é fundamental: desde o início a personagem nos é dada como um todo, e desde o início o ativismo do autor se movimenta nas fronteiras essenciais dela; tudo é percebido como um elemento de caracterização da personagem, tem função caracterológica, tudo se resume e visa a responder à pergunta: quem é ela? É evidente que aqui se verificam dois planos de percepção dos valores, dois contextos axiológicos assimilativos (um dos quais engloba axiologicamente e supera o outro): 1) o horizonte da personagem e o significado vital ético-cognitivo de cada elemento (do ato, do objeto) nesse horizonte para a própria personagem; 2) o contexto do autor-contemplador, no qual todos esses elementos se tornam características do todo da personagem, adquire um significado que determina e restringe a personagem (a vida resulta em um modo de vida). Neste caso o autor é *crítico* (como autor, claro): em cada momento de sua criação ele usa de todos os privilégios de sua vasta extralocalização em relação à personagem. Ao mesmo tempo, nessa forma de inter-relação a personagem é mais independente, mais viva, consciente e obstinada em sua diretriz axiológica puramente vital, cognitiva e ética; o autor se contrapõe inteiramente a esse ativismo vital da personagem e o traduz para a linguagem da estética; para cada momento do ativismo vivo da personagem ele cria uma determinação artística transgrediente. Aqui, em toda parte a relação entre o autor e a personagem é de índole tensa, substancial e principial.

A construção do caráter pode obedecer a duas tendências basilares. A primeira denominamos construção *clássica*, a segunda, *romântica*. O fundamental para o primeiro tipo de construção é o valor artístico do *destino* (aqui damos a esta palavra um significado restrito plenamente definido, que se esclarecerá com o prosseguimento de nossa explanação).

O destino é uma determinidade abrangente do ser do indivíduo e lhe predetermina necessariamente todos os acontecimentos da vida; desse modo, a vida é somente a realização (o cumprimento) daquilo que desde o início jazia na determinidade do ser. De seu próprio interior o indivíduo constrói sua vida (pensa, sente, age) em função de objetivos, realizando as significações dos objetos e dos sentidos para as quais se orienta sua vida: age de certo modo porque é assim que deve agir, por ser correto, necessário, desejado, porque é as-

246   O autor e a personagem na atividade estética

sim que ele quer, etc., mas em realidade realiza apenas a necessidade de seu destino, isto é, a determinidade do seu ser, da sua feição na existência. O destino é a transcrição artística do vestígio que deixou na existência a vida regulada de seu interior por seus objetivos, é a expressão artística do *sedimento* deixado na existência pela vida *assimilada inteiramente* de seu interior. Esse sedimento na existência também deve ter sua lógica; no entanto, esta não é *a lógica dos objetivos* da própria vida, mas a lógica puramente artística, que guia a unidade e a necessidade interna da imagem. O destino é a individualidade, isto é, a determinidade substancial do ser do indivíduo, a qual determina toda a vida, todos os atos do indivíduo: nesse sentido, o ato-pensamento também não se define do ponto de vista de sua significação teórico-objetiva, mas do ponto de vista de sua individualidade como individualidade característica precisamente desse tipo de indivíduo determinado, como individualidade predeterminada pelo ser desse indivíduo; de igual maneira, todos os atos possíveis são predeterminados pela individualidade e a realizam. O próprio curso da vida do indivíduo, todos os seus acontecimentos e finalmente a sua morte serão percebidos como necessários e predeterminados por sua individualidade determinada — o destino; nesse plano do destino-caráter, a morte da personagem não é o fim, mas o acabamento e, de modo geral, cada momento de sua vida ganha um significado artístico, torna-se artisticamente necessário. Está claro que nossa concepção de destino difere da concepção habitual, que é muito ampla. O destino, vivenciado do interior como uma força externa irracional, que nos determina a vida sem levar em conta os seus objetivos, sentidos e desejos, não é um valor artístico do destino na nossa acepção, porquanto esse destino não ordena integralmente a nossa vida para nós mesmos em um todo necessário e artístico, tendo, antes, a função puramente negativa de desordenar a nossa vida, que é ordenada, ou melhor, visa a ser ordenada pelos fins, sentidos e sig-

O todo semântico da personagem

nificações concretas. É claro que essa força pode inspirar uma confiança profunda que a perceba como providência divina; eu percebo essa providência, no entanto ela não pode tornar-se a forma que me ordena a vida para mim mesmo. (Podemos amar *à revelia* nosso próprio destino, mas não podemos contemplá-lo como um todo artístico acabado e interiormente singular, como contemplamos o destino de uma personagem.) Não compreendemos a lógica da providência divina, apenas cremos nela, ao passo que compreendemos perfeitamente a lógica do destino de uma personagem e de modo algum a aceitamos como fé (é claro que não se trata de concepção cognitiva, mas de concepção artística e da força persuasiva do destino). Como valor artístico, o destino é transgrediente à autoconsciência. É um valor basilar, que regula, ordena e reduz à unidade todos os elementos transgredientes à personagem; lançamos mão da extralocalização em relação à personagem para compreender e ver o todo de seu destino. O destino não é o *eu-para-mim* da personagem, mas o seu ser, aquilo que lhe é dado, aquilo que ela veio a ser; não é a forma do seu antedado, mas a forma do seu dado. O caráter clássico é o que se cria como destino. (A personagem clássica ocupa um lugar determinado no mundo, no especificamente essencial ela já foi determinada e, consequentemente, está morta. Demais, *toda* a sua vida está dada no sentido de uma possível conquista. Tudo o que a personagem realiza é artisticamente motivado não por sua vontade moral e livre, mas por seu ser determinado: ela age assim porque ela *é assim*. Nela não deve haver nada de indefinido para nós; tudo quanto se realiza e ocorre desenvolve-se em limites previamente dados e predeterminados sem sair dos seus âmbitos: realiza-se o que devia realizar-se e não pode deixar de realizar-se.) O destino é a forma de ordenamento do passado do sentido; desde o início contemplamos a personagem clássica no passado, onde não pode haver nenhuma descoberta e nenhuma revelação.

Cumpre assinalar que, para a construção do caráter clássico como destino, o autor não deve ser prepotente demais com a personagem nem usufruir dos privilégios meramente temporais e fortuitos de sua distância. O autor clássico usa os elementos eternos da distância, daí o passado da personagem clássica ser o passado *eterno* do homem. A posição de extralocalização não deve ser exclusiva, presunçosa e original.

(A genealogia ainda não se desfez, o mundo é nítido, não existe crença em milagre.)

O autor é dogmático em face da visão de mundo da personagem clássica. Sua posição ético-cognitiva deve ser incontestável, ou melhor, simplesmente não é posta em discussão. Caso contrário, introduzir-se-ia um elemento de *culpa* e de *responsabilidade*, a unidade artística e a totalidade do destino seriam destruídas. A personagem ficaria livre, poderia ser levada a um julgamento moral, nela não haveria a necessidade, ela poderia ser até outra. Onde se lhe inserem culpa moral e responsabilidade (e, consequentemente, liberdade moral, liberdade em face da necessidade natural e estética), ela deixa de coincidir consigo mesma e a posição de extralocalização do autor se confunde no essencial (liberando-se o outro de culpa e da responsabilidade, contemplando-o *fora do sentido*), inviabilizando o acabamento artístico transgrediente.

É claro que a *culpa* existe no caráter clássico (o herói da tragédia quase sempre é culpado), porém essa culpa não é da moral, mas do ser: a culpa deve ser investida de *força do ser* e não de *força do sentido* da autocondenação moral (o pecado contra a pessoa da divindade e não contra o sentido, contra o culto, etc.) Os conflitos no interior do caráter clássico são conflitos e luta entre as *forças do ser* (evidentemente, entre as forças axiológico-naturais do ser da alteridade e não entre grandezas físicas nem psicológicas), e não entre as significações do sentido (aqui, tanto o dever quanto a obrigação são forças axiológico-naturais); essa luta é um processo internamente *dramático*, que nunca vai além dos limites do dado-ser, e não um processo dialético do sentido da consciência moral. A culpa trágica situa-se inteiramente no plano axiológico do dado-ser e é imanente ao destino do herói; por essa razão, a culpa pode ser totalmente transposta para fora do âmbito da consciência e do conhecimento do herói (a culpa moral deve ser imanente à autoconsciência, nela o eu deve adquirir consciência de si mesmo como *eu*), para o passado de sua genealogia (a genealogia é uma categoria axiológico-natural do ser da alteridade); o herói pode ter dado causa à culpa sem suspeitar do significado do que era cometido; de qualquer modo, a culpa existe no ser como força e não nasce pela primeira vez na consciência moral livre do herói, este não é o iniciador livre e absoluto da culpa; aqui não há saída para além do âmbito da categoria do ser axiológico.

Em que terreno axiológico medra o caráter clássico, em que contexto axiológico cultural é possível o destino como força positivamente axiológica, que organiza e conclui artisticamente a vida do outro? O *valor genealógico* como categoria do ser consolidado da alteridade, que incorpora também a mim a seu círculo axiológico de realizações — eis o terreno em que cresce o valor do destino (para o autor). *Eu não começo a vida*, não sou o seu iniciador axiologicamente responsável, não disponho sequer de um enfoque axiológico que me permita *iniciar ativamente a série da vida responsável pelos valores e pelo sentido* —, eu posso agir e emitir juízo de valor com base na vida já dada e valorada; *a série dos meus atos não parte de mim*, eu apenas lhe dou continuidade (como a dou também aos atos-pensamentos, aos atos-sentimentos e aos atos-feitos); estou ligado por uma indissolúvel *relação de filiação* à paternidade e à maternidade genealógicas (no sentido estrito da linhagem-povo, do gênero humano. Na pergunta: "Quem sou?" ouve-se a pergunta: "Quem são meus pais, qual é a minha genealogia?"). Eu só posso ser o que essencialmente sou; não posso renegar o meu essencial *já-ser*, porquanto ele pertence não a mim, mas à minha mãe, ao meu pai, ao gênero, ao povo, à humanidade.

Minha linhagem (ou meu pai, minha mãe) tem valor não por me pertencer, isto é, não sou *eu* que a torno valorativa (não é ela que se torna um elemento do meu ser axiológico), mas por eu pertencer a ela, à linhagem da minha mãe, do meu pai; em termos axiológicos, eu não me pertenço, não existo axiologicamente em contraposição à minha linhagem. (Em termos axiológicos, só posso negar e superar em mim aquilo que me pertence incontestavelmente, em que só eu existo, em que violo o que minha linhagem me legou.) A determinidade do ser na categoria axiológica de linhagem é indiscutível; essa determinidade me é dada em mim, e em mim mesmo eu não posso me contrapor a ela; fora dela eu ainda não existo axiologicamente para mim.

Um *eu-para-mim* moral é agenealógico (o cristão se sentia agenealógico; o caráter imediato da paternidade celestial destrói a autoridade da paternidade terrena). Nesse campo medra a força axiológica do destino para o autor. O autor e a personagem pertencem a esse mesmo mundo em que os valores genealógicos ainda são fortes (de uma forma ou de outra: nação, tradição, etc.). Nesse momento, a extralocalização do autor encontra limitações, não se estende à extralocalização em face da visão e da percepção de mundo da personagem; esta e o autor não têm sobre o que discutir, mas, por outro lado, a extralocalização é particularmente sólida e intensa (a discussão o abala). Os valores da família convertem o destino na categoria positivamente axiológica de visão estética e acabamento do homem (de quem não se exige iniciativa moral); onde o homem inicia por dentro de si mesmo a série de atos semântico-axiológicos, onde ele é moralmente culpado e responsável por si mesmo, por sua determinidade, aí a categoria axiológica de destino não se aplica a ele nem o conclui (Blok e seu poema *A vingança*). (Nesse terre-

O todo semântico da personagem

no axiológico, o arrependimento não pode ser total e penetrar-me inteiramente, não pode medrar um autoinforme-confissão puro; é como se só as pessoas sem linhagem conhecessem toda a plenitude do arrependimento.) Assim é o caráter clássico em seus fundamentos.

Passemos ao segundo tipo de construção do caráter: o *romântico*. O caráter romântico se distingue do clássico por ser dotado de arbítrio e iniciativa axiológica. Demais, é de suma importância o fato de que a personagem *inicia de modo responsável* a série semântico-axiológica de sua vida. E justamente a diretriz semântico-axiológica solitária e totalmente ativa da personagem e sua posição ético-cognitiva no mundo que o autor deve superar e concluir esteticamente. Os valores do destino, que pressupõem genealogia e tradição, não podem servir para o acabamento artístico. O que dá unidade artística, integridade e necessidade artística interior a todas as determinações transgredientes da personagem romântica? Aqui o termo que melhor se ajusta é *"valor da ideia"*, da própria estética romântica. Aqui a individualidade da personagem não se revela como destino, mas como ideia, ou melhor, como materialização da ideia. A personagem, que de seu interior age segundo seus fins, ao realizar significações do objeto e do sentido realiza de fato certa ideia, certa verdade necessária da vida, certo protótipo de si mesma, o desígnio de Deus para ela. Daí serem um tanto simbolizados a sua trajetória vital, os seus momentos e acontecimentos e amiúde o ambiente material. A personagem é um vagabundo, um viandante, alguém à procura de algo (as personagens de Byron, de Chateaubriand, Fausto, Werther, Heinrich von Ofterdingen, etc.), e todos os momentos de suas buscas de valores e sentido (ela tem vontade, ama, considera algo verdadeiro, etc.) encontram a determinação transgrediente como certas etapas simbólicas do caminho artístico único de realização da ideia. Os elementos líricos ocupam inevitavelmente na personagem uma posição de destaque (o amor de uma mulher, como na lírica). A diretriz axiológica, sedimentada no caráter romântico, deixou de ter autoridade e só é revivenciada na lírica.

A extralocalização do autor em relação à personagem romântica é, sem dúvida, menos estável do que se verificava na personagem clássica. O enfraquecimento dessa posição leva à desintegração do caráter, as fronteiras começam a esbater-se, o centro axiológico é transferido da fronteira para dentro da própria vida (para o propósito ético-cognitivo) da personagem. O romantismo é a forma da *personagem infinita*: o reflexo do autor sobre a personagem insere-se no seu interior e a reorganiza; a personagem arrebata ao autor todas as determinações transgredientes para ela, para seu autodesenvolvimento e sua autodeterminação, que em consequência disso se tornam infinitas. Paralelamente, desfaz-se a fronteira entre as áreas culturais (a ideia do homem integral). É aí que se encontram os germes da loucura profética e da ironia. Amiúde a unidade da obra coincide com a unidade do herói, os elementos transgredientes se tornam aleatórios e desarticulados, perdem a unidade. Ou então a unidade do autor é acentuadamente convencional, *estilizada*. O autor começa a esperar revelações por parte da personagem. E a tentativa de fazer irromper de dentro da autoconsciência uma revelação que só é possível através do outro, de passar sem Deus, sem ouvinte, sem autor.

Os caracteres sentimental e realista são produto da desintegração do caráter clássico. Aqui, os elementos transgredientes começam a debilitar em toda parte a autonomia da personagem, o que se dá pela intensificação do elemento moral da extralocalização ou do elemento cognitivo (do alto de novas ideias e teorias, o autor começa a examinar sua personagem que comete erros). No sentimentalismo, a posição extralocalizada é usada tanto em termos artísticos quanto morais (em detrimento do artístico, é claro). A piedade, o enternecimento, a indignação, etc. — todas essas reações ético-

-axiológicas, que colocam a personagem fora do âmbito da obra, destroem o acabamento artístico; começamos a reagir à personagem como a uma pessoa viva (a reação dos leitores às primeiras personagens sentimentalistas — a pobre Liza, Clarissa, Grandison, etc., em parte Werther[65] — é impossível diante da personagem clássica), embora ela seja artisticamente bem menos viva que a personagem clássica. As desventuras da personagem já não são destino, mas simplesmente criadas e a ela causadas por pessoas más; a personagem é passiva, apenas passa pela vida, não consegue nem morrer, são os outros que a destroem. O herói sentimentalista é o que melhor se presta a obras tendenciosas — para suscitar sentimentos extraestéticos de simpatia ou hostilidade social. A posição extralocalizada do autor quase perde inteiramente os elementos artísticos essenciais, aproximando-se da posição extralocalizada do homem ético em relação aos seus *próximos* (aqui abstraímos completamente o humor, força poderosa e puramente artística do sentimentalismo). No realismo, o excedente cognitivo do autor reduz o caráter a uma simples ilustração das teorias sociais ou outras teorias do autor; no exemplo das personagens e seus conflitos vitais (elas não estão para teorias), ele resolve seus problemas cognitivos (na melhor das hipóteses, a personagem é apenas um pretexto do autor para colocar um problema). Aqui o lado problemático não é incorporado à personagem e constitui um ativo excedente cognitivo do conhecimento do próprio autor, excedente esse que é transgrediente à personagem. Todas essas modalidades enfraquecem a autonomia da personagem.

Cabe uma posição especial à *forma da situação*, embora vez por outra ela se manifeste como o produto da desin-

---

[65] Respectivamente, personagens do conto "Pobre Liza", de Nikolai Karamzin (1792), e dos romances *Clarissa* (1748) e *The History of Sir Charles Grandison* (1753), de Samuel Richardson (1748), e *Os sofrimentos do jovem Werther*, de J. W. Goethe (1774). (N. do T.)

tegração do caráter. Uma vez que a situação é genuína, ou seja, que o centro da visão artística é ocupado apenas pela determinidade da ambiência dos objetos e do sentido com abstração da determinidade do seu portador, a personagem, tal situação está fora do âmbito da nossa análise. Onde ela é mera desintegração do caráter, não representa nada de novo. Assim é, em seus traços básicos, o caráter como forma da relação recíproca entre autor e personagem.

5. O TIPO COMO FORMA DE INTERAÇÃO PERSONAGEM-AUTOR

Se em todas as suas variedades o caráter é plástico — é particularmente plástico o caráter clássico, evidentemente —, o tipo, por sua vez, é pictural. Se o caráter se estabelece em relação aos últimos valores da visão de mundo, está em correlação direta com tais valores, expressa a diretriz ético-cognitiva do homem no mundo e como que está imediatamente aproximado das próprias fronteiras do ser; o tipo, por sua vez, está longe das fronteiras do mundo e traduz a diretriz do homem para os valores já concretizados e delimitados pela época e pelo meio, para os *bens*, isto é, para o sentido que já se fez ser (nos atos do caráter, o sentido ainda está se tornando ser pela primeira vez). O caráter está no passado, o tipo, no presente; o ambiente do caráter é um tanto simbolizado, o mundo material em volta do tipo tem foros de inventário. O tipo é a posição *passiva* de um indivíduo coletivo. O essencial nessa forma de relação mútua entre a personagem e o autor é o seguinte: no excedente do autor, condicionado por sua extralocalização, o elemento cognitivo tem uma importância capital, ainda que não se trate de um elemento genuinamente científico-cognitivo ou discursivo (embora vez por outra ele tenha um desenvolvimento discursivo). Definimos esse uso do excedente cognitivo, de um lado, como *generalização intuitiva* e, de outro, como *dependência intuitivo-funcional*. De fato, nessas duas direções desenvolve-se o elemento cognitivo da extralocalização do autor na construção do tipo. É evidente que a generalização intuitiva, que cria a tipicidade da imagem do homem, pressupõe uma firme, tranquila e segura posição de autoridade da extralocalização em relação à personagem. Como o autor que constrói um tipo consegue essa autoridade e essa firmeza de posição? Com sua profunda desvinculação interna com o mundo objeto de sua representação, com o fato de que esse mundo aparece axiologicamente morto para ele; desde o início, esse mundo está totalmente entranhado na existência para o autor, ele apenas *é* e *nada significa*, é inteiramente óbvio e por isso desprovido de qualquer autoridade, não pode contrapor nada de axiologicamente sólido ao autor, a diretriz ético-cognitiva de suas personagens é totalmente inaceitável; por essa razão, a tranquilidade, a força e a segurança do autor são análogas à tranquilidade e à força do sujeito cognoscente, ao passo que a personagem — objeto do ativismo estético (o outro *sujeito*) começa a aproximar-se do *objeto* da cognição. É claro que esse limite não é atingido no tipo, razão por que este continua sendo uma forma artística, porquanto o ativismo do autor visa ao homem enquanto homem e, consequentemente, o acontecimento continua estético. Como é notório, o elemento de generalização tipológica é acentuadamente transgrediente; o mais impossível é eu tipificar a mim mesmo; a tipicidade voltada para mim mesmo é axiologicamente interpretada como insulto; nesse sentido, ela é ainda mais transgrediente que o destino; eu, além de não poder perceber axiologicamente minha tipicidade, não posso admitir que minhas palavras, meus atos, minhas realizações, voltadas para as significações dos fins e dos objetos (mesmo os imediatos, os bens), tenham realizado apenas um certo tipo, tenham sido necessariamente determinadas por minha tipicidade. Esse caráter quase ofensivo da transgrediência típica torna aceitável a forma do tipo para a tarefa satírica, que costuma procurar sedimentos ríspidos e ofensivos na existência de uma vida humana assentada em fins, interiormente assimilada e movida pela pretensão de atingir uma significação objetiva. Mas a sátira pressupõe, por parte da personagem com quem ainda tem de lutar, uma tenacidade maior do que a necessária a uma contemplação tipificante tranquila e segura.

Além do elemento de generalização, há ainda o elemento de dependência funcional considerada intuitivamente. O tipo tanto está profundamente entrelaçado ao mundo que o rodeia (com o ambiente dos objetos) quanto é representado como condicionado por esse mundo em todos os seus momentos; ele é o elemento necessário de um dado ambiente (não é um todo, mas somente parte de um todo). Aqui o elemento cognitivo da extralocalização pode atingir grande força, chegando o autor a desvelar os fatores que condicionam casualmente os atos da personagem (seus pensamentos, sentimentos, etc.); fatores econômicos, sociais, psicológicos e até fisiológicos (o artista é um médico e o herói-homem é um animal doente). É claro que são extremos da elaboração tipológica, mas em toda parte o tipo é representado como inseparável de uma determinada unidade material (um sistema, um modo de vida, uma estrutura, etc.) que necessariamente o gera e condiciona. O tipo pressupõe a superioridade do autor sobre a personagem e a completa desvinculação axiológica daquele ao mundo desta; daí ser o autor absolutamente crítico. A autonomia da personagem no tipo é consideravelmente reduzida, todos os elementos problemáticos são transferidos do contexto da personagem para o contexto do autor, desenvolvem-se a pretexto da personagem e vinculados a ela, mas não nela, e quem lhes dá unidade é o autor e não a personagem, que é portadora da unidade vital ético-cognitiva, que no tipo é extremamente reduzida. É claro que inserir elementos líricos no tipo é inteiramente impossível. É essa a for-

O todo semântico da personagem   257

ma do tipo do ponto de vista da relação mútua que nela existe entre a personagem e o autor.

6. A HAGIOGRAFIA

Não podemos nos deter minuciosamente nesta forma, pois ela vai além do âmbito do nosso tema. A hagiografia se realiza diretamente no mundo do divino. Cada elemento dela é representado como tendo significação precisamente nesse mundo; a vida de um santo é uma vida significativa *em Deus*.

Essa vida significativa em Deus deve revestir-se das formas tradicionais. A atitude reverente do autor não deixa espaço à iniciativa individual, à escolha individual da expressão: aí o autor renuncia a si mesmo, ao seu ativismo individual responsivo; por isso a forma se torna tradicional e convencional (é positivamente convencional o que por princípio é inadequado ao objeto e que, consciente dessa inadequabilidade, renuncia a ela; mas essa notória renúncia à adequabilidade está muito longe da loucura profética, porquanto esta *é individual* e lhe é próprio o elemento de antropomaquia; a forma hagiográfica é tradicionalmente convencional, cimentada por uma autoridade indiscutível, e aceita afetuosamente o ser da *expressão* que, mesmo sendo inadequada, é consequentemente perceptiva). Assim, a unidade dos elementos transgredientes do santo não é a unidade individual do autor que utiliza ativamente sua extralocalização; trata-se da extralocalização resignada, que renuncia à iniciativa — uma vez que não há elementos essencialmente transgredientes para o acabamento — e recorre a formas tradicionalmente sagradas. Não nos propomos, evidentemente, a examinar as formas tradicionais da hagiografia, e nos permitimos tão somente uma observação genérica: como a pintura de ícones, a hagiografia evita a transgrediência restritiva e excessiva-

258   O autor e a personagem na atividade estética

mente concretizante, pois esses elementos sempre reduzem a autoridade; deve-se excluir tudo o que é típico de uma dada época, de uma dada nacionalidade (por exemplo, a tipicidade nacional de Cristo na pintura de ícones), de uma dada condição social, de uma dada idade, todo o concreto de uma imagem, de uma vida, todas as minúcias desta, as indicações precisas do tempo e do espaço da ação — tudo o que reforça a determinidade *no ser de um dado indivíduo* (o típico, o característico e até a concretude biográfica) e assim lhe diminui a autoridade (a vida do santo como que transcorre desde o início na eternidade). Cabe observar que a tradicionalidade e o convencionalismo dos elementos transgredientes do acabamento contribuem ao máximo para reduzir seu significado restritivo. É possível ainda toda uma tradição simbólica na interpretação da hagiografia. (O problema da representação do milagre e do acontecimento religioso supremo; aqui são especialmente importantes a renúncia resignada a qualquer adequabilidade, à individualidade e à submissão à tradição rigorosa.) Quando se precisa representar e expressar a aquisição significativa do sentido último, faz-se necessária uma resignação que chegue ao convencionalismo tradicional (os românticos interrompiam a obra ou concluíam-na com as formas tradicionais da hagiografia ou do mistério). Portanto, a *renúncia à substancialidade* de sua posição de extralocalização em relação ao santo e a resignação que chega a atingir o puro tradicionalismo (na Idade Média, o realismo) caracterizam o autor de hagiografia (a ideia da boa presença em Dostoiévski).

São essas as formas do todo semântico da personagem. Evidentemente, elas não coincidem com as formas concretas das obras. Aqui nós as formulamos como elementos abstrato-ideais, como limites a que visam os elementos concretos de uma obra. É difícil encontrar uma obra pura, uma lírica pura, um caráter puro e um tipo puro, pois costumamos encontrar a unificação de alguns elementos ideais, a ação de alguns limites dentre os quais predomina ora um, ora outro (claro que é impossível uma junção entre todas as formas). Nesse sentido, podemos dizer que a interação entre autor e personagem dentro de uma obra concreta apresenta constantemente vários atos: o autor e a personagem lutam entre si, ora se aproximando, ora se separando bruscamente; mas a plenitude do acabamento da obra pressupõe uma discrepância aguda e a vitória do autor.

V.

O problema do autor

Neste capítulo faremos um balanço-síntese das questões discutidas e em seguida definiremos o autor como participante do acontecimento artístico.

1. O PROBLEMA DA PERSONAGEM

Desde o início do nosso estudo verificamos que o homem é o centro organizador do conteúdo-forma da visão artística, e ademais que é *um dado homem* em sua presença axiológica no mundo. O mundo da visão artística é um mundo organizado, ordenado e acabado independentemente do antedado e do sentido em torno de um homem dado como seu ambiente axiológico: vimos como em torno dele se tornam artisticamente significativos e concretos os elementos e todas as relações — de espaço, tempo e sentido. Essa orientação axiológica e essa condensação do mundo em torno do homem criam para ele uma realidade estética diferente da realidade cognitiva e ética (da realidade do ato, da realidade ética do acontecimento único e singular do existir), mas, evidentemente, não é uma realidade indiferente a elas. Depois verificamos a diferença axiológica profunda, essencial e principial entre *o eu e o outro*, diferença essa que tem caráter de acontecimento: fora dessa diferenciação não é possível ne-

O problema do autor 261

nhum ato axiologicamente ponderável. O *eu* e o *outro* são as *categorias axiológicas basilares*, que pela primeira vez tornam possível qualquer *juízo de valor efetivo*, e um momento desse juízo, ou melhor, a diretriz axiológica da consciência não ocorre só no ato, na verdadeira acepção do termo, mas em cada vivenciamento e até na sensação mais simples: viver significa ocupar uma posição axiológica em cada momento da vida, significa firmar-se axiologicamente. Em seguida, efetuamos uma descrição fenomenológica da consciência axiológica que tenho de mim e da que tenho do outro no acontecimento do existir (*o acontecimento* do existir é um conceito fenomenológico, pois a existência se apresenta à consciência viva como acontecimento e nela se orienta e vive eficazmente como acontecimento), e verificamos que só o outro como tal pode ser o centro axiológico da visão artística e, consequentemente, também o herói de uma obra, que só ele pode ser *essencialmente* enformado e concluído, pois todos os elementos do acabamento axiológico — do espaço, do tempo, do sentido — são axiologicamente transgredientes à autoconsciência ativa, estão fora da linha de uma relação axiológica consigo mesmos: continuando eu mesmo para mim, não posso ser ativo em um espaço e um tempo esteticamente significativos e condensados, neles não existo axiologicamente para mim, neles não me crio, não me enformo e não me determino; no mundo da minha autoconsciência axiológica não existe o valor esteticamente significativo do meu *corpo* e da minha *alma* e sua unidade artística orgânica em um homem *integral*, estes não são construídos em meu horizonte pelo meu próprio ativismo; logo, meu horizonte não pode fechar-se tranquilamente e abarcar-me como meu ambiente axiológico: *eu ainda não existo* no mundo axiológico como dado positivo tranquilizado e igual a mim mesmo. A relação axiológica comigo mesmo é absolutamente improdutiva em termos estéticos, eu para mim sou esteticamente irreal. Posso ser apenas portador da tarefa da enformação e do acabamento artísticos, mas nunca o seu objeto — a personagem. A visão estética encontra sua expressão na arte, particularmente na criação artística verbalizada; aqui são incorporados um isolamento rigoroso — cujas possibilidades já foram sedimentadas na visão e nós já mostramos — e um desígnio formal limitado, a ser cumprido com a ajuda de um determinado material, neste caso material *verbalizado*. O desígnio artístico basilar é executado com material de discurso (que se torna artístico na medida em que é orientado por esse desígnio) em determinadas formas de obra verbalizada e por certos procedimentos condicionados não só ao desígnio artístico basilar, mas também à natureza de dado material — a palavra, que se tem de adaptar para fins estéticos (aqui assume os seus direitos uma estética específica, que leva em conta as peculiaridades do material de uma determinada arte). (Assim se realiza a passagem da visão estética para a arte.) A estética específica não deve, evidentemente, separar-se do desígnio artístico basilar, da relação criativa essencial do autor com a personagem, relação que determina por si mesma o desígnio artístico em toda a sua essencialidade. Verificamos que eu mesmo, enquanto determinidade, posso me tornar sujeito (e não personagem) apenas de um tipo de enunciado — o autoinforme-confissão, onde a força organizadora é a relação axiológica consigo mesmo, que por isso é absolutamente extraestética.

Em todas as formas estéticas, a força organizadora é a categoria axiológica de *outro*, é a relação com o outro enriquecida pelo excedente axiológico da visão para o acabamento transgrediente. O autor se torna próximo da personagem apenas onde não há pureza da autoconsciência axiológica, onde, sob o poder da consciência do outro, ele toma consciência de si no outro dotado de autoridade (tanto no amor quanto no interesse dele) e onde o excedente (o conjunto de elementos transgredientes) é reduzido ao mínimo e não tem caráter essencial e intenso. Aqui o acontecimento artístico se realiza entre duas almas (quase nos limites de uma possível consciência axiológica) e não entre espírito e alma.

Tudo isso define a obra de arte não como objeto de um conhecimento puramente teórico, desprovido de significação de acontecimento, de peso axiológico, mas como acontecimento artístico vivo — momento significativo de um acontecimento único e singular do existir; e é precisamente como tal que ele deve ser entendido e conhecido nos próprios princípios de sua vida axiológica, em seus participantes vivos, e não previamente amortecido e reduzido a uma nua presença empírica do todo verbalizado (o que é acontecimento e tem significado não é a relação do autor com o material, mas com a personagem). Deste modo se define a posição do autor, portador do ato da visão artística e da criação no acontecimento do existir, único ponto em que, em linhas gerais, qualquer criação pode ser ponderável em termos sérios, significativos e responsáveis. O autor ocupa uma posição responsável no acontecimento do existir, opera com elementos desse acontecimento e por isso a sua obra é também um momento desse acontecimento.

A personagem, o autor-espectador — eis os elementos vivos essenciais, os participantes do acontecimento da obra; só eles podem ser responsáveis e só eles podem dar a ela a unidade de acontecimento e fazê-la comungar essencialmente no acontecimento único e singular do existir. Já definimos suficientemente a personagem e suas formas: sua alteridade axiológica, seu corpo, sua alma, sua integridade. Agora nos cabe examinar o autor com mais precisão.

Integram o objeto estético todos os valores do mundo, mas com um determinado coeficiente estético; a posição do autor e seu desígnio artístico devem ser compreendidos no mundo em relação a todos esses valores. O que se conclui não são as palavras, nem o material, mas o conjunto amplamente vivenciado do existir; o desígnio artístico constrói o mundo concreto: o espacial com o seu centro axiológico —

o corpo vivo e temporal com o seu centro — a alma — e, por último, o semântico, na unidade concreta mutuamente penetrante de todos.

A relação esteticamente criadora com a personagem e o seu mundo é uma relação com quem tem de morrer (*moriturus*), é sua contraposição à tensão semântica do acabamento salvador; para tanto deve-se ver com nitidez no homem e em seu mundo precisamente aquilo que por princípio ele não vê em si mesmo ao permanecer em si mesmo e vivenciar seriamente a sua vida; é preciso saber enfocá-lo não do ponto de vista da vida, mas de outro ponto de vista ativo, fora da vida. O artista é aquele que sabe ser ativo fora da vida, não só o que participa de dentro dessa vida (prática, social, política, moral, religiosa) e de dentro dela compreende, mas também a ama de fora — de onde ela não existe para si mesma, onde está voltada para fora e necessita de um ativismo extralocalizado e fora do sentido. A divindade do artista está em sua comunhão em uma extralocalização superior. Encontrar o enfoque essencial à vida de fora dela — eis o objetivo do artista. Com isso o artista e a arte criam, em linhas gerais, uma visão absolutamente nova do mundo, uma imagem do mundo, a realidade da carne mortal do mundo, que não é conhecida de nenhum dos outros ativismos criativo-culturais. E essa determinidade externa (e interna-externa) do mundo, que encontra a sua expressão suprema e a sua consolidação na arte, sempre acompanha o nosso pensamento emocional sobre o mundo e a vida. A atividade estética reúne, no sentido, o mundo difuso e condensa-o em uma imagem acabada e autossuficiente, encontra para o transitório no mundo (para o seu aí presente, o passado e a sua existência presente) o equivalente emocional que o vivifica e protege, encontra a posição axiológica a partir da qual esse transitório ganha peso axiológico de acontecimento, significação e determinidade estável. O ato estético dá à luz o existir em um novo plano axiológico do mundo, nascem um novo homem e um novo contexto axiológico — o plano do pensamento sobre o mundo humanizado.

O autor deve estar situado na fronteira do mundo que ele cria como seu criador ativo, pois se invadir esse mundo ele lhe destrói a estabilidade estética. Nós sempre podemos definir a posição do autor em relação ao mundo representado pela maneira como ele representa a imagem externa, como ele produz ou não uma imagem transgrediente integral dessa exterioridade, pelo grau de vivacidade, essencialidade e firmeza das fronteiras, pelo entrelaçamento da personagem com o mundo circundante, pelo nível de completude, sinceridade e intensidade emocional da solução e do acabamento, pelo grau de tranquilidade e plasticidade da ação, de vivacidade das almas das personagens (ou estas são apenas tentativas vãs do espírito de transformar-se por suas próprias forças em alma). Só quando são observados todas essas condições o mundo estético é sólido e se basta a si mesmo, coincide consigo mesmo na visão estética ativa que temos dele.

2. O CONTEÚDO, A FORMA, O MATERIAL

O autor visa ao conteúdo (tensão vital, ou seja, ético-cognitiva da personagem), enforma-o e o conclui usando para isso um determinado material, no nosso caso verbalizado, subordinando esse material ao seu desígnio artístico, isto é, à tarefa de concluir uma dada tensão ético-cognitiva. Partindo daí pode-se distinguir na obra de arte, ou melhor, em um desígnio artístico, três elementos: o conteúdo, o material, a forma. A forma não pode ser entendida independentemente do conteúdo, mas não pode ser independente da natureza do material e dos procedimentos por ele condicionados. Ela é condicionada a um dado conteúdo, por um lado, e à peculiaridade do material e aos meios de sua elaboração, por outro. O desígnio artístico puramente material é uma experiência técnica. O procedimento artístico não pode ser apenas um procedimento de elaboração do material verbal (o dado linguístico das palavras), deve ser antes de tudo um procedimento de elaboração de um certo conteúdo, mas neste caso com o auxílio de um material determinado. Seria ingênuo imaginar que o artista necessita apenas de uma língua e do conhecimento dos procedimentos de tratamento dessa língua; mas ele a recebe precisamente e apenas como língua, isto é, recebe-a do linguista (porque só o linguista opera com a língua enquanto língua); essa língua é o que inspira o artista, e nela ele realiza toda sorte de desígnios sem ir além dos seus limites *como língua apenas*, de certo modo; desígnio semasiológico, fonético, sintático, etc. De fato, o artista trabalha a língua mas não como língua: como língua ele a supera, pois ela não pode ser interpretada como língua em sua determinidade linguística (morfológica, sintática, léxica, etc.), mas apenas na medida em que venha a tornar-se meio de expressão artística (a palavra deve deixar de ser sentida como palavra). O poeta não cria no mundo da língua, ele apenas usa a língua. No que diz respeito ao material, o desígnio do artista, condicionado à tarefa artística fundamental, pode ser expresso como *superação do material*. No entanto, essa superação é de natureza positiva e não visa absolutamente à ilusão. Supera-se no material sua possível determinação extraestética: o mármore deve deixar de persistir como mármore, ou seja, como um determinado fenômeno físico; ele deve exprimir plasticamente as formas de um corpo, mas sem nunca criar a ilusão de corpo; tudo o que é físico no material se supera precisamente como físico. Devemos sentir as palavras em uma obra de arte precisamente como palavras, ou seja, em sua determinidade linguística, devemos sentir a forma morfológica justamente como morfológica, a forma sintática como sintática, a série semântica como semântica? O todo de uma obra artística é o todo verbalizado no essencial? É claro que ele deve ser estudado também como todo verbaliza-

O problema do autor

do, e isto é assunto para o linguista; mas desse modo esse todo verbalizado, interpretado como verbalizado, não é artístico. No entanto, a superação da língua enquanto superação do material físico é de absoluta natureza imanente, não se supera através da negação, mas do *aperfeiçoamento imanente* em um sentido determinado e necessário. (A língua em si mesma é indiferente em termos axiológicos, é sempre escrava e nunca um objetivo, serve ao conhecimento, à arte, à comunicação prática, etc.) É uma ingenuidade das pessoas que estudam ciência pela primeira vez supor que o mundo da criação também seja constituído de elementos cientificamente abstratos: ocorre que sempre falamos em prosa sem desconfiarmos disso. O positivismo ingênuo supõe que operamos no mundo — ou seja, no acontecimento do mundo, porque nele vivemos, agimos e criamos — com matéria, com a psique, com número matemático, que estes têm relação com o sentido e o objetivo do nosso ato e podem explicar o nosso ato, a nossa criação, precisamente como ato, como criação (o exemplo de Sócrates em Platão). Entretanto, esses conceitos explicam apenas o material do mundo, o dispositivo técnico do acontecimento do mundo. Esse material do mundo é superado de forma imanente pelo ato e pela criação. Esse positivismo ingênuo hoje se entrelaça também às ciências humanas (a concepção ingênua de cientificidade). Contudo, precisamos compreender não o dispositivo técnico, mas a *lógica imanente da criação*, e antes de tudo precisamos compreender a estrutura dos valores e do sentido em que a criação transcorre e toma consciência de si por via axiológica, compreender o contexto em que é assimilado o ato criador. A consciência criadora do autor-artista *nunca coincide* com a consciência linguística, esta é apenas um elemento, um material, totalmente guiado pelo desígnio puramente artístico. Aquilo que eu imaginava como caminho, como estrada para o mundo, vem a ser apenas uma série semântica (é claro que esse aquilo tem lugar, mas qual?). Ele é série semântica fora do desígnio artístico, fora da obra de arte, ou então a semasiologia não é uma área da linguística e não pode sê-lo sob nenhuma concepção dessa ciência (contanto que ela seja ciência da língua). Compor um dicionário semântico por setores não significa, de maneira alguma, enfocar a obra de arte. A tarefa basilar é, antes de tudo, definir o desígnio artístico e seu efetivo contexto, ou seja, aquele mundo axiológico em que se coloca e se realiza tal desígnio. De que se constitui o mundo em que vivemos, agimos e criamos? De matéria e psique? De que se constitui a obra de arte? De palavras, orações, capítulos, talvez de páginas, de papel? No ativo contexto axiológico e criador do artista, todos esses elementos nem de longe ocupam o primeiro lugar; ocupam o segundo — não são eles que determinam axiologicamente o contexto, mas são por ele determinados. Com isso não se está questionando o direito de estudar esses elementos, mas a tais estudos indica-se apenas o lugar que lhes cabe na efetiva interpretação da criação como criação.

Portanto, a consciência criadora do autor não é uma consciência linguística no mais amplo sentido desse termo, é apenas um elemento passivo da criação — um material a ser superado por via imanente.

3. A SUBSTITUIÇÃO DO CONTEXTO AXIOLÓGICO DO AUTOR PELO CONTEXTO LITERÁRIO DO MATERIAL

Portanto, estabelecemos que a relação do artista com a palavra enquanto palavra é um elemento secundário, derivado, condicionado por sua relação primária com o conteúdo, ou seja, com o dado imediato da vida e do mundo da vida, da sua tensão ético-cognitiva. Pode-se dizer que por meio da palavra o artista trabalha o mundo, para o que a palavra deve ser superada por via imanente como palavra, deve tornar-se expressão do mundo dos outros e expressão da relação do autor com esse mundo. O estilo propriamente verbalizado (a relação do autor com a língua e os meios de operação com esta, determinados por tal relação) é reflexo de seu estilo artístico (o reflexo da relação com a vida e o mundo da vida e do meio de elaboração do homem e de seu mundo, condicionada por essa relação) na natureza dada do material; o estilo artístico não trabalha com palavras, mas com elementos do mundo, com valores do mundo e da vida; esse estilo pode ser definido como um conjunto de procedimentos de enformação e acabamento do homem e de seu mundo, e determina a relação também com o material, a palavra, cuja natureza, evidentemente, deve-se conhecer para compreender tal relação. O artista trata diretamente com o objeto enquanto elemento do acontecimento do mundo — e isso determina posteriormente (aqui, é claro, não se trata de ordem cronológica, mas de hierarquia de valores) a sua relação com o significado concreto da palavra[66] enquanto elemento puramente verbal do contexto, determina o uso do elemento fonético (imagem acústica), do emocional (a própria emoção tem relação axiológica com o objeto, está orientada para o objeto e não para a palavra, embora o objeto também não possa ser dado sem levar em conta a palavra), do pictural, etc.

A substituição do conteúdo pelo material (ou apenas a tendência para tal substituição) destrói o desígnio artístico ao reduzi-lo a um momento secundário e totalmente condicionado — à relação com a palavra (neste caso, evidentemente, sempre se incorpora de fora o elemento primário da rela-

---

[66] Costumo traduzir o termo russo *slovo* como "discurso" quando se trata da criação literária. Traduzo-o aqui como "palavra" por se tratar da obra inicial do autor, onde predomina uma reflexão mais filosófica e os conceitos não têm a precisão que se verifica na obra posterior do Bakhtin filólogo. (N. do T.)

ção com o mundo em forma acrítica; sem tal incorporação nem haveria o que dizer).

No entanto, é possível a substituição do contexto efetivamente axiológico do autor não por um contexto verbal, linguístico (linguisticamente concebido), mas por um contexto literário, ou seja, artístico-verbalizado, isto é, pela linguagem já elaborada com vistas a um desígnio artístico primário (é claro que temos de admitir em algum passado absoluto um ato criador primário, que já se processou em contexto não literário que, aliás, de fato não existia). Segundo essa concepção, o ato criador do autor se realiza totalmente em um contexto literário puro, sem ultrapassar em nada os seus limites e sendo assimilado em todos os momentos apenas por ele; aqui ele nasce axiologicamente, aqui ele se conclui, aqui ele morre. O autor encontra a linguagem literária, as formas literárias — o mundo da literatura e nada mais —, aqui nasce a sua inspiração, o seu ímpeto criativo para criar novas formas-combinações nesse mundo literário sem sair do seu âmbito. De fato, há obras concebidas, gestadas e nascidas em um mundo puramente literário, mas essas obras são discutidas com muita raridade, em função de sua absoluta insignificância artística (aliás, eu não ousaria afirmar categoricamente que tais obras sejam possíveis).

O autor supera em sua criação a resistência puramente literária das velhas formas, práticas e tradições puramente literárias (o que ocorre indiscutivelmente), sem nunca esbarrar na resistência de outra espécie (resistência ético-cognitiva do herói e seu mundo), ademais o seu objetivo é criar uma nova combinação literária a partir de elementos puramente literários, sendo que o leitor deve "sentir" o ato criador do autor unicamente no campo da maneira literária habitual, ou seja, também sem sair absolutamente do âmbito do contexto dos valores e do sentido da literatura materialmente concebida. O efetivo contexto criador semântico-axiológico do autor, que assimila a sua obra, de maneira alguma coincide

O problema do autor

271

com o contexto puramente literário e ainda materialmente concebido; este último integra com seus valores o primeiro, mas nele nunca é determinante, e sim determinado; ao ato criador cabe determinar a si mesmo de forma ativa também no contexto literário-material, ocupar também aí uma posição axiológica e, indiscutivelmente, essencial, mas essa posição é determinada por uma posição mais fundamental do autor no acontecimento do existir, nos valores do mundo; em relação à personagem e ao seu mundo (o mundo da vida), o autor se firma axiologicamente em primeiro lugar, e essa diretriz artística lhe determina a posição literário-material. Pode-se dizer: as formas de visão e acabamento artístico do mundo determinam os procedimentos extraliterários, e não o contrário; a arquitetônica do mundo artístico determina a composição da obra (a ordem, a disposição e o acabamento, o encadeamento das massas verbais), e não o contrário. Cabe combater as formas literárias velhas e não velhas, usá-las e combiná-las, superar a sua resistência ou encontrar apoio nelas, mas esse movimento se baseia na *luta artística primária* mais substancial e determinante com a orientação ético-cognitiva da vida e a sua persistência significativa vital; aqui se situa o ponto da suprema tensão do ato criador (para o qual tudo o mais é apenas meio), de cada artista em sua criação, desde que ele seja significativa e seriamente um *artista de primeira*, isto é, esbarre imediatamente e lute contra o elemento ético-cognitivo cru da vida, o caos (com o elemento e o caos do ponto de vista estético), e só esse choque esculpe a centelha puramente artística. Todo artista, em toda obra e sempre, reiteradamente, tem de conquistar por via artística, tem de justificar de forma reiterada e na essência o próprio ponto de vista estético como tal. O autor conflui de imediato com a personagem e seu mundo, e só na relação axiológica imediata com ela define sua posição como posição artística, só nessa relação axiológica com a personagem os procedimentos literários formais ganham pela primeira vez sua significação, seu conteúdo e peso axiológico (revelam-se necessários e importantes em termos de acontecimento), o movimento-acontecimento é inserido no campo literário material (o contexto jornalístico, a luta jornalística, a vida jornalística e a teoria jornalística).[67]

Nenhum entrelaçamento de procedimentos literário-materiais (formais) concretos (e, de certa forma, menos ainda os elementos linguísticos: palavras, orações, símbolos, séries semânticas, etc.) pode ser entendido do ponto de vista de uma lei literária esteticamente estreita (que sempre é de natureza reflexa, secundária, derivada) como estilo e composição (exceto uma experiência artística deliberada), isto é, interpretado apenas a partir de um autor e de sua energia puramente estética (isso se estende também à lírica e à música, mas é necessário considerar também a série semântica, a lei ético-cognitiva da vida da personagem, a lei semântica de sua *consciência agente*, uma vez que tudo o que é esteticamente significativo engloba não o vazio, mas a orientação semântica da *vida em andamento*, que é persistente e autolegitimada (esteticamente inexplicável). A obra não se decompõe em uma série de elementos puramente estéticos, composicionais (menos ainda linguísticos: palavras-símbolos com aura emocional e vinculadas segundo as leis das associações simbólico-verbais), de elementos interligados segundo leis puramente estéticas, composicionais; não, o todo artístico é uma superação, e essencial, de algum todo semântico necessário (do todo da vida possível e vitalmente significativa). No todo ar-

---

[67] Essa nota sumária do autor ficará compreensível em face do pensamento análogo no texto O *problema do conteúdo, do material e da forma na criação artística verbal*: "Há obras que efetivamente não têm relação com o mundo, mas apenas com a palavra 'mundo', no contexto literário, obras que nascem, vivem e morrem nas páginas das revistas, que não fecham as páginas das edições periódicas atuais, que em nada nos levam além de seus limites" (in *Questões de literatura e de estética*, p. 35). (N. da E.)

O problema do autor

tístico há dois poderes e duas ordens criadas por esses poderes, as quais se condicionam mutuamente; cada elemento é determinado em dois sistemas de valores e em cada momento esses dois sistemas se encontram numa inter-relação semântica essencial e tensa — é um par de forças que cria o peso axiológico de acontecimento de cada elemento e do todo.

O artista nunca começa desde o início precisamente como artista, isto é, desde o início não pode operar apenas com elementos estéticos. Duas leis guiam uma obra de arte: a lei da personagem e a lei do autor, uma lei do conteúdo e uma lei da forma. Onde o artista opera desde o início com grandezas estéticas tem-se uma obra feita, vazia, que nada supera e, no fundo, nada cria de axiologicamente ponderável. A personagem não pode ser criada do início ao fim a partir de elementos puramente estéticos, não se pode "fazer" a personagem, esta não seria viva, não iríamos "sentir" a sua significação estética. O autor não pode *inventar* uma personagem desprovida de qualquer independência em relação ao ato criador do autor, ato esse que a afirma e enforma. O autor-artista *pré-encontra* a personagem já dada independentemente do seu ato puramente artístico, não pode gerar de si mesmo a personagem — esta não seria convincente. É claro que temos em vista uma personagem *possível*, ou seja, ainda não tornada herói, ainda não enformada esteticamente, pois a personagem de uma *obra* já está vestida de uma forma artisticamente significativa, isto é, do dado do homem-outro; ela é pré-encontrada pelo autor como artista[68] e só em relação a ela o acabamento estético ganha peso axiológico. O ato artístico encontra certa realidade persistente (rija, impermeável), a qual ele não pode deixar de considerar nem dissolver totalmente em si mesmo. É essa realidade extraestética da personagem que entra enformada na sua obra. É essa reali-

---

[68] Evidentemente, não temos em vista uma descoberta prévia da personagem em um lugar qualquer e em um tempo qualquer. (N. da E.)

dade da personagem — da outra consciência — que constitui o *objeto* da visão artística, o qual reveste essa visão de *objetividade estética*. É claro que não se trata de uma realidade em termos científico-naturais (realidade e possibilidade, não importa se física ou psíquica), à qual se opõe a livre fantasia criadora do autor, mas da realidade interior da orientação semântico-axiológica da vida; nesse sentido, exigimos do autor verossimilhança axiológica, ponderabilidade de valor--acontecimento das suas imagens, uma realidade de acontecimento (um movimento possível não em termos físicos mas em termos de acontecimento): pode ser um acontecimento da vida *no sentido da ponderabilidade axiológica*, embora isso seja absolutamente impossível e inverossímil em termos físicos e psicológicos (entendendo-se a psicologia, segundo o método, como ramo das ciências naturais); assim se mensura a verossimilhança artística, a objetividade, isto é, a fidelidade ao objeto — à verossimilhança da orientação vital ético-cognitiva do homem, mensura-se a verossimilhança do enredo, do caráter, da posição, do motivo lírico, etc. Devemos sentir na obra a resistência viva à realidade do acontecimento do existir; onde não existe essa resistência, onde não existe saída para o acontecimento axiológico do mundo, a obra é uma invenção e em termos artísticos jamais convence. É claro que não pode haver critérios objetivos de significação universal para identificação da objetividade estética; a isso é inerente apenas um convencimento intuitivo. Por trás dos elementos transgredientes da forma artística e do acabamento devemos sentir vivamente a consciência humana possível à qual esses elementos são transgredientes, a qual eles acarinham e concluem; além da nossa consciência criadora ou cocriadora, devemos sentir vivamente *outra* consciência, para a qual se volta o nosso ativismo criador como precisamente para o outro; sentir isso significa sentir a forma, seu poder salvador, seu peso axiológico — a beleza. (Eu disse sentir, mas sentindo é possível não conscientizar teoricamente, com nitidez teórica.)

O problema do autor

Não podemos atribuir a forma a nós mesmos; ao atribuí-la a nós mesmos, tornamo-nos outros para nós mesmos, ou seja, deixamos de ser nós mesmos, de viver para nós, tornamo-nos possuídos; aliás, essa atribuição (inexata, é claro) em todos os campos da arte, com exceção de algumas modalidades da lírica e da música, destrói a significação e o peso axiológico da forma; nesse caso, é impossível aprofundar e ampliar a contemplação estética: logo se revela a farsa, e a percepção se torna passiva e abatida. No acontecimento artístico há dois participantes: um passivo-real, outro ativo (autor-contemplador); a saída de um desses participantes destrói o acontecimento artístico, restando-nos apenas uma ilusão precária de acontecimento artístico — o falseamento (o embuste artístico de si mesmo); o acontecimento artístico é irreal, não se realizou de verdade. A objetividade artística é uma *bondade* artística; a bondade não pode carecer de objeto, ter peso no vazio, outra coisa deve contrapor-se a ela. Algumas modalidades de arte são chamadas de modalidades sem objeto[69] (ornamento, arabesco, música); isso é verdade no sentido de que, nesse caso, não há conteúdo concreto *definido*, diferenciado e restrito, mas evidentemente há objeto no sentido que nós concebemos, o que confere objetividade artística. A persistência da consciência possível, puramente vital, inacabada de dentro de si mesma, sentimos na música, e só na medida em que captamos a força dessa música, o seu peso axiológico, e percebemos cada passo seu como uma vitória e uma superação; sentindo essa tensão ético-cognitiva (*infinitude confessa e suplicante, possibilidade de intranquilidade eterna*, principial e legítima) possível e inacabável de

---

[69] O conceito de *bespredmiétnoe iskússtvo* ou "arte sem objeto" pode ser traduzido também como "arte abstrata", "arte vaga" ou "arte vazia". Como Bakhtin não emprega o termo latino, mantivemos a expressão "sem objeto". (N. do T.)

dentro de si mesma, mas mortal, experimentamos igualmente o grande privilégio do acontecimento — de ser outro, de estar *fora* da outra consciência possível, experimentamos a nossa possibilidade doadora, resolutiva e conclusiva, a nossa força esteticamente formal e realizadora, *criamos a forma musical não no vazio axiológico nem entre outras formas igualmente musicais (a música entre a música)*, mas no acontecimento da vida, e só isso a reveste de seriedade, de significação de acontecimento, de peso. (O arabesco do estilo puro, por trás do estilo sempre percebemos uma alma possível.) Portanto, na arte sem objeto existe conteúdo, isto é, a tensão persistente do acontecimento da vida possível, mas em termos de objeto ela não é diferenciada nem definida.

Assim, pois, em um mundo de formas a forma não é significativa. O contexto axiológico em que se realiza a obra de arte e no qual ela é assimilada não é apenas um contexto literário. A obra de arte deve apalpar a realidade axiológica, a realidade de acontecimento da personagem. (A psicologia também é esse elemento técnico, desprovido de acontecimento.)

4. A TRADIÇÃO E O ESTILO

Chamamos *estilo* à *unidade* de procedimentos de enformação e acabamento da personagem, do seu mundo e dos procedimentos, por estes determinados, procedimentos de elaboração e adaptação (superação imanente) do material. Em que relação se encontram o estilo e o autor enquanto individualidade? Como o estilo se relaciona com o conteúdo, isto é, com o mundo dos outros, suscetível de acabamento? Que importância tem a tradição no contexto axiológico do autor-contemplador?

A unidade segura do estilo (grande e vigoroso) só é possível onde existe unidade da tensão ético-cognitiva da vida,

O problema do autor 277

a indiscutibilidade do antedado que é guiado por ela: esta é a primeira condição. A segunda são a indiscutibilidade e a convicção da posição de extralocalização (em suma, como veremos, a confiança religiosa no fato de que a vida não é solitária, de que é tensa e se move a partir de si mesma não em um vazio axiológico), o lugar sólido e inquestionável da arte no conjunto da cultura. A posição casual da extralocalização não pode ser segura em si mesma; o estilo não pode ser casual. Essas duas condições estão intimamente ligadas entre si e se intercondicionam. O grande estilo abarca todos os campos da arte ou não existe, pois é, acima de tudo, o estilo da própria visão de mundo, e só depois é o estilo da elaboração do material. É claro que o estilo exclui a novidade na criação do conteúdo por apoiar-se na unidade sólida do contexto axiológico ético-cognitivo da vida. (Desse modo, o classicismo, que não procura criar novos valores ético-cognitivos, uma tensão puramente vital, investe todas as forças nos elementos do acabamento estético e no aprofundamento imanente da orientação tradicional da vida. A novidade do conteúdo no romantismo, sua atualidade no realismo.) A tensão e a novidade da criação do conteúdo, na maioria dos casos, já são um indício de crise da criação estética. A crise do autor: revisão do próprio lugar da arte no conjunto da cultura, no acontecimento do existir; todo lugar tradicional é concebido como injustificado; o artista é *algo definido* — não é possível ser artista, não é possível entrar totalmente nesse campo restrito; não sobrepujar os outros em arte, mas superar a própria arte; a rejeição dos critérios imanentes de um dado campo da cultura, a rejeição dos campos da cultura em sua determinidade. O romantismo em sua ideia de criação integral e do homem integral. A aspiração a agir e criar imediatamente em um acontecimento único do existir como seu único participante; a inabilidade para resignar-se à condição de trabalhador, de definir o seu lugar no acontecimento através de outros, de colocar-se ao lado deles.

A crise da autoria pode tomar também outro sentido. Abala-se e concebe-se como secundária a própria condição da extralocalização, questiona-se no autor o direito de estar fora da vida e dar-lhe acabamento. Começa a desintegração de todas as formas transgredientes estáveis (antes de tudo na prosa que vai de Dostoiévski a Andrei Biéli; para a lírica, a crise de autoria sempre tem menor importância — Ánnienski e outros); a vida se torna compreensível e ganha peso de acontecimento apenas de dentro de si mesma, só onde eu a vivencio enquanto *eu*, sob a forma de relação comigo mesmo, nas categorias axiológicas do meu *eu-para-mim* —, interpretar significa compenetrar-se do objeto, olhar para ele com os olhos dele mesmo, renunciar à essencialidade da nossa própria distância em relação a ele; todas as forças que de fora condensam a vida se afiguram secundárias e fortuitas, desenvolve-se uma profunda descrença em qualquer distância (a imanentização de Deus vinculada a essas questões, a psicologização de Deus e da religião, a não compreensão da Igreja como instituição do externo, a reavaliação do nosso todo de dentro-interior). A vida procura recolher-se ao esquecimento adentrando em si mesma, migrar para sua infinitude interior, *teme as fronteiras*, procura desintegrá-las, uma vez que não acredita na essencialidade e na bondade da força que forma de fora; rejeição do ponto de vista de fora. Neste caso, evidentemente, a *cultura de fronteiras* — condição indispensável de um estilo seguro e profundo — se torna impossível; é precisamente com as fronteiras da vida que nada se tem a fazer; todas as energias criadoras migram das fronteiras, deixando-as entregues à própria sorte. A cultura estética é uma cultura de fronteiras e por isso pressupõe um clima caloroso de profunda confiança, que abarque a vida. A criação convicta e fundamentada e a elaboração das *fronteiras* — externas e *internas* — do homem e do seu mundo pressupõem solidez e suficiência da posição fora dele, posição em que o espírito pode permanecer longamente, domi-

O problema do autor

nar as suas forças e agir com liberdade; é claro que isso pressupõe um adensamento axiológico substancial do clima; assim, pois, onde tal adensamento não existe, onde a posição de distância é fortuita e instável, onde a compreensão axiológica viva é de todo imanente de dentro da vida (prático-egoística, social, moral, etc.) vivenciada, onde só vivenciamos efetivamente o peso axiológico da vida quando penetramos nela (nos compenetramos dela), nos colocamos no seu ponto de vista e a vivenciamos na categoria de *eu* — ali não pode haver retardamento axiologicamente longo da criação nas fronteiras do homem e da vida, ali se pode apenas arremedar o homem e a vida (empregar de forma negativa os elementos transgredientes). O emprego negativo dos elementos transgredientes (o excedente de visão, de conhecimento e juízo de valor), que se verifica na sátira e no cômico (não no humor, evidentemente), é determinado consideravelmente pela excepcional ponderabilidade da vida (moral, social, etc.) axiologicamente vivenciada de dentro e pela redução do peso (ou até por sua plena desvalorização) da extralocalização axiológica, pela perda de tudo que fundamentava e consolidava a posição extralocalizada e, consequentemente, da imagem externa extrassemântica da vida; essa exterioridade extrassemântica perde o sentido, vale dizer, é determinada de forma negativa em relação a um possível sentido não estético (em um acabamento positivo, a imagem externa extrassemântica ganha valor estético), torna-se força desmascaradora. O elemento de transgrediência na vida é construído pela tradição (exterioridade, aparência, maneiras, etc., costumes, etiqueta, etc.), a queda da tradição revela a falta de sentido desses elementos, a vida dissolve por dentro todas as formas. No romantismo, a construção da imagem em oxímoros: a acentuada contradição entre o externo e o interno, a posição social e a essência, a infinitude do conteúdo e a finitude da concretização. Não há onde esconder a imagem externa do homem e da vida, não há posição fundamentada para a sua construção. O estilo como quadro único e acabado da imagem externa do homem: a combinação do homem exterior, da sua roupa, das suas maneiras, com o ambiente. A visão de mundo constrói as atitudes (sendo que tudo pode ser compreendido por dentro como atitude), dá unidade à orientação semântica progressiva da vida, unidade de responsabilidade, unidade de sobrepujança de si mesmo, de superação da vida por si mesma; o estilo dá unidade à imagem externa transgrediente do mundo, ao seu reflexo externo, à orientação para fora, às suas fronteiras (elaboração e combinação das fronteiras). A visão de mundo constrói e unifica o horizonte do homem, o estilo constrói e unifica o seu ambiente. Está além do âmbito do nosso trabalho uma análise mais minuciosa do uso negativo dos elementos transgredientes do excedente (a ridicularização pelo existir) na sátira e no cômico, bem como a posição original do humor.

A crise da autoria pode ainda seguir em outra direção: a posição extralocalizada pode começar a inclinar-se para o ético, perdendo sua originalidade puramente estética. Debilita-se o interesse pela fenomenalidade pura, pela pura evidência da vida, pelo seu acabamento tranquilo no presente e no passado; não é o futuro social absoluto, mas o imediato (e até o político), o plano eticamente forçado do futuro, que desintegra as fronteiras do homem e do seu mundo. A extralocalização se torna ético-patológica (a humilhação e a ofensa como tais se tornam heróis da visão — é claro que não mais puramente artística). Não há uma posição de extralocalização segura, tranquila, inabalável e rica. Não há a *tranquilidade axiológica* interior indispensável para isso (um conhecimento interiormente sábio da condição mortal e da inviabilidade — atenuada pela descrença — da tensão ético--cognitiva). Temos em vista não um conceito psicológico de tranquilidade (estado psíquico), não apenas uma tranquilidade factual presente, mas uma tranquilidade fundamentada; a tranquilidade como diretriz axiológica fundamentada da consciência. Tranquilidade com expressão de confiança no acontecimento do existir, uma tranquilidade responsável, serena.

É preciso dizer algumas palavras sobre a diferença entre extralocalização estética e ética (moral, social, político, prático-vital). A extralocalização estética e o elemento de isolamento, a distância em relação ao existir, daí que o existir se torna fenomenalidade pura; libertação em relação ao futuro. A infinitude interior rompe-se e não encontra tranquilidade; a condição principial da vida. O estetismo, que cobre o vazio — o segundo aspecto das crises. A perda da personagem; o jogo de elementos puramente estéticos. Estilização da orientação estética possível, essencial. Estilização da orientação estética essencial possível. A individualidade do criador fora do estilo perde a sua convicção, é interpretada como irresponsável. A responsabilidade da criação individual só é possível no estilo, fundamentado e apoiado pela tradição.

A crise da vida em oposição à crise de autoria, mas como acompanhante frequente desta, significa povoar a vida com heróis literários, o desligamento da vida em relação ao futuro absoluto, sua transformação em tragédia sem coro nem autor.

São essas as condições de comunhão do autor no acontecimento do existir, as forças e as fundamentações da sua posição criadora. Não podemos mostrar o nosso álibi no acontecimento do existir. Onde esse álibi se torna premissa de criação e enunciado não pode haver nada responsável, sério nem significativo. Uma responsabilidade especial é necessária (no campo autônomo da cultura), não se pode criar imediatamente neste mundo; mas essa especialização da responsabilidade pode fundar-se apenas na crença profunda em uma instância superior que bendiz a cultura, na confiança em que o outro — superior — responde por minha responsabilidade especial, em que eu não ajo em um vazio axiológico. Fora dessa confiança só é possível uma pretensão vazia.

O efetivo ato criador do autor (como, aliás, qualquer ato em linhas gerais) sempre se move nas fronteiras (axiológicas) do mundo estético, da realidade (realidade do dado — realidade estética), na fronteira do corpo, na fronteira da alma, move-se no espírito; o espírito ainda não existe; para ele tudo está por vir; para ele tudo o que existe já houve. Resta focalizar brevemente a relação do espectador com o autor, que já abordamos nos capítulos anteriores. O autor é dotado de autoridade e necessário para o leitor, que o vê não como pessoa, não como outro homem, não como personagem nem como determinidade do existir, mas como *princípio* que deve ser seguido (só a análise biográfica do autor transforma-o em herói, em pessoa definida no existir e que pode ser contemplada). A individualidade do autor como criador é uma individualidade criativa de ordem especial, não estética; é uma individualidade ativa da visão e da enformação, e não uma individualidade invisível e não enformada. O autor se torna individualidade propriamente dita somente onde lhe atribuímos o mundo das personagens enformado e por ele criado ou onde ele está parcialmente objetivado como narrador. O autor não pode e não deve ser definido para nós como pessoa, pois nós estamos nele, abrimos caminho no sentido de sua visão ativa; e só ao término de uma contemplação artística, isto é, quando o autor deixa de guiar ativamente a nossa visão, é que objetivamos o nosso ativismo (o nosso ativismo é o ativismo dele), vivenciado sob a direção dele em uma certa pessoa, imagem individual do autor que frequentemente situamos de bom grado no mundo das personagens por ele criado. Mas esse autor objetivado, que deixou de ser princípio de visão e se tornou objeto de visão, difere do autor — personagem de biografia (da forma bastante desprovida cientificamente principial). Tentativa de explicar a partir da individualidade da pessoa dele a determinidade da sua criação, de explicar o ativismo criador a partir do existir: em certo sentido isso é possível. Desse modo são definidas a posição e o método da biografia como forma científica. O autor deve ser entendido, antes de tudo, a partir do acontecimento da obra como participante dela, como orientador autorizado do leitor. Compreender o autor no universo histórico de sua época, no seu lugar no grupo social, a sua posição de classe. Aqui saímos do âmbito da análise do acontecimento da obra e entramos no campo da história; um exame puramente histórico não pode omitir todos esses elementos. A metodologia da história da literatura está fora do âmbito do nosso estudo. No interior da obra, o autor é para o leitor o conjunto dos princípios criativos que devem ser realizados, a unidade dos elementos transgredientes da visão, que podem ser ativamente vinculados à personagem e ao seu mundo. Sua individuação como homem já é um ato criador secundário do leitor, do crítico, do historiador, independentemente do autor como princípio ativo da visão — um ato que o torna pessoalmente passivo.

O *autor e a personagem na atividade estética*: uma obra seminal

Paulo Bezerra

A presente edição de O *autor e a personagem na atividade estética* é um texto integral, e por isso difere daquele incluído em *Estética da criação verbal*, coletânea publicada em 2003 em tradução minha pela editora Martins Fontes. Difere ainda pelas notas de rodapé da editora russa, que ajudam a esclarecer e precisar a obra em termos tanto contextuais como estético-filosóficos, o que torna mais claro o *corpus* teórico empregado por Mikhail Bakhtin.

Aquela tradução publicada em 2003 pela Martins Fontes baseava-se na edição deste livro publicada em 1979 pela editora moscovita Iskusstvo. Na nota de Serguei Botcharov, organizador dessa edição, lê-se: "Nas obras de M. M. Bakhtin, que compõem este livro, reflete-se toda a trajetória desse notável cientista: de sua primeira aparição na imprensa com um artigo de 1919 às obras que concluíram essa trajetória, como 'Por uma metodologia das ciências humanas'.[1] A maior parte dos trabalhos aqui reunidos não foi publicada em vida do autor; alguns deles foram postumamente publicados em forma integral ou parcial [...]. Quase todos os materiais [...] são publicados com base nos manuscritos conservados no arquivo do autor".

[1] Texto publicado no Brasil no livro *Notas sobre literatura, cultura e ciências humanas*, tradução de Paulo Bezerra, São Paulo, Editora 34, 2017.

Àquela altura, as afirmações de Botcharov estavam incompletas porque não refletiam *toda* a trajetória de Bakhtin, ainda não inteiramente conhecida, mas acertavam quanto à forma *parcial* da edição de alguns trabalhos, e entre os quais o livro-base daquela tradução brasileira de *O autor e a personagem na atividade estética*. Mas essa incompletude viria a ser superada em 2003 com a edição do tomo I das *Obras reunidas* de Bakhtin na Rússia, dentro do projeto de publicação de suas obras completas em sete tomos, tarefa realizada pelo próprio Botcharov, em colaboração com Vadim Kójinov e outros bakhtinólogos russos, e publicada pela editora moscovita Russkie Slovarí/Iazyki Slaviánskoi Kulturi.

Tentei várias vezes adquirir essa edição em sete tomos, mas só consegui obter o terceiro e o quinto. Em minha viagem a Moscou em 2009, numa longa conversa com Mária Kassyan, filha de Botcharov e hoje uma das herdeiras dos direitos de Bakhtin, pedi sua colaboração para adquirir o restante da edição, mas ela me informou que estava esgotada e sem previsão de reedição. Recentemente minha amiga Beth Brait me informou da existência de um suplemento a *O autor e a personagem na atividade estética* traduzido para o inglês. Felizmente a Editora 34 conseguiu o arquivo digital do tomo I das obras de Bakhtin, intitulado *A filosofia estética dos anos 1920*, editado em 2003 por Botcharov e N. I. Nikoláiev. Aí se encontra o texto de *O autor e a personagem na atividade estética* em sua forma integral, com um adendo de vinte páginas, uma autêntica introdução filosófica a esse livro (mas sem título, o que se me afigura um pouco estranho por se tratar de um dos textos integrantes da obra).

Na nota de Botcharov e Nikoláiev, editores do tomo I, lê-se: "As primeiras publicações póstumas desses trabalhos (de 1975, 1979 e 1986) eram textualmente incompletas:[2]

---

[2] Nas coletâneas *Questões de literatura e de estética* (1975) e *Estética da criação verbal* (1979), além de *Por uma filosofia do ato* (1986).

Posfácio

para a presente edição, seus textos receberam uma nova formulação baseada nos manuscritos, ganharam precisão e foram completados por novos fragmentos antes ilegíveis. As três obras fundamentais da fase inicial de Bakhtin aparecem agora em novos textos essencialmente restaurados".

O que me chama a atenção na informação dos redatores é a ausência de atribuição de um título ao adendo de *O autor e a personagem na atividade estética*, pois se trata de um dos "novos fragmentos antes ilegíveis" que completam a obra. Acontece que na p. 495 das notas à edição russa encontramos uma informação a meu ver bem apropriada. Ali se descrevem anotações de Lev Pumpianski, integrante assíduo do Círculo de Bakhtin, que dão conta de um plano para um ciclo de palestras que Mikhail Bakhtin proferiria em 1924 sobre "A personagem e o autor na criação artística", mas que de fato se tratava de uma exposição de *O autor e a personagem na atividade estética*, fato confirmado pela indicação do seu primeiro capítulo intitulado "Uma introdução metodológica". A essa informação específica seguem-se os títulos que efetivamente comporiam este livro. Diante disso, considero apropriado dar ao adendo o título de "Introdução", desconsiderando o epíteto "metodológica".

Quanto àquele "ilegíveis", cabe aqui uma observação. A despeito do extraordinário trabalho filológico de releitura e interpretação das anotações do autor realizado pelos editores do tomo I das *Obras reunidas* de Bakhtin, parece-me que eles foram um pouco tímidos no trato com os manuscritos, e por isso nem tudo no texto do adendo ficou suficientemente claro. Bakhtin pensava escrevendo, lançando ideias aqui que parecia desejar concluir ali ou acolá, daí a sensação de lacuna e inconclusão em várias de suas formulações, o que muitas vezes dificulta sobremaneira a sua compreensão e o trabalho do tradutor na apreensão das ideias. Mas, apesar da dificuldade, nada disso viola o núcleo semântico dos conceitos e tudo acaba sintetizado no conjunto do pensamento do autor. Ademais, ele escrevia no presente, mas às vezes parecia voltado para o futuro, como se imaginasse encontrar ali a conclusão de muitas das ideias que rascunhava. Na "Introdução" como em todo o texto de *O autor e a personagem na atividade estética*, os editores usaram constantemente os *chevrons* <?> e a sigla (*nrzb*), abreviação do russo *nerazbórthivo* (que em português significa "incompreensível"), mas suprimi aqui os dois procedimentos gráficos para evitar mal-entendidos dos nossos leitores. Além dessas questiúnculas gráficas, o texto da "Introdução" também apresentava algumas passagens excessivamente longas, dificultando a compreensão, o que me levou a alterar a pontuação de alguns períodos para torná-los mais claros em português, e as extensas notas da edição russa foram resumidas.

Escrita entre 1920 e 1924, *O autor e a personagem na atividade estética* é uma obra fronteiriça com outras obras de Bakhtin produzidas nesse período, como a definidamente filosófica *Por uma filosofia do ato*, e a mais teórico-literária e filológica *O problema do conteúdo, do material e da forma na criação artística verbal* (1924).[3] A leitura desses três estudos nos deixa a nítida impressão de que passamos de um texto a outro — posto que o autor retoma temas tratados anteriormente (como o conceito de arquitetônica, tão central em *Por uma filosofia do ato* e reinserido e desenvolvido em *O problema do conteúdo...*) — para lhes fazer acréscimos que só os aprofundam e enriquecem. As reflexões de Bakhtin na "Introdução" a *O autor e a personagem na atividade estética*, assim como no restante do livro, estribam-se num movimento pendular entre a filosofia e a filologia — característi-

---

[3] No Brasil, respectivamente: *Para uma filosofia do ato responsável*, tradução de Valdemir Miotello e Carlos Alberto Faraco, São Carlos, Pedro & João Editores, 2010; e "O problema do conteúdo, do material e da forma na criação literária", in *Questões de literatura e de estética*, vários tradutores, Campinas, Hucitec, 1988.

ca do seu estilo, que passa com impressionante leveza de uma a outra, da linguística à estética e desta à ética, e vice-versa, tudo sedimentado por uma concepção axiológica (que atravessa toda a obra bakhtiniana) segundo a qual os valores da arte e da cultura criados pelo homem são o eixo em torno do qual gravita tudo o que diz respeito a ele, seja na vida, seja na representação artística. Essa produção fronteiriça do início do século XX — em que dialoga e interage uma vasta gama das ciências humanas sem que uma tenha maior prevalência sobre a outra — antecipa uma espécie de universalismo interdisciplinar que quebra paradigmas e representa uma revolução no campo das ciências humanas, tendo sido definida pelo próprio Bakhtin, três décadas depois, em um dos seus ensaios mais densos e profundos, intitulado "O texto na linguística, na filologia e em outras ciências humanas":

> "Cabe denominar *filosófica* a nossa análise antes de tudo por considerações de índole negativa: não é uma análise linguística, nem filológica, nem de investigação literária ou qualquer outra análise (investigação) especial. As considerações positivas são estas: nossa pesquisa transcorre em campos limítrofes, isto é, nas fronteiras de todas as referidas disciplinas, em seus cruzamentos e junções."[4]

Isso que Bakhtin acaba de descrever, e que eu chamo de *universalismo interdisciplinar*, é um novo campo das ciências humanas que ele definiu como *metalinguística*, isto é, uma ciência-síntese da filosofia e da filologia que teria como espaço as fronteiras da linguística, da antropologia filosófica e da investigação literária ou ciência da literatura — em suma, uma ciência que não se incluiria inteiramente na tradi-

---

[4] In Mikhail Bakhtin, *Os gêneros do discurso*, tradução de Paulo Bezerra, São Paulo, Editora 34, 2016, p. 71.

ção de nenhuma das ciências humanas existentes e que seria capaz de abranger suas vastas áreas de estudo. Bakhtin planejava criar este novo campo porque para ele o ser (a realidade) não cabia no âmbito fechado das ciências estabelecidas e a saída para esse impasse situava-se no diálogo fronteiriço entre elas, capaz de generalizações que dessem conta do vasto mundo do conhecimento, da cultura e da vida: a *metalinguística*. Todas essas intenções já se esboçam em *O autor e a personagem na atividade estética*, obra seminal de todo o conjunto de obras do mestre do dialogismo.

Voltando à natureza fronteiriça de *O autor e a personagem*... com as três referidas obras, cabe salientar que o conceito de arquitetônica, que em *Por uma filosofia do ato* gravita em torno do homem como centro dos valores e de tudo o que importa no mundo,[5] no presente livro ganha ainda mais vigor, e a arquitetônica é a do mundo *vivenciável*, isto é, o mundo concreto do ato e da visão estética, que tem como centro o *homem em vivenciamento* e é determinado a partir deste. Em suma, a arquitetônica, como uma disposição lógica intuitivo-conceptiva das partes e dos elementos de um conjunto, só é possível em torno de um *homem definido*: o herói (ou personagem).

Na "Introdução", Bakhtin realiza uma análise ampla, profunda e abrangente do poema de Púchkin "Separação", de 1830, na qual vejo bastante semelhança com as análises formalistas e, posteriormente, as estruturalistas. Contudo, a análise bakhtiniana se distingue dessas correntes pois se funda no conceito-chave do homem como condição da possibilidade de *qualquer modo de visão estética*, conceito este que parte da premissa do homem como *centro da visão estética, centro axiológico concreto da arquitetônica do objeto estético e igualmente centro conteudístico-formal e axiológico do*

---

[5] *Para uma filosofia do ato responsável*, op. cit., p. 124.

Posfácio

modo de visão artística, reunindo em si todos os elementos da forma, dos sentidos ou conteúdo e da estrutura, que, em contiguidade, integram um *conjunto artístico* (ênfase permanente de Bakhtin) que se constitui num *valor* (daí o suporte axiológico de toda a reflexão teórico-filosófica bakhtiniana) e estão submetidos à diretriz volitivo-emocional do autor, motor de toda construção do objeto estético. Completam-se esses conceitos com a afirmação de que o conjunto do herói — a sua expressão total — é de *índole puramente ética*, o que apenas reafirma o substrato filosófico de toda a reflexão teórica de Bakhtin.

Ainda na "Introdução", Bakhtin qualifica o leitor e o autor como "o sujeito estético [...], *criadores da forma*, de onde decorre o ativismo artístico e formador dos dois". Ele nunca repetiria essa ideia do leitor como sujeito estético no mesmo nível do autor e participante da construção da obra. Criaria, bem mais tarde, o conceito de supradestinatário para designar o leitor que, na grande distância do original, que ele chama de "grande tempo", iria enriquecer com sua leitura e interpretação os vários sentidos de uma obra de arte.

Bakhtin destaca o tempo artístico e o espaço, isto é, o tempo e o espaço na obra literária, como uma só unidade irreversível e solidamente arquitetônica, antecipando o termo "cronotopo" que só iria definir na segunda metade dos anos 1930 em *As formas do tempo e do cronotopo*.[6]

A "Introdução" veio preencher uma lacuna que se observava no texto até agora conhecido de *O autor e a personagem na atividade estética*, que parecia começar abruptamente, trazendo novos ingredientes de ordem teórica e também prática (que se ajustam ao capítulo "A personagem lírica e o autor") que qualificam este livro como uma obra fun-

---

[6] No Brasil, *Teoria do romance II: As formas do tempo e do cronotopo*, tradução de Paulo Bezerra, São Paulo, Editora 34, 2018.

damental para toda a produção posterior de Bakhtin, excetuando-se apenas a teoria do carnaval e da carnavalização.

À distância de vinte anos daquela edição de 2003 de *Estética da criação verbal*, meu permanente aprofundamento no conjunto da obra de Bakhtin permitiu-me reformular aqui alguns poucos conceitos da teoria bakhtiniana, como "distância", alterado para "extralocalização". Reformulei também a tradução do conceito de "empatia", que vinha da tradição alemã como *Einfühlung*, termo traduzido para o russo como *vtchuvstvovánie*, que significa "empatia" ou "penetrar pelo sentimento e pela identificação na essência do outro, do objeto". Bakhtin chegou a empregar o termo *vtchuvstvovánie* como "empatia simpática", mas logo o substituiu por *soperejivánie*, que significa "covivenciamento", e assim o manteve até o fim do livro. Ademais, reformulei vários trechos daquela tradução para torná-los mais claros ao leitor.

Em *O problema do conteúdo, do material e da forma na criação artística verbal* (1924), Bakhtin faz a seguinte definição do conceito de criação verbal: "A poética, sistematicamente definida, deve ser a estética da criação artística verbal".[7] Partindo dessa definição, considero que falar de *atividade estética* equivale a falar de *poética* da criação estética ou literária e, mesmo sabendo que se trata de uma poética de cunho filosófico, verifica-se que Bakhtin trata, de fato, do processo da criação ficcional, posto que, numa visão moderna, que é a de Bakhtin, a poética é a ciência que estuda ampla e profundamente a estrutura da obra literária, a diferença entre esta e outras modalidades da criação artístico-ficcional, a evolução histórica das formas de discurso e da arte da palavra, reunindo num único conjunto conceitual duas modalidades de poética: uma poética teórica e uma poética histórica. A esta poética histórica cabe estudar a evolução da

[7] In *Voporossi literatuia i estetiki* (*Questões de literatura e de estética*), Moscou, Khudójestvennaya Literatura, 1975, p. 10.

Posfácio

variedade de formas que vivificam a ficção, bem como as mudanças na diversidade de tipos de discurso, as formas de expressão de novos falantes, as modificações na imagem das personagens à luz de novas concepções de literatura num determinado contexto histórico-cultural, a relação entre realidade histórico-cultural e representação literária, as relações intergêneros e intragêneros, etc. Da reunião desses elementos constitui-se um vasto espaço-tempo, ou *cronotopo*, onde se funda a teoria do romance de Bakhtin, com um destaque especial para a teoria do carnaval e da carnavalização, talvez o exemplo mais visível e abrangente de poética histórica. Não é por acaso que ao título *As formas do tempo e do cronotopo*, livro II de sua *Teoria do romance*, Bakhtin acresce o subtítulo "Ensaio de poética histórica". Foi à luz desse amplo espírito teórico que Vladímir Biblior (1918-2000), filósofo, historiador da cultura e grande exegeta de Bakhtin, definiu sua obra como uma "poética da cultura". Aliás, considerando-se que para Bakhtin o romance começa a nascer da desintegração da velha forma épica e seu contexto histórico-cultural, pode-se afirmar que a teoria bakhtiniana do romance se funda numa poética histórica.

Assim, *O autor e a personagem na atividade estética* é uma obra seminal, na qual predomina uma poética teórica filosoficamente sedimentada. Ela levanta, desde o início, temas que posteriormente irão reverberar em outras obras do mestre, dando uma visão sistêmica de suas reflexões teóricas e empíricas desde o seu nascedouro. Logo no início, encontra-se esta estruturação tripartite da construção da obra literária, na qual dialogam autor, obra e personagem, vale dizer, uma estruturação dialógica da obra de arte literária:

> "Já realçamos que cada elemento de uma obra nos é dado na resposta que o autor lhe dá, a qual engloba tanto o objeto quanto a resposta que a personagem lhe dá (uma resposta à resposta)." (p. 45)

Essa concepção dialógica da estruturação da obra literária, na qual seus três componentes — autor-obra-personagem — estão numa relação responsiva, atravessa toda a obra de Bakhtin, que se alicerça no dialogismo. É à luz do dialogismo centrado numa poética histórica do romance que esse procedimento estético descoberto por Bakhtin estende-se a outras obras do mesmo gênero em outras línguas e outras culturas, e vamos encontrar a mesma poética dialógica, por exemplo, no capítulo "A epígrafe" do romance *Esaú e Jacó*, de Machado de Assis, onde o narrador discute seu processo de construção do romance ao explicar a epígrafe de Dante que abre a narrativa, e afirma:

"Ora, aí está justamente a epígrafe do livro, se eu quisesse pôr alguma, e não me ocorresse outra. Não é somente um meio de completar as pessoas da narração com as ideias que deixarem, mas ainda um par de lunetas para que o leitor do livro penetre o que for menos claro ou totalmente escuro.

Por outro lado, há proveito em irem as pessoas da minha história colaborando nela, ajudando o autor, por uma lei de solidariedade, espécie de troca de serviços, entre o enxadrista e os seus trebelhos."[8]

Como em toda a obra de Bakhtin, autor e personagem vivem uma inter-relação permanente como participantes interativos do ato estético, ou melhor, do processo composicional, e o que aí está em jogo não são meras figuras de papel, mas "pessoas vivas e definidas do ponto de vista social, moral, etc." (p. 48). Essa afirmação é reforçada por uma definição fundamental em toda a teorização de Bakhtin sobre a construção da personagem, na qual autor e personagem en-

---

[8] Machado de Assis, *Esaú e Jacó*, Rio de Janeiro, Garnier, 1904, capítulo XIII, "A epígrafe".

Posfácio

tram numa relação peculiar: "O autor-artista *pré-encontra* a personagem já dada independentemente do seu ato puramente artístico, não pode gerar de si mesmo a personagem — esta não seria convincente" (p. 274). Ante esta observação, algum leitor apressado poderia imaginar que as personagens simplesmente pulam do mundo real para dentro do romance. Mas em Bakhtin, as personagens pré-encontradas e já dadas são personas do mundo real que precisam ser esteticamente plasmadas no ato de criação do artista, que "encontra certa realidade persistente (rija, impermeável), a qual ele não pode deixar de considerar nem dissolver totalmente em si mesmo. É essa realidade extraestética da personagem que entra enformada na sua obra. É essa realidade da personagem — da outra consciência — que constitui o *objeto* da visão artística, o qual reveste essa visão de *objetividade estética*" (pp. 274-5).

A relação autor-personagem em Bakhtin pode levar à falsa interpretação de relativismo do autor ou até mesmo da "morte do autor", falácia que andou em voga há uns dois decênios e que alguns apressados atribuíram inclusive ao próprio Bakhtin. Isto é fruto de interpretação claramente equivocada ou de leitura irrefletida de certas afirmações do mestre do dialogismo. Como este admite certa independência da personagem em face do autor em várias passagens de sua obra, especialmente quando discute as relações entre personagens e autor no romance polifônico, leitores apressados tiram conclusões que Bakhtin já refuta no presente texto, produzido mais de meio século antes do surgimento daquelas falácias. Vejamos as seguintes passagens.

> "[O autor] é a única energia ativa e formadora, dada [...] em um produto cultural de significação estável [a obra de arte literária], e sua reação ativa é dada na estrutura [...] ativa da personagem como um todo, na estrutura da sua imagem." (p. 49)

Para afastar qualquer dúvida quanto ao ativismo do autor na construção da obra, vejamos como o mestre completa a citação acima de forma inequívoca:

"A consciência do autor é a consciência da consciência, isto é, a consciência que abrange a consciência e o mundo da personagem, que abarca e conclui essa consciência da personagem com elementos por princípio transgredientes a ela mesma e que, se fossem imanentes, torná-la-iam falsa. O autor não só enxerga e conhece tudo o que cada personagem em particular e todas as personagens juntas enxergam e conhecem, como enxerga e conhece mais que elas, e ademais enxerga e conhece algo que por princípio é inacessível a elas, e nesse *excedente* de visão e conhecimento do autor, sempre determinado e estável em relação a cada personagem, é que se encontram todos os elementos do acabamento do todo, quer das personagens, quer do acontecimento conjunto de suas vidas, isto é, do todo da obra." (p. 54)

Enquanto criador da forma artística ou ficcional, o autor se situa fora do mundo da personagem, a quem reveste de uma forma, *modus vivendi* e apreciação estética desse mundo e da própria personagem. Assim, ele se situa na fronteira da obra, de onde contempla os valores da consciência e as atitudes da personagem. Essa posição fronteiriça foi definida por Bakhtin como *vnienakhodímost*, vertida por outros tradutores a partir do francês como "exotopia", mas que eu traduzo como "extralocalização", pela melhor adequação à nossa língua e pela clareza imediata para o leitor. Vejamos o que diz o próprio Bakhtin:

Posfácio

"O autor deve estar situado na fronteira do mundo que ele cria como seu criador ativo, pois se invadir esse mundo ele lhe destrói a estabilidade estética. Nós sempre podemos definir a posição do autor em relação ao mundo representado pela maneira como ele representa a imagem externa, como ele produz ou não uma imagem transgrediente integral dessa exterioridade, pelo grau de vivacidade, essencialidade e firmeza das fronteiras, pelo entrelaçamento da personagem com o mundo circundante." (p. 266)

Isso posto, verifica-se que a extralocalização é a fronteira de onde o autor cria sua obra e suas personagens, bem como um procedimento estético que o autor-criador assume fora do mundo da personagem, numa realidade radicalmente distinta. Assim, no mundo da personagem não existem leitor nem autor, como no mundo do autor e do leitor não existe personagem. São, pois, dois mundos diferentes, separados por uma fronteira que, como se vê, é absolutamente inexpugnável à personagem, e a qual o autor tampouco pode atravessar, em qualquer direção.

Bakhtin completa essa definição de autor demonstrando que só existe autor onde existe obra atribuível a ele, mas em cujo *corpus* ele não está presente:

"A individualidade do autor como criador é uma individualidade criativa de ordem especial, não estética; é uma individualidade ativa da visão e da enformação [...]. O autor se torna individualidade propriamente dita somente onde lhe atribuímos o mundo das personagens enformado e por ele criado ou onde ele está parcialmente objetivado como narrador. O autor não pode e não deve ser definido para nós como pessoa." (p. 283)

Além da afirmação do ativismo do autor em relação à obra, que antecipa reflexões similares em todos os estudos posteriores do teórico do dialogismo e da polifonia, verificamos também um certo ativismo da personagem na estrutura da obra e de sua própria imagem, procedimento estético fundamental que abre espaço para ampliar a concepção de autor com a inclusão dos conceitos de autor primário e autor secundário, ou imagem de autor, que vez por outra são esboçados de forma tênue em sua obra, mas que só irão aparecer com nitidez quase meio século depois, nos famosos "Fragmentos dos anos 1970-1971".[9] Cabe salientar que a categoria de imagem de autor fora proposta anteriormente por Viktor Vinográdov, mas inicialmente rejeitada por Bakhtin sob o argumento de que o autor é o criador de todas as imagens da obra, logo, não pode ser imagem. Mas Bakhtin evoluiu nesse quesito, e acabou incorporando a categoria de imagem de autor como equivalente de autor secundário em *O romance como gênero literário*, livro III de sua *Teoria do romance*.[10] À luz de minha experiência de professor e estudioso de teoria literária, considero autor secundário ou imagem de autor como *autor imanente à estrutura da obra*, que nela permanece à margem de quaisquer abalos de estruturas e concepções romanescas, isto é, incólume, como é, por exemplo, o caso do defunto autor Brás Cubas, que sobrevive como autor mais de um século após a morte de Machado de Assis, seu criador e autor primário.

Bakhtin faz uma vasta reflexão sobre o conteúdo, mas vou me ater apenas àquilo que considero uma quebra de paradigmas no enfoque desse tema, desprezando sua polêmica com as concepções de forma e conteúdo definidas por várias

---

[9] Texto integrante do volume *Notas sobre literatura, cultura e ciências humanas, op. cit.*, pp. 45-6.

[10] No Brasil, *Teoria do romance III: O romance como gênero literário*, tradução de Paulo Bezerra, São Paulo, Editora 34, 2019.

Posfácio

correntes filosóficas e estéticas, que passam por Aristóteles, Theodor Lipps, teóricos russos e outros pensadores dessa área. Considero que a grande descoberta de Bakhtin é a condição de extralocalização como espaço ideal para a construção do romance e de seus componentes. Como na construção da forma, seu procedimento de construção do conteúdo é igualmente fronteiriço, igualmente dialógico, e também produto de duas consciências:

> "[...] cabe salientar particularmente que o conteúdo (aquilo que se *insere* na personagem, sua vida de dentro) e a forma não se justificam nem se explicam no plano de uma consciência, mas tão somente nas fronteiras de duas consciências." (p. 156)

É de suma importância destacar que em Bakhtin o dialogismo é uma reflexão teórica, mas que se embasa num sedimento empírico, e por isso essas consciências vão além da mera reflexão filosófica e ganham concretude de consciências-vidas em permanente interação e troca de valores.

> "Em minha vida pessoas nascem, passam e morrem, e a vida-morte delas é frequentemente o acontecimento mais importante da minha vida, o que lhe determina o conteúdo (os elementos mais importantes do enredo da literatura universal). Os termos da minha própria vida não podem ter essa importância do enredo, minha vida é a existência que envolve no tempo as existências dos outros." (pp. 167-8)

Essa reflexão prossegue, mas deixo com o leitor as outras perquirições.

Bakhtin esboça a categoria de *excedente* de visão e conhecimento do autor, que, como veremos a seguir, é um engenhosíssimo procedimento de construção da forma da personagem, marcado por uma profunda empatia com o outro, tema que reaparecerá sempre enriquecido em sua obra posterior:

> "O excedente de visão é o broto em que repousa a forma e de onde ela desabrocha como uma flor. Mas para que esse broto efetivamente desabroche na flor da forma concludente, urge que o excedente de minha visão complete o horizonte do indivíduo contemplado sem perder a originalidade deste. Eu devo entrar em empatia com esse outro indivíduo, ver axiologicamente o mundo de dentro dele tal qual ele o vê, colocar-me no lugar dele e, tendo retornado ao meu lugar, completar o horizonte dele com o excedente de visão que deste meu lugar se descortina fora dele, convertê-lo, criar para ele um ambiente concludente a partir desse excedente da minha visão, do meu conhecimento, da minha vontade e do meu sentimento." (pp. 69-70)

Importa observar a ênfase realista que Bakhtin põe nessa representação do outro, com destaque para a preservação de sua originalidade e a empatia ética com a interioridade dele, vendo o mundo de dentro dele, com os mesmos valores com que ele o vê, colocando-se no lugar dele para concluí-lo como personagem com o excedente de visão que ele, o autor, haure da interioridade da personagem-outro. Ainda sobre a construção da forma, que ocupa um espaço privilegiado em todo o livro, o autor escreve:

> "A forma expressa apenas o interior daquilo que ela reveste, é pura *autoexpressão* (autoenunciado). A forma da personagem exprime apenas a própria personagem, a sua alma, e não a relação do au-

tor com ela; a forma deve ser fundamentada de dentro da própria personagem, é como se a própria personagem gerasse a sua forma como expressão adequada de si mesma." (p. 125)

Completa-se essa reflexão da forma do outro-personagem com a categoria de compenetração, que é uma espécie de entrada do autor na alma do outro-personagem:

> "O primeiro momento da atividade estética é a compenetração: eu devo vivenciar — ver e inteirar-me — o que ele vivencia, colocar-me no lugar dele, como que coincidir com ele (no modo, na forma possível dessa compenetração; deixemos de lado a questão psicológica da compenetração [...]). Devo adotar o horizonte vital concreto desse indivíduo tal como ele o vivencia [...]; sua expressividade externa é o caminho através do qual eu penetro em seu interior, e então quase me fundo com ele [...]. Quando me compenetro dos sofrimentos do outro, eu os vivencio precisamente como sofrimentos *dele*, na categoria do *outro*, e minha reação a ele não é um grito de dor e sim uma palavra de consolo e um ato de ajuda. Relacionar ao outro o vivenciado é condição obrigatória de uma compenetração eficaz e do conhecimento, tanto ético como estético. No fundo, a atividade estética começa quando retornamos a nós mesmos e ao nosso lugar fora da pessoa que sofre, quando enformamos e damos acabamento ao material da compenetração." (pp. 70-1)

A categoria de excedente de visão na construção da personagem é tão importante nas reflexões teóricas de Bakhtin que ele a retoma num texto de 1940 que conclui a sua teoria do romance. Referindo-se à inadequação da personagem romanesca ao seu destino e à sua situação, ele escreve:

> "O homem ou é maior do que o seu destino ou menor do que a sua humanidade. A personagem não pode permanecer até o fim sendo um funcionário, um fazendeiro, um comerciante, um genro, um ciumento, um pai, etc. E quando a personagem do romance vem a ser assim, ou seja, quando se enquadra plenamente em sua situação e em seu destino (como o herói do gênero de costumes, ou a maioria das personagens secundárias do romance), então o excedente de humanidade pode ser realizado na imagem da personagem central; esse excedente sempre se realiza na diretriz formal e de conteúdo do autor, nos métodos de sua visão e de sua representação do homem."[11]

Vendo a personagem do romance numa intrínseca relação com o contexto histórico em formação, no qual o homem também é um ser em formação e, portanto, inacabado, Bakhtin conclui essa reflexão em uma nota de rodapé:

> "Sempre restará um excedente não realizado de humanidade, sempre restarão a necessidade de futuro e um espaço necessário para esse futuro. [...] Contudo, essa excedente humanidade impersonificável pode realizar-se não na personagem, mas no ponto de vista do autor."[12]

---

[11] *Teoria do romance III: O romance como gênero literário, op. cit.*, p. 107.

[12] *Ibidem*, nota 35.

Posfácio

303

Nessas duas citações, o excedente de visão, que antes integrara a poética teórica, agora integra a poética histórica, visto que em Bakhtin o romance é um gênero em formação e o homem-personagem é igualmente um ser em formação. Assim, juntam-se as pontas de uma reflexão que começara nos anos 1920 e se aperfeiçoou em 1940, conferindo unidade sistêmica ao pensamento do mestre do dialogismo.

Li certa vez um artigo de um conhecido professor brasileiro, que considerava pouco convincente ou inverossímil que aquele Paulo Honório de *São Bernardo*, de Graciliano Ramos, tão bronco antes da morte de Madalena, fosse capaz de uma reflexão filosófica tão humana e profunda na parte final do romance. A categoria bakhtiniana de excedente de visão do autor certamente forneceria uma chave adequada para a compreensão dos dois momentos de Paulo Honório.

Além disso, em *O autor e a personagem na atividade estética* encontramos a reflexão sobre o homem no espelho, elemento fundamental da relação dialógica do eu com o outro e também da formação de duplos no processo dialógico, *leitmotiv* que atravessa todas as relações interdiscursivas na obra de Bakhtin.

O que caracteriza uma teoria literária consistente é sua capacidade de lançar luz sobre o sentido de obras distantes no espaço, no tempo e no contexto histórico-cultural. Vejamos essa afirmação do autor:

"[...] quando me contemplo no espelho, estou possuído por uma alma alheia. Ademais, às vezes essa alma alheia pode ganhar consistência a ponto de atingir certa autonomia [...]: ao tentar combater certa avaliação possível totalmente formadora, eu lhe dou consistência a ponto de levá-la a uma autonomia de pessoa quase localizada na existência."
(p. 80)

Esse trecho nos permite estabelecer um diálogo imediato entre o comportamento do senhor Golyádkin na novela *O duplo*, de Dostoiévski, e o de Jacobina no conto "O espelho", de Machado de Assis. Ambos se desdobram como personalidades, recebem uma "alma alheia", em ambos essa "alma alheia" ganha autonomia, ambas ganham consistência a ponto de elevar essa autonomia a "pessoa quase localizada na existência". É o que Bakhtin chama de diálogo no grande tempo entre obras de épocas e espaços distantes.

Neste mesmo livro, há muitas concepções teóricas que Mikhail Bakhtin retoma, amplia e aprofunda em obras posteriores. Aqui procurei apresentar apenas algumas, que considero cruciais na obra do teórico do dialogismo e do romance polifônico.

Posfácio

Sobre o autor

Mikhail Mikháilovitch Bakhtin nasceu em 17 de novembro de 1895 em Oriol, próspera cidade russa, em uma família de comerciantes que valorizava a ciência e a cultura, e passou a infância em Oriol, Vilna e Odessa. As informações sobre a sua formação são incertas, mas, segundo algumas fontes, Bakhtin teria ingressado na Universidade de Odessa em 1913 e prosseguido os estudos como ouvinte na Universidade Imperial de Petrogrado (hoje Universidade Estatal de São Petersburgo), sem, no entanto, obter diploma. Em 1918 mudou-se para Névél (na atual Bielorrússia), onde foi professor de história, sociologia e língua russa durante a guerra civil, transferindo-se em 1920 para a capital regional Vítebsk. Nessa época liderou um grupo de intelectuais que ficaria mais tarde conhecido como Círculo de Bakhtin, e que incluía nomes como Matvei Kagan, Maria Iúdina, Lev Pumpianski, Ivan Solertinski, Valentin Volóchinov e Pável Medviédev. Em 1921 casou-se com Elena Aleksándrovna Okolóvitch, e em 1924 o casal se mudou para Petersburgo, então chamada Leningrado.

Em dezembro de 1928, Bakhtin foi preso por participar do círculo filosófico-religioso Voskressênie (Ressurreição). Nessa mesma época, publicou um de seus trabalhos mais importantes, *Problemas da obra de Dostoiévski* (1929), mais tarde revisto. Em 1928 e 1929 também são publicados dois livros fundamentais do Círculo da Bakhtin: respectivamente *O método formal dos estudos literários*, de Medviédev, e *Marxismo e filosofia da linguagem*, de Volóchinov, que chegaram a ser atribuídos ao próprio Bakhtin. Inicialmente condenado a cinco anos em um campo de trabalhos forçados, Bakhtin teve, devido à saúde frágil, a pena comutada para o exílio em Kustanai, no Cazaquistão, onde viveu entre 1930 e 1936.

Mesmo depois de terminado o período de degredo, Bakhtin continuou proibido de viver em grandes cidades e permaneceu com extrema dificuldade para publicar seus trabalhos. Depois de algumas mudanças estabeleceu-se em Saransk, onde trabalhou no Instituto Pedagógico da Mordóvia entre 1936 e 1937. Com a turbulência política, precisou abandonar Saransk ainda em 1937, morando clandestinamente em casas de amigos em Moscou e Leningrado, e depois conseguindo uma residência em Saviólovo, próximo a Moscou, no distrito de Kimri, onde lecionou em duas escolas de ensino médio até 1945. Ainda em 1938, a doença crônica de que sofria, a osteomielite, se agravou, e Bakhtin precisou amputar uma perna. Nesse período redigiu sua famosa tese de doutorado sobre François Rabelais, defendida no Instituto de Literatura Mundial, em Moscou, em 1946. A tese gerou polêmica, e o título pleno de doutor lhe foi negado. Também nessa época foi escrito o ciclo de trabalhos sobre o gênero romanesco, nos quais o autor desenvolveu o conceito de cronotopo. As obras desse produtivo período em Saviólovo só seriam publicadas décadas mais tarde. De volta a Saransk, em 1945, o autor retomou o posto de professor de literatura universal no Instituto Pedagógico da Mordóvia, instituição que recebeu o status de universidade em 1957, e na qual permaneceu até se aposentar, em 1961.

Desde 1930 Bakhtin não havia publicado quase nada e estava isolado dos principais circuitos acadêmicos e literários da União Soviética. Em 1960, três estudantes de Moscou — Vadim Kójinov, Serguei Botcharov e Gueórgui Gátchev — redescobriram seu livro sobre Dostoiévski e, surpresos em saber que o autor seguia vivo e morava em Saransk, escreveram-lhe uma carta. A partir desse momento seguiu-se uma série de publicações que trouxeram seu nome de volta ao cenário intelectual soviético: a obra sobre Dostoiévski foi completamente revista e publicada novamente sob o título *Problemas da poética de Dostoiévski* (1963); em seguida, publicou *A cultura popular na Idade Média e no Renascimento: o contexto de François Rabelais* (1965) e preparou a coletânea de ensaios *Questões de literatura e de estética*, publicada logo após sua morte. A obra de Bakhtin só veio a ser conhecida no Ocidente a partir de 1967, mesmo ano em que o autor foi oficialmente reabilitado pelo governo russo. Faleceu em 1975 em Moscou, onde seis anos antes fixara residência.

Sobre o tradutor

Paulo Bezerra estudou língua e literatura russa na Universidade Lomonóssov, em Moscou, especializando-se em tradução de obras técnico-científicas e literárias. Após retornar ao Brasil em 1971, fez graduação em Letras na Universidade Gama Filho, no Rio de Janeiro; mestrado (com a dissertação "Carnavalização e história em *Incidente em Antares*") e doutorado (com a tese "A gênese do romance na teoria de Mikhail Bakhtin", sob orientação de Afonso Romano de Sant'Anna) na PUC-RJ; e defendeu tese de livre-docência na FFLCH-USP, "*Bobók*: polêmica e dialogismo", para a qual traduziu e analisou esse conto e sua interação temática com várias obras do universo dostoievskiano. Foi professor de teoria da literatura na Universidade do Estado do Rio de Janeiro, de língua e literatura russa na USP e, posteriormente, de literatura brasileira na Universidade Federal Fluminense, pela qual se aposentou. Recontratado pela UFF, é hoje professor de teoria literária nessa instituição. Exerce também atividade de crítica, tendo publicado diversos artigos em coletâneas, jornais e revistas, sobre literatura e cultura russas, literatura brasileira e ciências sociais.

Na atividade de tradutor, já verteu do russo mais de quarenta obras nos campos da filosofia, da psicologia, da teoria literária e da ficção, destacando-se: *Fundamentos lógicos da ciência* e *A dialética como lógica e teoria do conhecimento*, de P. V. Kopnin; *A filosofia americana no século XX*, de A. S. Bogomólov; *Curso de psicologia geral* (4 volumes), de R. Luria; *Problemas da poética de Dostoiévski*, *O freudismo*, *Estética da criação verbal*, *Teoria do romance I: A estilística*, *Teoria do romance II: As formas do tempo e do cronotopo*, *Teoria do romance III: O romance como gênero literário*, *Os gêneros do discurso* e *Notas sobre literatura, cultura e ciências humanas*, de M. Bakhtin; *A poética do mito*, de E. Melietinski; *As raízes históricas do conto maravilhoso*, de V. Propp; *Psicologia da arte*, *A tragédia de Hamlet, príncipe da Dinamarca* e *A construção do pensamento e da linguagem*, de L. S. Vigotski; *Memórias*, de A. Sákharov;

e *O estilo de Dostoiévski*, de Nikolai Tchirkóv; no campo da ficção traduziu *Agosto de 1914*, de A. Soljenítsin; cinco contos de N. Gógol reunidos no livro *O capote e outras histórias*; *O herói do nosso tempo*, de M. Liérmontov; *O navio branco*, de T. Aitmátov; *Os filhos da rua Arbat*, de A. Ribakov; *A casa de Púchkin*, de A. Bítov; *O rumor do tempo*, de O. Mandelstam; *Em ritmo de concerto*, de N. Dejniov; *Lady Macbeth do distrito de Mtzensk*, de N. Leskov; além de *O duplo*, *O sonho do titio* e *Sonhos de Petersburgo em verso e prosa* (reunidos no volume *Dois sonhos*), *Escritos da casa morta*, *Bobók*, *Crime e castigo*, *O idiota*, *Os demônios*, *O adolescente* e *Os irmãos Karamázov*, de F. Dostoiévski.

Em 2012 recebeu do governo da Rússia a Medalha Púchkin, por sua contribuição à divulgação da cultura russa no exterior.

Obras do Círculo de Bakhtin publicadas pela Editora 34

Mikhail Bakhtin, *Questões de estilística no ensino da língua*, tradução, posfácio e notas de Sheila Grillo e Ekaterina Vólkova Américo, apresentação de Beth Brait, 2013.

Mikhail Bakhtin, *Teoria do romance I: A estilística (O discurso no romance)*, tradução, prefácio, notas e glossário de Paulo Bezerra, 2015.

Mikhail Bakhtin, *Os gêneros do discurso*, organização, tradução, posfácio e notas de Paulo Bezerra, 2016.

Valentin Volóchinov, *Marxismo e filosofia da linguagem: problemas fundamentais do método sociológico na ciência da linguagem*, tradução, notas e glossário de Sheila Grillo e Ekaterina Vólkova Américo, ensaio introdutório de Sheila Grillo, 2017.

Mikhail Bakhtin, *Notas sobre literatura, cultura e ciências humanas*, organização, tradução, posfácio e notas de Paulo Bezerra, 2017.

Mikhail Bakhtin, *Teoria do romance II: As formas do tempo e do cronotopo*, tradução, posfácio e notas de Paulo Bezerra, 2018.

Mikhail Bakhtin, *Teoria do romance III: O romance como gênero literário*, tradução, posfácio e notas de Paulo Bezerra, 2019.

Valentin Volóchinov, *A palavra na vida e a palavra na poesia: ensaios, artigos, resenhas e poemas*, organização, apresentação, tradução e notas de Sheila Grillo e Ekaterina Vólkova Américo, 2019.

Mikhail Bakhtin, *Problemas da obra de Dostoiévski*, tradução, notas e glossário de Sheila Grillo e Ekaterina Vólkova Américo, ensaio introdutório e posfácio de Sheila Grillo, 2022.

Mikhail Bakhtin, *O autor e a personagem na atividade estética*, tradução, posfácio e notas de Paulo Bezerra, 2023.

ESTE LIVRO FOI COMPOSTO EM SABON,
PELA FRANCIOSI & MALTA, COM CTP
E IMPRESSÃO DA EDIÇÕES LOYOLA EM
PAPEL PÓLEN NATURAL 80 G/M² DA CIA.
SUZANO DE PAPEL E CELULOSE PARA A
EDITORA 34, EM MAIO DE 2023.